마르크스의 마지막 투쟁

The Last Marx(1881-1883) : An Intellectual Biography
by Marcello Musto

마르크스의 마지막 투쟁

1881-1883년의 지적 여정

초판 1쇄 발행 2018년 5월 30일

지은이 마르셀로 무스토
옮긴이 강성훈 · 문혜림
펴낸이 강수걸
편집장 권경옥
편집 윤은미 정선재 김향남 이송이 이은주
디자인 권문경 조은비
펴낸곳 산지니
등록 2005년 2월 7일 제333-3370000251002005000001호
주소 부산시 해운대구 수영강변대로 140 BCC 613호
전화 051-504-7070 | 팩스 051-507-7543
홈페이지 www.sanzinibook.com
전자우편 sanzini@sanzinibook.com
블로그 http://sanzinibook.tistory.com

ISBN 978-89-6545-517-2 93160

* 책값은 뒤표지에 있습니다.
* 이 도서의 국립중앙도서관 출판예정도서목록(CIP)은 서지정보유통지원시스템 홈페이지(http://seoji.nl.go.kr)와 국가자료공동목록시스템(http://www.nl.go.kr/kolisnet)에서 이용하실 수 있습니다.(CIP제어번호: CIP2018015456)

마르크스의 마지막 투쟁

1881-1883년의 지적 여정

마르셀로 무스토(Marcello Musto)

강성훈 · 문혜림 옮김

산지니

일러두기

1. 본문에 사용된 [ ]는 마르크스의 표기이고, ( )는 저자의 표기이다. 역자의 경우 내용을 매끄럽게 하거나 짧은 보충설명을 본문에 직접 삽입할 때 괄호를 사용했으며 (-역자)로 표기하였다.
2. 본문에 사용된 " "는 직접 인용이고, ' '는 강조 표시이다.
3. 인명은 가급적 원어와 출생, 사망 연도를 병기하였고, 지명은 독자에게 비교적 친숙하지 않은 경우에만 영어를 병기하였다. 인 · 지명 모두 국내에서 관용적으로 많이 쓰이는 경우 이를 따라 표기하였고, 그 외 경우는 원어 발음에 가깝게 표기하였다.
4. 정당, 기관, 단체명은 일괄 영어로 표기하지 않고, 해당 국가의 원어를 찾아 병기하였다.
5. 가독성을 높이기 위해 저자가 단 주석은 미주로, 역자가 단 역주는 *표시하여 각주 처리하였다.
6. 마르크스의 대표 저작 『자본』이 인용된 경우 김수행 번역판(제2개역판, 비봉출판사)을 직접 인용했다. 그외 마르크스의 책과 글 제목은 『칼 맑스 프리드리히 엥겔스 저작 선집』(박종철출판사)을 가급적 준용하였다.

역자 서문

올해는 1818년 5월 5일 독일 트리어(Trier)에서 태어난 위대한 혁명가이자 이론가인 카를 마르크스의 탄생 200주년이 되는 해이다. 2017년은 마르크스의 대작인 『자본』이 출간된 지 150주년을 맞는 해였는데, 바로 그에 이어 해당서의 저자가 탄생한 해를 맞는 것은 우연이지만 뜻깊은 일일 것이다.

저작의 출간 기념은 주로 그 책에 담긴 내용의 정확성이나 후대에 미친 영향, 현재적 의미 등을 재조명하는 데에 관심이 집중되는 경향이 있다. 반면에 한 인물의 탄생을 기념하는 것은 이보다 좀 더 다양하고 폭넓은 관점에서 풍성한 논의를 가능하게 한다. 2016년 이탈리아에서 출간된 *L'ultimo Marx 1881-1883. Saggio di biografia intellettuale*의 영역판(출간 예정)을 저본으로 한 본서 『마르크스의 마지막 투쟁 : 1881-1883년의 지적 여정』은 바로 이런 논의들 중 하나라고 할 수 있다.

『마르크스-엥겔스 전집』(MEGA²)은 마르크스와 엥겔스의 모든 저작뿐만이 아니라 각종 초고와 예비노트, 서신, 발췌문, 방주 등을 방대하게 수록하고 있다. 마르셀로 무스토(Marcello Musto, 1976-)는 바로 그 전집을 기초로 한 연구로 잘 알려진 학자인데, 그는 매우 새로운 방법으로 마르크스 탄생 200주년을 기념한다. 사후에는 물론이고 활동 시기부터 이미 마르크스의 삶과 사유에 대한 연구가 이루어졌다는 것은 주지의 사실이다. 그 연구의 상당수는 앞선 연구의 오류를 지적하고 교정하고자 했던 것들이었다. 역으로 말하면 그의 삶에 대한 수많은 오해들이 그 오랜 시간 동안 끊임없이 만들어졌다고 할 수 있다. 무스토는 익히 알려진 마르크스에 대한 오해들—마르크스가 경제학만을 고수했다는 해석, 유럽 중심의 계급투쟁에만 집착했다는 해석, 사회주의에 이르는 길은 오직 하나라고 주장했다는 해석 등—이 바로 마르크스의 말년에 대한 무지에서 비롯된다고 보고, 그의 생애 마지막 시기에 논의를 집중한다. 이는 마르크스가 노년기에 접어들어 지적 호기심이 줄어들었고, 연구를 그만두었다는 잘못된 주장에 강력하게 문제를 제기하는 것으로, 이를 통해 끊임없이 재생산된 앞선 오해들의 불식을 시도한다. 그간 이런 오해들에 대한 비판이 주로 청년 마르크스 시기와 그 이후의 자본 출간 시기를 비교하는 방법을 통해 이루어져왔던 것과 비교하면, 무스토의 작업은 매우 새롭다고 할 수 있다.

이 책은 크게 4장으로 구성되어 있다. 1장은 마르크스가 말년 들어 인류학과 수학으로 학적 관심을 확장했다는 것(『민족학 노트』와 『수학 수고』 집필)과 그러면서 천착한 문제들을 보여주고, 유럽만이 아니라 비유럽 국가까지 포함하는 세계 정세에 매우 폭넓은 관심을 가지고 있었다는 것 역시 보여준다. 2장은 사회주의와 공산주의는 반드시 자본주의를 경유해야 한다는 자칭 마르크스주의자들의 '단선적 역사주의'를 마르크스가 러시아 사회를 분석하면서 어떻게 불식시켜 나갔는지를 보여준다. 러시아의 농촌 공동체인 옵시나의 해체와 발전을 두고 벌어진 논쟁 속에서 마르크스가 보여준 역사의 '다선적 이해'는 개별 국가의 특수성을 고려한 그의 유연하고도 비도식적인 사회변혁에 대한 사유를 담고 있다. 3장은 유럽에서 서서히 커져간 『자본』에 대한 관심과 이에 얽힌 공방들을 다루고,

아내 예니의 죽음 속에서도 진행한 세계사 연표노트 『연대기적 발췌』의 주요 내용을 개괄해 보여준다. 4장은 마르크스가 건강을 회복하기 위해 떠난 요양지들에서 목도한 것들과 그에 대한 비판적 분석을 담고 있다. 특히 알제에서 본 유럽 식민지 개척자들의 횡포와 잔혹함, 그리고 도박에 기반한 모나코 경제의 불안정성에 대한 그의 신랄한 비판 등을 살펴볼 수 있으며, 프랑스 노동운동가들에 대한 그의 우려와 비판 또한 담고 있다. 마지막 부록에는 마르크스가 입안에 참여한 프랑스 노동당의 '사회주의 노동자의 선거 강령' 전문이 실려 있으며, 책 말미에는 저자가 독자들을 위해 실은 '마르크스 연보: 1881-1883년'이 첨부되어 있다. 역자 또한 독자들의 이해를 돕기 위해 '마르크스 가계도'를 따로 정리하여 연보 뒤에 실어두었으므로, 책을 읽으면서 참고하면 좋을 것 같다.

아마도 본서의 목적이 이론가와 혁명가가 통합된 마르크스의 초지일관만을 보여주기 위한 것은 아닐 것이다. 마르크스와 가족들을 끊임없이 괴롭혔던 병마, 생활고, 불행했던 인간관계, 역으로 그 고통들로부터 그들을 언제나 지켜주고자 했던 친구의 우정은 본서를 읽는 누군가의 감성을 자극할지도 모른다. 혹은 어떤 역경 속에서도 마르크스가 잃지 않았던 풍자와 유머, 감정에 굴복하지 않는 판단력, 냉철한 자기비판의 자세, 그로 인해 더욱 날카로워졌던 과학적 이성에 감명을 받을 수도 있다. 그럼에도 불구하고 이 책이 단순한 위인전이 아닌 것은, 그러한 모습들을 통해 마르크스에 대한 오해와, 그것을 만들어냈고 그를 통해 강화돼온 정세를 머릿속에서나마 함께 극복하자는 저자의 분명한 메시지가 담겨 있기 때문일 것이다.

초대장이 항상 정확하게 도착하는 것은 아닐 테고, 그 책임이 우체부인 역자에게 있을 수도 있다. 하지만 본 역서가 마르크스의 지난한 삶과 그의 연구들이 갖는 의미를 다시금 곱씹어볼 수 있는 기회로 작용할 수 있기를 조심스레 바라며 마르크스의 마지막 투쟁 속으로 독자들을 초대한다.

마르크스 탄생 200주년을 기념해 이 책을 출간해준 산지니 출판사와 언제나 편안한 마음으로 작업할 수 있게 배려해준 정선재, 윤은미 편집자님께 진심으로 감사드린다. 그리고 많은 독자들과 소통할 수 있는 뜻깊은 기회를 마련해주신 경상대학교 정치경제학 대학원의 정성진 선생님께 이 자리를 빌려 다시금 감사의 마음을 전한다.

2018년 5월

강성훈 · 문혜림

서문

2008년 발생한 최근 자본주의 위기 이후 카를 마르크스(Karl Marx, 1818-1883)가 다시 유행하고 있다. 베를린 장벽이 무너지면서 나온 그가 영원히 잊힐 거라는 예측과는 달리, 마르크스의 사상은 다시 한 번 분석과 논쟁의 대상이 되었고, 발전을 거듭하고 있다. 대다수 사람들이 '현실 사회주의'와 부당하게 동일시하여 1989년부터 무시해온 한 사상가에 대한 새로운 질문이 다시금 제기되고 있는 것이다.

독자층이 넓은 권위 있는 신문과 저널들은 마르크스를 대단히 시사적이고 선견지명 있는 이론가로 묘사했다. 마르크스는 이제 거의 모든 곳에서 대학 교육과정 및 국제회의의 주요 주제로 다뤄지고 있다. 재판을 찍거나 신판으로 출간된 그의 책들이 서점 진열대에 다시 올랐고, 20년 이상 묻혀 있었던 그의 저작에 대한 연구가 점점 탄력을 받아 종종 중요하고 획기적인 성과가 나오기도 했다.[1]

마르크스의 전체 글들을 전반적으로 재평가할 때에 특별한 가치를 갖는 것은 1998년 간행을 재개한 『마르크스-엥겔스 전집』(MEGA²)이다. 이 전집은 마르크스와 엥겔스의 모든 연구물에 대한 역사-비판적 판본으로, 모두 114권으로 출간될 예정인데 그중 현재 65권이 출간됐고 다른 책들도 출간 준비 중에 있다. 이 전집에는 마르크스의 일부 저작들의 새로운 버전(『독일 이데올로기』와 같은)과 『자본』 집필을 위해 작성한 모든 초고들, 그의 삶에서 중요한 시기에 보낸 서신들과 엄선된 답장들, 그리고 읽었던 자료에 대한 발췌문과 논평들을 적은 200여 권에 달하는 노트들이 수록되어 있다. 특히 발췌문과 논평들은 마르크스의 복잡한 사유 과정과 그의 사상을 발전시킨 기초 자료들을 보여주기 때문에 마르크스의 비판이론을 연구하는 장이 된다.*

이 귀중한 자료들—대부분이 독일어로만 이용 가능해서 소수의 연구 집단에게만 유용했던 자료들—은 유명한 비평가들이나 자칭 마르크스주의자들이 오랜 세월 동안 보여줘 왔던 것과는 전혀 다른 모습의 마르크스를 우리에게 보여준다. 마르크스는 실제로 MEGA²에 새롭게 수록된 글들로 말미암아 고전 정치사상가와 철

---

* 최초의 전집 출판이라 할 수 있는 『마르크스-엥겔스 전집』(Karl Marx-Friedrich Engels Gesamtausgabe, 이후 MEGA)은 모스크바에 있는 마르크스-엥겔스 연구소(Marx-Engels Institut, MEI)의 소장인 다비드 보리소비치 리야자노프(David Borisovič Rjazanov)의 주도로 1920년대 출간 사업이 시작됐다. 그러나 스탈린의 집권과 나치의 부상과 같은 노동운동을 둘러싼 국제 정세의 변화에 따라 이 작업은 조기에 중단되었고, 이후 선집의 성격이 강한 모음집(대표적으로 러시아의 『소치네니야』와 독일의 MEW)이 출판되는 것에 만족해야 했다. 두 사상가의 모든 저작을 충실히 재생산하려는 두 번째 MEGA 출판 계획은 1960년대 다시 등장해 1975년부터 출판 사업을 재개했으나, 냉전의 종식과 함께 다시 중단되고 만다. 1990년대 이래 동독과 소련의 마르크스-레닌주의 연구소가 붕괴하면서 암스테르담에 새롭게 국제 마르크스-엥겔스 재단(Internationale Marx-Engels-Stiftung, IMES)이 만들어졌는데, 이 재단이 MEGA의 발행권을 이양받아 새로운 편집 원칙을 세우고 1998년부터 MEGA²를 출판하고 있다. 이 전집은 크게 4부문으로 이루어져 있는바, Ⅰ부는 모든 저작과 논문, 각종 초고들, Ⅱ부는 『자본』과 그 예비연구들, Ⅲ부는 마르크스가 보낸 서신들과 답장, 그리고 Ⅳ부는 각종 발췌문과 준비노트들, 장서의 방주로 구성된다. MEGA²의 출간 배경과 구성, 그 의의에 대해 자세히 알고자 하면 다음을 참고하라. 마르셀로 무스토, 하태규 역, 「카를 마르크스의 재발견」, 『마르크스주의 연구』, 7(3), 2010, pp.182~210. 정문길, 『니벨룽의 보물-마르크스-엥겔스의 문서로 된 유산과 그 출판』, 문학과지성사, 2008, 제7-8부.

학자들 가운데에서 최근 들어 그 모습이 가장 많이 변한 학자가 되었다. 소비에트 붕괴 이후의 정치적 상황은 소비에트에서 마르크스에게 부여한 국가기구의 명목상의 수장 역할로부터 그가 벗어날 수 있게 해주었다.

이런 변화된 정치적 상황과 더불어 마르크스에 대한 연구의 진전은 그의 사상에 대한 해석이 계속 쇄신될 수밖에 없는 현상이라는 것을 보여준다. 이런 관심의 상당 정도가 마르크스의 마지막 이론작업 시기, 즉 '마르크스의 노년기'에 맞춰질 가능성이 매우 높아 보인다. 마르크스의 마지막 지적 전기로 기획된 이 책 역시 오로지 마르크스의 사상에 대한 이론적 조사에 기초해 구성될 것이다.

마르크스의 말년 원고들은 그가 노년기에 접어들어 지적 호기심이 줄어들었고, 그에 따라 연구를 그만두었다는 전설을 불식시켜준다. 실제로 마르크스는 자신의 연구를 계속 진행했을 뿐만 아니라 연구의 관심을 새로운 분야로 확장했다.

1881년에서 1882년 사이에 마르크스는 인류학에서의 최근 발견과 자본주의 이전 사회의 공동 소유 형태, 농노제 폐지에 따른 러시아의 변화, 그리고 근대 국가의 탄생 등에 대해 매우 심도 있게 연구하였다. 또한 그는 국제 정치에서 일어난 주요 사건들을 면밀히 관찰하였는데, 아일랜드 해방 투쟁에 대해 단호한 지지를 표명하고, 인도, 이집트, 알제리에 대한 식민지 탄압에 완강히 반대한 그의 서신들을 통해서도 이를 잘 알 수 있다. 마르크스는 절대 유럽 중심적이거나, 경제학적이거나, 혹은 계급 갈등에만 집착하는, 그런 사람이 아니었다.

마르크스는 자본주의 체제에 대한 지속적인 비판을 위해서는 새로운 정치적 갈등, 새로운 주제와 지리적 영역에 대한 연구가 기본적이라고 생각했다. 이는 그가 다양한 국가들의 특수성을 받아들이고, 자신이 이전에 개발했던 것과는 상이한 사회주의로의 접근 가능성을 고려하게 만들었다.

마지막으로 '마르크스의 노년기'는 가장 인간적이다. 그는 자신의 약점을 숨기지 않으면서 계속 투쟁을 이어갔고, 자신에 대한 의심을 회피하지 않으면서 이에 공개적으로 맞섰다. 또, 자기 확신에 안주하거나 최초의 "마르크스주의자들"이 보내는 무비판적인 찬사를 덥석 받아들이기보다 연구를 계속 이어나가고자 했다. 이런 마르크스는 교조적 확실성으로 미래를 가리키는 20세기의 완고한 조각상이 보여주는 이미지와는 전혀 다르다. 그는 근본적으로 체제 전복적이면서도 후대를 길러내는 보기 드문 인물 중의 하나다. 마르크스는 그가 전 생애를 바쳐 이루려고 했던 것을 위해 싸우고, 이를 계속 이어나갈 새로운 세대의 연구자들과 정치활동가들을 계속 불러 모으고 있다.

차례

역자서문 5

서문 9

프롤로그 : "투쟁!" 15

1장 삶의 고충과 새로운 연구 지평

1. 메이틀랜드 파크 로드의 방 21
2. 인류학과 수학 사이에서 34
3. 세계의 시민 49

2장 국제 정치와 러시아 자본주의에 관한 논쟁

1. 농촌 공동체의 미래 65
2. 자본주의를 통과해야만 공산주의로 갈 수 있는가? 68
3. 서유럽과 다른 러시아의 길 79

3장 올드 닉의 고난

1. 유럽에서 『자본』의 초기 보급 95
2. 정신없이 돌아가는 삶 108
3. 아내의 죽음과 역사학으로의 회귀 113

4장 무어인의 마지막 여정

1. 알제 체류와 아랍 세계에 대한 고찰 123
2. 모나코 공국으로 간 공화주의자 134
3. "확실한 것은 내가 마르크스주의자가 아니라는 거요" 143

에필로그 : 마지막 몇 주 147

부록 : 빵과 장미를 위하여 155

미주 163
참고문헌 213
마르크스 연보: 1881-1883년 222
마르크스 가계도 225
찾아보기 227

프롤로그 : "투쟁!"

진보적 관점을 지닌 유명한 미국 언론인 존 스윈튼(John Swinton, 1829-1901)은 1880년 8월에 유럽을 여행하고 있었다.[1] 그는 유럽 여행을 하는 동안 영국의 남동쪽 끝에서 몇 킬로미터 떨어진 켄트(Kent)의 작은 해안도시 램즈게이트(Ramsgate)를 방문했다. 이 여행은 국제 노동운동의 주요 대표자 중 한 사람인 카를 마르크스를 인터뷰하기 위해 잡힌 것으로, 인터뷰 내용은 『더 선 *The Sun*』지에 실리기로 되어 있었다(스윈튼이 편집하는 『더 선』은 그 당시 미국에서 가장 널리 읽히는 신문 중 하나였다).

마르크스는 독일에서 태어났지만, 1848년부터 1849년 사이에 프랑스와 벨기에, 프로이센의 혁명운동 탄압으로 추방되어 이후 국적을 상실했다. 그는 1874년에 영국에 귀화 신청을 냈지만 거절당했는데, 이는 영국 런던경찰청 보고서에 그가 "자신의 왕과 국가에 충성을 하지 않았던 악명 높은 독일인 선동가이자 공산주의 원칙을 옹호하는 자"로 적혀 있었기 때문이었다.[2]

마르크스는 10년 이상 『뉴욕 트리뷴 *New York Tribune*』의 특파원으로 일했다. 그는 1867년에 자본주의 생산양식에 대한 주요 비판서인 『자본』을 출간했고, 1864년을 시작으로 국제노동자협회(International Working Men's Association)*의 지도자로 활동했다. 그리고 1871년에 『프랑스 내전』을 통해 파리코뮌을 옹호하는 입장을 발표하면서 그의 이름이 유명한 유럽 신문들에 실렸고, 그때 반동적 언론들은 마르크스에게 '붉은 테러 박사(red terror doctor)'라는 별명을 붙였다.[3]

1880년 여름에 마르크스는 "어떤 종류의 일도 삼가라"[4], "아무것도 하지 않으면서 신경계를 회복시켜라"는 의사의 지시를 받고 가족과 함께 램즈게이트에 머물고 있었다. 그의 아내 예니 폰 베스트팔렌(Jenny von Westphalen, 1814-1881)의 건강은 마르크스보다 더 좋지 않았다. 암으로 고통받고 있던 그녀의 상태는 "죽음의 위협을 느낄 정도로 갑자기 악화되었다."[5] 1860년대 내내 『뉴욕 타임스 *New York Times*』의 편집장으로 일했던 스윈튼이 마르크스를 알게 되어 그의 인상을 호의적이고, 강렬하고, 정확하게 그려낸 것이 바로 이런 상황 속에서였다.

스윈튼은 마르크스의 사적인 모습을 "빅토르 위고 못지않게 멋진… 할아버지가 되는 기술"을 알고 있는 "숱이 많고 덥수룩한 회색 머리칼을 가진, 머리가 크고 너그러운 인상의 예의바른 60대 남성"으로 묘사하였다.[6] 마르크스와의 대화는 "매우 자유롭고, 매우 광범위하고, 매우 창의적이고, 매우 날카롭고, 매우 진실되어서", 스윈튼은 "냉소적인 수사와 재치 있는 유머, 장난기 어린 유쾌함을 지닌" 소크라테스를 떠올렸다. 그는 또한 마르크스를 "과시욕이나 명성에 대한 욕구가 없고, 삶을 꾸미려 들거나 권력 있는 체하지 않는 사람"이라고 기술했다.

---

* 통상 '제1인터내셔널'이라고 부른다.

하지만 이는 스윈튼이 그의 독자들에게 보여준 마르크스의 모습이 아니었다. 1880년 9월 6일자 『더 선』 1면에 실린 마르크스와의 인터뷰는 마르크스를 "지난 40년 동안의 혁명적 정치에서 수수께끼 같으면서도 막강한 역할을 수행한 당대의 뛰어난 인물들 중에 한 사람"으로 소개하여 그의 공적인 면을 보여주었다. 스윈튼은 마르크스에 대해 다음과 같이 적었다.

> (그는) 서둘지도 쉬지도 않는, 강하고 넓고 고상한 마음을 가졌으며, 원대한 계획과 논리적인 방법, 그리고 현실적인 목표로 가득 찬 사람이다. 여러 국가들을 뒤흔들고 왕좌를 파괴한 수많은 지진들 뒤에 그가 서 있었고, 지금도 서 있다. 현재 유럽에서 군주들과 유명한 협잡꾼들에게 가장 위협적이고 간담을 서늘케 하는 사람이 바로 마르크스다.[7]

그 뉴욕 저널리스트는 마르크스와의 대화를 통해, 그가 "시대 속에 깊이 파고든", 그리고 새로운 시대의 "도래에… 대비하여 네바강부터 세느강까지, 우랄산맥부터 피레네산맥까지 길을 닦고 있는" 사람 앞에 앉아 있다는 것을 깨달았다. 스윈튼은 "유럽세계를 국가별로 조사하여 각국에서 표면적 · 이면적으로 나타나고 있는 특징과 발전을 찾아내고, 주목할 인사들을 가려내는" 마르크스의 능력에 깊은 감명을 받았다. 마르크스는 다음과 같이 말했다.

> 유럽 여러 나라들의 정치세력과 대중운동은, 영국 자유당이 시간을 들여 추진하고 있는 '부분적인 개혁(atomistic reforms)'을 경멸하고 있습니다(마르크스는 유럽에서 러시아의 활력, 독일의 정신, 프

> 랑스의 행동, 영국의 부동성이라는 거대한 흐름이 나타난다고 지적했다. 그는 러시아에 대해서는 희망적으로, 독일에 대해서는 철학적으로, 프랑스에 대해서는 쾌활하게, 영국에 대해서는 암담하게 말하였다-존 스윈튼).[8]

스윈튼은 마르크스가 가진 미국에 대한 해박한 지식에 대해서도 놀랐다. 그는 주의 깊은 관찰자였고, "미국인들이 지닌 발전적이고 실질적인 힘에 대한 그의 언급은 많은 의미들을 담고 있었다."

활발한 토론으로 낮시간이 지나갔다. 오후에 마르크스는 스윈튼에게 자신의 가족을 만나러 가는 길에 "해변을 따라 같이 걷자"고 제안했고, 그래서 스윈튼은 마르크스와 함께 해변을 따라 걸었다. 그는 이후에 이 시간을 "총 10분 동안의 즐거운 파티"였다고 묘사했다. 저녁 무렵, 마르크스와 스윈튼은 마르크스의 사위인 샤를르 롱게(Charles Longuet, 1839-1903), 그리고 폴 라파르그(Paul Lafargue, 1842-1911)와 함께 있었다. 그들은 "바닷가에서 잔을 부딪치며 세상, 사람, 시간, 사상에 대해" 이야기를 나누었다. 미국 저널리스트가 "이 시대와 다른 시대들의 혼란과 쇠퇴에 대해 생각하고", "그날의 이야기와 그날의 저녁 풍경"에 깊이 빠져들어 자신의 앞에 있는 위대한 사람에게 "존재의 근본 법칙에 관해" 물어보는 모험을 한 것도 바로 이 순간이었다. 잠시 침묵이 흘렀을 때, 스윈튼은 "혁명가이자 철학자에게 다음과 같은 숙명적인 질문을 던졌다." "(존재의 법칙은) 무엇입니까?" 스윈튼은 마르크스가 "포효하는 바다와 해변을 떠도는 사람들을 물끄러미 바라보고 있었지만, 그의 마음이 잠시 동안 요동치는 것"을 느낄 수 있었다. 마침내 마르크스는 낮고 엄숙한 목소리로 "투쟁이죠!"라고 대답했다.[9]

처음에 스윈튼은 그 대답에서 "절망의 메아리"를 들었다고 생각했다. 하지만 이후에 그는 '투쟁'만이 실로 인류가 항상 이해하려고 했던 "삶의 법칙"이라는 것을 받아들였다.[10]*

---

* 스윈튼이 마르크스의 '투쟁'이라는 답변을 듣고 처음에 절망감을 느꼈던 것은, 그가 홉스식의 투쟁, 즉 인간이 이기적이어서 발생하는 '만인에 대한 만인의 투쟁'을 떠올렸기 때문으로 보인다. 하지만 마르크스가 말한 '존재의 근본 법칙으로서의 투쟁'은 인간이 자신의 삶을 개선하고 안정시키고자 하는 모든 활동을 의미하는 것 같다. 그러니까 환경을 변화시켜 생존을 도모하는 활동으로서의 '생산' 역시 하나의 투쟁으로 볼 수 있다.

1

삶의 고충과 새로운 연구 지평

1. 메이틀랜드 파크 로드의 방

스윈튼과의 인터뷰가 있은 지 몇 달 후인 1881년 1월의 어느 밤, 수염이 거의 하얗게 샌 한 남자가 북런던의 자기 방에 앉아 한 무더기의 책을 꼼꼼히 읽어가며 제일 중요한 구절들을 조심스럽게 옮겨 적고 있었다. 그는 책임감을 가지고 끈기 있게 자신의 삶의 목표를 수행하고 있었다. 그 목표란 자본주의적 생산양식을 파괴하기 위한 이론적 기초를 노동운동에 제공하는 것이었다.

그의 육체는 독서와 집필이라는 힘겨운 일상의 노동으로 점철된 수십 년의 흔적을 보여주었다. 그의 등과 여타 신체 부위에는 『자본』을 집필할 당시 생겨난 끔찍한 종기의 흉터들이 남아 있었다.

그의 영혼은 궁핍하고 고단한 삶 때문에 생겨난 다른 상처들을 감당하고 있었다. 그가 지배계급의 중요 인물들과 그와 같은 진영에 있던 정치적 라이벌들에게 가한 충격은 그에게 만족감을 주었는데, 그것이 때때로 그 상처를 아물게 해주었다.

노화의 진행으로 특유의 에너지가 줄어들기 시작하면서 그는 겨울이 되면 자주 피로감을 느끼고 쇠약해졌는데, 그의 아내는 점점 더 이런 남편의 건강 상태를 걱정해야 했다. 그러나 그는 여전히 카를 마르크스였다. 그는 여전히 이전과 같은 열정으로 노동계급 해방의 대의를 위해 분투했다. 작업은 대학재학 시절과 마찬가지로 매우 엄격했고 비타협적으로 비판적이었다.

그는 나무로 만든 안락의자에 앉아 변변찮은 너비 3피트, 길이 2피트 정도의 책상에서 수년 동안 밤늦게까지 묵묵히 일했다.[1] 책상은 녹색갓 램프, 저술 중인 논문들, 작업 중인 책 몇 권을 놓을 정도였다. 더 필요한 것은 없었다.

서재는 그 너머로 정원이 보이는 창문이 딸린 일 층에 있었다. 의사가 담배를 금지한 이후 담배연기는 사라졌지만, 오랜 세월 동안 사용했던 사기 파이프는 정치경제학의 고전들을 분석하면서 보낸 불면의 밤을 상기시키면서 여전히 거기 놓여 있었다.

빈틈없이 늘어선 책꽂이에는 넣기가 불가능하다고 생각될 정도로 많은 책과 신문이 꽂혀 있어서 벽이 보이지 않았다. 그의 서가는 비슷한 위상의, 그리고 확실히 훨씬 부유한 부르주아 지식인들의 서가만큼 눈길을 끌 만한 것은 아니었다. 생애 중 가장 빈곤했을 때 그는 대부분 대영박물관 열람실의 자료들을 사용했으나, 나중에는 거의 2,000권의 책을 모았다.[2] 경제학 관련 저서들이 가장 많았고, 정치 이론의 고전들, 역사 연구들(특히 프랑스의), 주로 독일 전통의 철학 저작들도 다수 있었다. 자연과학 저작들 역시 잘 갖춰져 있었다.

이 분과들의 숫자만큼이나 다양한 언어의 책이 있었다. 독일어 저작이 전체의 거의 1/3 정도였고 영어 저작이 약 1/4 정도였으며, 그보다 약간 적은 수의 프랑스어 저작이 있었다. 이탈리아어 같은 여타 로망스어 저작들도 있었으나, 짜르 제국의 변혁을 연구하기 위해 러시아어를 배우기 시작했던 1869년부터는 키릴 알파벳으로 쓰인 책들이 장서 목록을 눈에 띄게 차지하게 되었다.

하지만 책꽂이에 학술서적만 있었던 것은 아니었다. 1878년에 그 서재를 방문했던 『시카고 트리뷴 *Chicago Tribune*』의 익명의 기자는 다음과 같이 묘사하였다.

> 일반적으로 사람은 그가 읽고 있는 책으로 평가할 수 있는데, 흘깃만 보아도 셰익스피어, 디킨즈, 새커리, 몰리에르, 라씬, 몽테뉴, 베이컨, 괴테, 볼테르, 페인의 책들, 영국, 미국, 프랑스의 정부 청서들(Blue Books), 그리고 러시아어, 독일어, 스페인어, 이탈리아어 등으로 쓰인 정치 저작과 철학 저작 등이 (그의 책꽂이에-역자) 있었다고 말한다면 그를 잘 판단할 수 있을 것이다.[3]

폴 라파르그는 마르크스의 문학적 관심과 방대한 지식에 대해 비슷한 이야기를 했다. 마르크스의 서재—그는 "마르크스의 정신생활에 가까이 가기 위해서는 저 역사적 공간에 대해 알아야 한다"고 말했다—를 회상하면서 그는 다음과 같이 썼다.

> 마르크스는 하이네와 괴테를 외우고 있어서 대화할 때 종종 인용했다. 그는 모든 유럽어 시들의 성실한 독자였다. 해마다 아이스킬로스를 그리스 원어로 읽었다. 마르크스는 아이스킬로스와 셰익스피어를 인류가 낳은 가장 위대한 희극 천재로 간주했다… 단테와 로버트 번즈는 그가 가장 좋아하는 시인들이었다. 그는 소설을 엄청나게 많이 읽었는데, 18세기의 소설들, 특히 필딩(H. Fielding)의 『톰 존스 *Tom Jones*』를 좋아했다. 그가 많은 흥미를 느꼈던 좀 더 최근의 소설가들은 폴 드 콕(Paul de Kock), 찰스 레버(Charles Lever), 대 뒤마, 그리고 마르크스가 걸작이라 평했던 『묘지기 노인

> *Old Mortality*』의 월터 스콧이었다. 그는 확실히 모험과 유머로 된 이야기를 선호했다. 그는 모든 소설가들 중에서 세르반테스와 발자크를 최고로 꼽았다. 그는 이제 막 출현한 부르주아 세계의 조롱과 비웃음을 사면서 사멸해가는 기사도의 서사시를 『돈키호테』에서 보았다. 그는 경제학에 대한 저술을 끝내자마자 위대한 작품 『인간희극』에 대한 비평을 쓰려고 했을 만큼 발자크를 존경했다… 마르크스는 모든 유럽어를 읽을 수 있었다… "외국어는 삶의 투쟁에 있어서 하나의 무기다"라고 반복해서 말하곤 했다… 러시아어 공부를 시작한 지… 여섯 달이 되자 러시아 시인들과 산문 작가들을 읽으며 즐거워할 수 있을 정도였는데, 푸시킨, 고골리, 셰드린(Shchedrin)이 그가 좋아하게 된 작가들이었다.[4]

라파르그는 마르크스와 그의 장서의 관계에 대해서도 다음과 같이 회상했다.

> (그 책들은) 사치품이 아니라 그의 정신의 도구였다. 마르크스는 "그것들은 나의 노예이고 내 의지대로 봉사해야 한다"고 말하곤 했다. 그는… 페이지 귀퉁이를 접어서 여백에 연필로 표시를 하고, 문장에 밑줄을 긋곤 했다. 그는 결코 책에 메모를 하지 않았지만, 저자가 도를 넘어설 경우에는 가끔 참지 못하고 감탄사나 의문부호를 써넣었다. 그가 친 밑줄들은 책에서 그가 필요로 하는 부분을 쉽게 찾을 수 있게 해주었다.[5]

그는 자신을 "그것들을 집어삼킬 듯이 읽고 변화된 형태로 역사의 똥더미에 던져 넣도록 선고받은 기계"[6]로 규정했을 만큼 그 책들에 관심을 쏟았다.

마르크스의 서가에는 자신의 저작들도 있었는데, 집필 계획에 비한다면 그 수는 많지 않았다. 계획했던 저작들 중 상당수는 극심한 지적 활동으로 인해 마무리되지 못한 채 남겨져 있었다. 『신성가족』(1845)과 『철학의 빈곤』(1847) 같은 책들이 있었고, 프리드리히 엥겔스(Friedrich Engels, 1820-1895)와 함께 쓴 『공산당 선언』(1848)—비록 1870년대에 가서야 광범위하게 읽혔으나, 출판은 시의적절하게 1848년 혁명 직전에 이루어졌다—은 확실히 많았다. 『루이 보나파르트의 브뤼메르 18일』(1852)과 같은 프랑스 역사에 대한 저술들은 『정치경제학 비판을 위하여』(1859)와 『포크트 씨』(1860)처럼 주목을 덜 받았던 책들과 함께 『팔머스톤 경의 삶에 대한 이야기』(1853-1854)와 같은 논쟁적인 정치 저작, 『쾰른 공산주의자 재판의 진상』(1853)이나 『18세기의 비밀 외교사』(1856-1857)와 같은 시사적인 소책자들 옆에 나란히 놓여 있었다. 자신의 저작들 중에서 가장 자랑스러워했던 것은 물론 『자본』이었다. 그것은 당시에 이미 러시아어와 프랑스어로 번역되어 있었으며, 국제노동자협회의 가장 중요한 목표이자 결의안이었다.

마르크스가 젊은 시절에 편집했던 신문과 잡지들도 한쪽에 챙겨져 있었다. 『독불연보』, 일간 『신라인신문』(그 최종판이 반혁명 성공 이전인 1849년 5월에 전체가 붉은 잉크로 인쇄되어 발행된), 『신라인신문 · 정치경제평론』(1850년부터 발행된)이었다. 서가에는 발췌 노트와 미완성 수고(手稿) 수십 권도 있었다. 이들 중 대부분은 책꽂이 상단에 꽂혀 있었는데, 거기는 다양한 시기에 시작했으나 결국 완성하지 못했던 모든 계획을 모아둔 곳이었다. 이 엄청난 양의 텍스트—어떤 것들은 "쥐가 갉아먹도록"[7] 내버려져 있었는데—은 수많은 노트와 종이 쪼가리들의 무더기였다.[8]

그 종이 더미에는 후에 『1844년의 경제철학 수고』(1844)와 『독일 이데올로기』(1845-1846)가 될 것들도 포함되어 있었다. 이 두 저작은 20세기 동안 가장 많이 읽히는 동시에 논쟁의 대상이 될 터였다. 마르크스는 그 저작들의 출판에 대해 놀랐을 것이고 거부감을 느꼈을 것이 분명하다. 그는 "최적의 형태를 찾을 때까지 반복해서 수정하지 않고는 단 한 권도" 출판하지 않았으며, "자신의 수고를 미완성인 채로 두기보다는 태워버리곤 했다."[9]

그러나 가장 방대하고 중요한 수고는 『자본』의 예비 초안에 관련된 것들, 즉 『요강: 정치경제학 비판의 기초들』(1857-1858)부터 1881년에 작성된 마지막 노트까지였다. 마르크스와 엥겔스의 서신 대부분은 종종 '당 공문서(party archive)'라고 불렸지만, 사실상 엥겔스의 집에 보관되었다.

마르크스의 과중한 연구의 중심에는 종종 누워서 쉬곤 했던 가죽 소파가 있었다. 그가 휴식 중 취하는 의례에는 방을 서성이는 것도 있었다. 라파르그에 따르면 결과적으로 "그는 방에서 걸으면서도 일을 하고 있었으며, 걷는 동안 생각했던 것을 적는 짧은 시간 동안만 자리에 앉았다고 할 수 있다." 그는 또 마르크스가 "말하면서 이리저리 걷는 것을 좋아했는데, 때때로 설명이 활기를 띠거나 대화가 심각해지면 멈춰 서곤 했다"고 회상했다. 자주 방문하던 사람들 중 하나는 마르크스가 "일단 대화에 관심이 생기면 마치 운동 삼아 범선의 갑판을 돌아다니는 것처럼 활기차게 방안을 돌아다니는 습관이 있었다"[10]고 말했다.

그의 책상 앞에는 테이블 하나가 더 놓여 있었다. 가끔 찾아오는 방문객이라면 그 위에 놓인 원고들의 혼란함에 어리둥절했겠지만, 마르크스를 아는 사람이라면 그 무질서는 겉보기에만 그렇다는 것을 잘 알고 있었다.

> 모든 것이 정말 있어야 할 장소에 놓여 있었기 때문에 그에게 필요한 책이나 공책에 손을 올리기가 수월했다. 대화를 하는 동안에도 방금 말했던 책의 인용구나 숫자를 보여주기 위해 대화를 멈추곤 했다. 그와 그의 연구는 하나였다. 연구 중인 책과 원고들은 마치 팔다리같이 그의 통제하에 있었다.[11]

가구 목록의 마지막은 커다란 서랍장이다. 그는 여기에다 『자본』을 헌정했던 동지 빌헬름 볼프(Wilhelm Wolff)처럼 그가 소중히 생각했던 사람들의 사진을 보관했다. 오랜 기간 동안 서재에는 제우스의 흉상과 고트리프 라이프니츠(1717-1783)의 집에서 가져온 벽조각 두 개가 있었는데, 이것들은 그의 주치의이자 오랫동안 소중한 친구였던 루트비히 쿠겔만이 1867년 크리스마스에, 그리고 1870년 맞은 마르크스의 52번째 생일에 준 선물이었다. 1870년은 18세기의 가장 위대한 독일 철학자였던 라이프니츠의 집이 하노버에서 철거된 해였다.

마르크스와 그의 가족은 북런던에 있는 메이틀랜드 파크 로드(Maitland Park Road) 41번지의 테라스식 집에 살았다. 그들은 1875년에 그곳으로 이사했는데, 이전 10년 동안은 1번지의 좀 더 크고 비싼 거처에 살았었다.[12] 그 시기의 가족 구성원은 마르크스와 아내 예니, 막내딸 엘리너(Eleanor Marx, 1855-1898)와 헬레네 데무트(Helene Demuth, 1820/23-1890)였다. 데무트는 그들과 40년 가까이 함께 산 헌신적인 가정부였다. 마르크스가 몹시 좋아했던 세 마리의 개도 있었다. 토디, 위스키, 그리고 이름이 알려지지 않은 나머지 한 마리의 개는 "특별한 동물들은 아니었지만, 그 가정의 중요한 구성원들이었다."[13]

사업에서 은퇴한 엥겔스는 1870년 맨체스터에 있던 자신의 집을 떠나 리젠트 파크 로드(Regent's Park Road) 122번지에 정착했다. 그곳은 1844년 이래 정치 투쟁을 함께 하고 진심 어린 우정을 나눴던 동지의 집에서 정확히 1킬로미터 거리에 위치한 집이었다.[14]

마르크스의 여러 가지 건강문제로 인해, "(그의) 의사들은 오랜 세월 동안 계속된 밤샘 작업을 절대적으로 금지했다."[15] 그러나 그는 끊임없이 자신의 시간을 연구에 투자했다. 그 연구는 1867년 1권이 출판된 『자본』의 집필을 끝내기 위한 것이었는데, 2권이 곧 출간될 예정이었다.

마르크스는 또한 당대의 모든 주요 정치적 · 경제적 사건들을 연구하고 있었는데, 이는 노동계급 해방의 새로운 시나리오를 예측하기 위한 것이었다. 결과적으로, 만족할 줄 모르는 호기심이 만들어낸 그의 백과사전적 정신이 스스로의 지식을 지속적으로 갱신하도록 했으며, 최신 과학의 발전을 따라가도록 몰아붙였던 것이다. 마르크스가 수많은 수학, 생리학, 지질학, 광물학, 농경학, 화학, 물리학 서적들에서 발췌하고 주석을 단 수십 권의 노트들을 삶의 말년에 남긴 것은 이러한 이유 때문이었다. 그는 잡지 기사들뿐 아니라, 의회 기록들, 통계 자료들, 청서 같은 정부 보고서와 출판물들도 샅샅이 살펴보았다. 다수의 언어로 수행된 이 연구에 집중하고 있을 동안 방해될 것은 거의 없었다. 엥겔스조차 이를 후회했다. 그는 "그를 방 밖으로 나가도록 설득하는 일"은 "정말 어려웠다"고 말했다.[16] 그런 예외적인 경우를 제외한다면, 마르크스는 일상적인 휴식이나 약속시간 이외에는 일에 몰두했다.

그는 늦은 저녁이면 외투를 걸치고 인근의 메이틀랜드 파크로 가서 큰손자 조니(Johnny)와 산책하는 것을 좋아했다. 일요일에는 가족들과 좀 더 멀리 있는 햄스티드 히스(Hampstead Heath)로 가서 행복한 시간을 보내곤 했다. 막내딸의 친구인 배우 매리언 커민

(Marian Comyn)은 그들이 종종 목격했던 장면을 다음과 같이 간결하게 묘사했다.

> 엘리너 마르크스와 내가 땅거미가 질 무렵 응접실 난로 앞에 있는 양탄자에 앉아 이야기를 나누고 있을 때면, 현관문이 점잖게 닫히는 소리가 들렸고 곧이어 검은 망토를 입고 중절모를 쓴(그리고 그의 딸이 언급했듯이, 음모가 합창단원으로 보이는) 박사님의 모습이 창문을 따라 지나가서는 어둠이 깔릴 때까지 되돌아오지 않았다.[17]

또 다른 휴식은 소위 도그베리 클럽(Dogberry Club)[18]—윌리엄 셰익스피어(1564-1616)의 『헛소동』에 나오는 등장인물로부터 유래한 이름—에서 보내는 시간이었다. 그 모임에는 셰익스피어의 작품을 낭독하는 시간과 엥겔스, 가까운 지인들, 마르크스의 딸들의 친구들을 위한 만찬 시간이 있었다.[19] 마르크스는 이런 저녁시간에서 느낀 자신의 감정을 그의 적수들에 대한 느낌을 묘사할 때만큼 신랄하게 비웃었다. “함께 있지 않으면 완전히 행복한 삶을 살 수 없다는 것도 이상한데, 함께할 때는 도리어 그 모임으로부터 스스로를 떼어내려고 열심히 노력한다니 참 이상하구나.”[20]

마르크스 가족의 어려움이 다양한 나라에서 찾아오는 방문객들을 막지는 못했다. 그 방문객들은 명망 높은 경제학자이자 유명한 혁명가와 얼굴을 맞대고 논의하고자 하는 사람들이었다. 1881년의 방문 목록에는 크림반도 출신의 니콜라이 지브르(Nikolai Ziber, 1844-1881)*, 모스크바대학 교수 니콜라이 카블루코프(Nikolai

* 러시아의 경제학자. 러시아 최초로 마르크스주의에 동조했다.

Kablukov, 1849-1919), 독일의 언론인이자 훗날 제국 의회의 의원이 된 루이 피어에크(Louis Viereck, 1851-1921), 사회민주당의 노장 프리드리히 프리쯔쉐(Friedrich Fritzsche, 1825-1905), 러시아 인민주의자 레오 하르트만(Leo Hartmann, 1850-1908)이 있었다. 메이틀랜드 파크 로드를 자주 드나들었던 또 다른 사람들로는 독일 사회민주당(Sozialdemokratische Partei Deutschlands, SPD)과 연결되어 있었던 언론인 카를 히르쉬(Carl Hirsch, 1841-1900), 그해 초 영국에서 민주연맹(Democratic Federation)*을 결성한 헨리 하인드먼(Henry Hyndman, 1842-1921), 프라하 출신의 젊은 사회주의자 카를 카우츠키(Karl Kautsky, 1854-1938)가 있었다. 카우츠키는 마르크스나 엥겔스와의 관계를 통해 정치에 대한 지식을 심화시키고자 영국으로 온 것이었다. 그는 노동운동의 영향력 있는 이론가들 중 하나가 될 운명이었다.

마르크스와 만났던 사람들은 모두 그의 성격에 매료되거나, 그의 육체적 외양에 깊은 인상을 받았다. 1879년에 처음 그를 만난 스코틀랜드의 정치인 마운트스튜어트 엘핀스톤(Mountstuart Elphinstone, 1829-1906)은 그의 눈빛이 "조금 냉정해 보이지만 전체적으로는 상냥해 보이는 편으로, 아마도 경찰이 찍었을 그의 사진처럼 요람의 아이를 잡아먹는 습관을 가진 신사의 것으로는 결코 보이지 않았습니다"[21]라고 말했다.

에두아르트 베른슈타인(Eduard Bernstein, 1850-1932) 역시 마르크스의 인간성과 겸손함에 깊은 인상을 받았다. "나는 다소 침체된 동시에 매우 잘 흥분하는 노신사와 사귀게 될 거라고 기대했었다. 그런데 만나보니 친절한 웃음을 머금은 검은 눈과 너그러움으로

** 1884년에 '사회민주연맹(Social Democratic Federation)'으로 개칭하였다.

가득 찬 말씨를 가진 백발 사나이가 내 앞에 서 있었다."[22]

카우츠키는 "마르크스는 위엄 있는 가장의 풍모를 가지고 있었고"[23], "거의 아버지와 흡사한 신사적인 미소"[24]를 지었으며, "항상 잘 갖춰 입는" 엥겔스와는 달리 "외관에는 신경을 쓰지 않았다"[25]고 회상했다.

매리언 커민은 마르크스의 기질을 다름과 같이 잘 묘사했다.

> (그는) 유별날 정도로 단호하고 지배적인 성격을 가지고 있었다. 커다란 그의 머리는 텁수룩한 턱수염과 콧수염에 어울리는 약간 긴 회색 머리카락으로 덮여 있었다. 유머가 반짝이는 작지만 검은 눈은 열정적이고 날카로우며 빈정대는 듯했다… 마치 한 사람의 청중처럼 항상 반가워하며, 결코 책잡지 않으면서, 진행 중인 즐거운 분위기 속으로 빠져들었고, 특히 희극 같은 것이 떠오르면 눈물이 뺨에 흘러내리도록 웃었다. 가장 나이가 많았으나 우리 중 누구보다 젊은 마음을 가지고 있었다.[26]

마르크스 집안이 가끔 북적였다면, 그 집 우체통은 여러 나라에서 매주 도착하는 활동가들과 지식인들의 편지로 폭발할 지경이었다. 발신자들은 국제노동자협회의 지도자에게 당대의 주요 정치 사건들에 대한 조언과 특수한 활동 지침에 대한 제안을 듣고자 했다.

마르크스의 일상은 우중충하고 비가 자주 오는 영국의 날씨를 배경으로 하고 있었다. 1880년 2월에 그가 니콜라이 다니엘손(Nikolai Danielson, 1844-1918)에게 썼듯이, 그의 "건강이 램즈게이트에서 돌아오고 (나서) 전반적으로 좋아지고 있(었)지만, 몇 달 동안 계속되는 혐오스러운 날씨" 때문에 "수면을 방해하는 감기와 기침이 떨어지지 않"았다.[27] 불길하게도 그 겨울에 예니의 건강이 나빠지고 있었고, 봄이 되자 마르크스는 부인의 치유법을 찾고자 새로운 전문의 브라이언 돈킨(Bryan Donkin, 1842-1927)을 불러야만 했다.

그는 러시아 친구 다니엘손에게 또 다른 우울한 사건에 대해 이야기했다. 1880년 7월 프랑스 정부는 1871년 코뮌 이후의 탄압을 피해 해외로 도피했던 수백 명의 혁명가들이 귀환할 수 있도록 허용한 사면령을 발표했다. 그 소식 자체는 마르크스를 고무하는 것이었지만, 개인적 차원에서는 고통스러운 것이었다. 그의 장녀 예니(Jenny Longuet, 1844-1883)와 결혼한 지 10년이 되는 샤를르 롱게—언론인이자 코뮌의 일원이었던—가 조르쥬 클레망소(Georges Clemenceau, 1841-1929)가 설립한 급진적 일간지 『라 쥐스티스 *La Justice*』의 공동편집인이 되어줄 것을 제안받았고, 그리하여 그의 아이들과 프랑스 수도로 돌아갈 계획이었기 때문이다. 마르크스 부부의 "세 손자들은… 삶의 즐거움의 마르지 않는 원천이었"[28]기 때문에, 이 이별은 부부에게 커다란 슬픔을 안겨주었다.

몇 달 동안 그들은 끊임없이 예니 가족의 부재를 느껴야 했으며, 마르크스의 기분은 기쁨과 우울 사이를 왔다 갔다 했다. 그는 예니에게 보내는 편지에서 항상 아이들의 소식을 물었다.

> 너희들이 떠난 후 그저 따분하기만 하구나. 너와 조니와 하라(Harra)와 '홍차군(Mr. Tea)'[29]이 없다니! 때때로 우리 애들의 목소리를 닮은 아이들의 목소리를 들으면 그 작은 녀석들이 해협 반대편에 있다는 것을 잠시 잊어버리고 서둘러 창문으로 간단다![30]

4월이 끝나갈 무렵 예니가 네 번째 손자를 낳았을 때, 마르크스는 장난기 어린 축하를 보내며 마르크스 가의 "여인들"은 "인류의 보다 나은 반쪽"을 늘려줄 "신참자"(즉, 여자아이-역자)를 기대했다고 썼다. 그리고 다음과 같이 덧붙였다. "내 입장에서는 이 역사의 전환점에서 '남자다운' 성의 아이들이 태어나는 것이 더 좋구나. 그 아이들 앞에는 지금까지 인류가 통과해왔던 가운데 가장 혁명적인 시기가 놓여 있거든."[31]

그와 동시대 남성들이 공유하고 있던 예상과 정치적 바람이 녹아 있던 이러한 생각은 두 가지 주요한 걱정거리를 낳았다. 첫 번째는 순전히 개인적인 것으로, 파리에 있는 딸을 돕고 싶다는 안타까움에서 나온 것이었다. 딸 예니는 그가 오랫동안 견뎌온 것들을 상기시키는 그런 어려운 삶을 살고 있었다. 그녀에게 보내는 편지에서 마르크스는 "좋은 일만 있기를" 바란다는 아내의 안부 인사를 전하면서, 그런 "바람"이 "자신의 무기력을 얼버무리기 위한 것만은" 아니라고 고백했다. 두 번째는 정치적인 것으로, 그가 국제 노동운동의 새롭고 열정적인 투쟁을 경험할 때까지 살지 못한다는 것이 현실화되고 있다는 것과 밀접하게 관련되어 있었다. "지금 가장 나쁜 것은 직접 보지 못하고 그저 예상만 해야 할 만큼 내가 '늙었다'는 거란다."[32]

불행하게도 모든 문제들이 악화되고 있었다. 6월 초순 들어 마르크스는 그의 부인의 병이 "점점 심각해지고 있는 것 같다"[33]고 스윈튼에게 알렸다. 그 자신 역시 새로운 병들로 고통받고 있었는데, 다리의 류머티즘 때문에 증기탕(Turkish baths)을 견뎌내야만 했다.[34] 비록 당시에는 "빠르게 사라지는" 것처럼 보였으나, 끔찍하고 떨어지지 않는 감기에 걸려 있기도 했다. 그는 큰딸과 손자들을 몹시 그리워했다. "너와 사랑스러운 아이들을 생각하지 않는 날이 하루도 없구나." 그는 조니에게 요한 볼프강 폰 괴테(1749-1832)의 『여우 라이네케 *Reineke Fuchs*』를 보내주었고, 그 "가여운 친구"에게 "그것을 읽어줄 누군가"가 있는지를 물었다.[35] 1881년의 전반기가 이런 고통들 속에서 지나갔다. 후반기에는 상황이 더 악화될 것처럼 보였다.

2. 인류학과 수학 사이에서

그럼에도 불구하고 마르크스는 환경이 허락하는 한 작업을 계속했다. 그 당시에조차—말년에 들어 그의 지적 호기심과 이론적 통찰력이 감소하고 있었다는 몇몇 전기 작가들의 주장과 달리—그는 연구를 밀고 나갔을 뿐만 아니라 새로운 영역으로 확장하기까지 했다.

2월에 다니엘손에게 보낸 편지에서 마르크스는 다음과 같이 썼다. "엄청난 답변을 요구한 편지에 답장을 쓰기 시작했습니다."[36] 이는 새로운 연구에의 몰입과, "서로 다른 나라, 그중에서도 미국으로부터 그에게 보내진 엄청난 양의 연감들을 헤쳐 나갈 싸움"[37]을 하기로 그가 결정했기 때문이었다.

1880년 12월과 1881년 6월 사이에 마르크스의 연구는 '인류학'이라는 또 다른 영역에 초점을 맞추고 있었다. 그는 미국의 인류학자 루이스 모건(Lewis Morgan, 1818-1881)의 『고대사회』를 연구하기 시작했다. 그 책은 러시아 민족학자 막심 코발레프스키(Maksim Kovalevsky, 1851-1916)가 북미 여행에서 가지고 돌아와 마르크스에게 보내준 것이었다. 그때는 그 책이 출판된 지 2년 후였다.

마르크스를 가장 놀라게 했던 것은 모건이 사회 진보의 전제조건으로서 생산과 기술적 요인들을 다루고 있었던 방법이었으며, 그는 이를 백장 정도로 꽉 채워 정리하고 싶어 했다. 이것이 『민족학 노트 *Ethnological Notebooks*』[38]로 알려진 연구물의 대부분을 차지한다. 그 저작에는 변호사이자 인도네시아 전문가였던 제임스 머니(James Money)의 『자바 또는 식민지 경영법 *Java, or How to Manage a Colony*』(1861), 법률가이자 실론(현재 스리랑카-역자) 대법원장이었던 존 피어(John Phear, 1825-1905)의 『인도와 실론의 아리아족 촌락 *The Aryan Village in India and Ceylon*』(1880), 역사학자 헨리 메인(Henry Maine, 1822-1888)의 『초기 제도사 강의 *Lectures on the Early History of Institutions*』(1875)와 같은 여타 저작들에서 발췌한 백여 장의 노트도 포함되어 있다.[39] 이 작가들에 대한 마르크스의 비교평가를 볼 때 그가 이 모든 자료들을 섭렵하기 위해 상당히 짧은 기간 안에 그 자료들을 모았을 것임을 짐작할 수 있다.

이전 연구에서 마르크스는 이미 과거의 사회-경제적 형태들을 조사하고, 그에 대해 광범위하게 논평한 바 있다. 이는 『독일 이데올로기』의 서두와 『요강』의 「자본주의적 생산에 선행하는 형태들」장, 그리고 『자본』 1권에서 확인 가능하다. 1879년에 코발레프스키의 러시아어본 『토지 공유: 원인, 경과, 그리고 결과 *Communal Landownership: Causes, Course and Consequences*』를 읽으면서 그는 다시 이 주제로 돌아왔다. 그러나 심도 깊은 새로운 연구는 『민족학 노트』에 와서야 등장한다.

그가 이 작업을 수행한 것은 역사적 시기들, 지리학적 지역들, 그리고 정치경제 비판을 강력하게 추진하는 데 있어서 필수적이라고 생각한 주요 화두들에 관한 지식을 확장시키려고 했기 때문이었다. 나아가 이 연구들은 먼 과거의 사회 성격들과 제도들을 탐구하는 데 있어서 반드시 필요한 것이었다. 그 연구들은 1850년대와 1860년대의 수고를 작성했을 당시에는 손에 넣을 수 없었던 정보들과, 그 분야에서 가장 탁월한 학자들이 발전시킨 최신 이론들을 마르크스에게 제공했다.

이 민족학적 연구들은 『자본』 2권도 완성해야 하는 시기에 병행되어 많은 에너지를 필요로 했다. 단순한 지적 호기심뿐만 아니라 고도의 이론적-정치적 목적이 그러한 연구의 배후에서 동기로 작용했다. 그는 심화된 역사적 지식 위에 상이한 생산양식들을 가장 개연성 있게 재배열하고자 했다. 그는 이 작업을 통해 공산주의 사회로의 최종 변화를 위한 기초가 마련될 것이라고 생각했다.[40]

그리하여 마르크스는 『민족학 노트』에 선사시대, 가족 유대의 발달, 여성의 상태, 소유 관계의 기원, 전(前) 자본주의 사회에서의 공동체 연행(community practice), 국가 권력의 형성과 본질, 개인의 역할, 특정한 인류학적 접근법들의 인종차별적 함의와 식민주의의 효과와 같은 좀 더 근대적인 국면들에 대한 흥미로운 주석들을 포함시켰다.

모건의 저작은 선사시대와 가족관계의 발달이라는 특정한 주제와 관련된 값진 암시들을 마르크스에게 선사했다. 하이드먼은 이를 다음과 같이 회상했다. "루이스 헨리 모건이 『고대사회』에서 가족이 아니라 씨족[41]이 일반적으로 과거의 부족 체제와 고대사회의 사회적 단위라는 것을 입증한 것에 만족한 마르크스는 자신의 이전 의견을 즉시 포기했다."[42]

독일 역사학자 바르톨트 니부어(Barthold Niebuhr, 1786-1831)가 『로마사 *Roman History*』(1811-1812)에서 발전시킨 것을 포함한 친족에 관한 전통적 해석의 한계를 그가 극복할 수 있었던 것은 초기 인류의 사회 구조에 대한 모건의 연구 덕택이었다. 모건은 이전의 모든 가설들에 대항하여, 씨족이 "일부일처제 가족보다 늦게 나타나며" "가족들의 통합"의 결과라고 해석하는 것은 심각한 오류였음을 보여주었다.[43] 그는 선사시대와 고대사회에 대한 연구를 통해 가

부장적 가족은 사회의 시원적 기초가 아니라, 일반적으로 생각하는 것보다 좀 더 늦게 등장하는 사회 조직의 형태로 간주해야 한다고 결론 내렸다. 그것은 "삶의 역경에 홀로 맞서기에는 너무 약한"[44] 조직이었다. "공산주의적 생활"을 했던 아메리카 원주민의 대우혼 가족(對偶婚家族, sidiasmic family)과 같은 가족 형태가 존재했다고 가정하는 것이 훨씬 그럴듯해 보였다.[45]

반면, 마르크스는 『초기 제도사 강의』에서 메인이 "사적 가족"을 "일족(step)과 씨족(clan)으로 성장할" 맹아로 그린 것에 대해 지속적으로 반대했다. 빅토리아 시대와 선사시대의 순서를 뒤집는 것을 통해 시간의 화살을 거꾸로 돌리려는 이 같은 시도를 경멸하게 된 마르크스는, 이 "돌대가리 영국인은 씨족에서가 아니라 나중에 족장이 될 가장에서 출발하고 있다. 정말 어리석군!"[46]이라고 일갈했다. 그의 조롱은 점점 더 심해져 다음과 같이 최고조에 달했다. "메인은 결국 그의 머리에서 영국식 사적 가족을 지우지 못"[47]하고, "로마의 '가부장적' 가족을 모든 것의 맹아로 바꿔놓았다."[48] 마르크스는 피어 역시 신랄한 비판에서 면제해주지 않았다. "그 멍청이가 모든 것을 사적 가족 위에 올려놨군!"[49]

모건이 가족 개념에 대해 언급한 것은 마르크스의 사고가 진전되는 데 도움을 주었다. '가족'—'조수(famulus)' 혹은 하인의 어원인—이라는 단어의 "본래 의미"는 "결혼한 부부나 그 자녀와는 아무 관련이 없고 '노예주(pater familias)'의 권력하에서 자신의 생계를 위해 노동하는 노예와 하인 집단과 관련된 것이었다."[50] 이에 대해 마르크스는 다음과 같이 언급하고 있다.

> 오늘날의 가족은 노예제(servitus)의 맹아뿐만 아니라 농노제의 맹아 역시 가지고 있다. 왜냐하면 그 시작부터 농경에 종사하는 하인

> 들과 관련되기 때문이다. 가족은 훗날 사회와 국가에서 광범위하게 발달할 모든 적대의 축소판을 그 안에 품고 있다… 일부일처제 가족이 다른 가족으로부터 독립해 존재하기 위해서는 반드시 노예 계급을 그 내부에 전제해야 한다.[51]

마르크스는 자신의 생각을 발전시키면서 그 개론서의 다른 곳에 "집, 땅, 가축"의 소유는 "일부일처제 가족"과 매우 밀접한 관계가 있다고 썼다.[52] 사실상, 『공산당 선언』이 제안하듯이, 이는 "계급투쟁의 역사"[53]로서의 역사가 출발하는 지점이었다.

엥겔스는 『가족, 사적 소유, 국가의 기원』(1884)—작가를 "유언 집행인(fulfilment of a behest)"이자 저술을 못하고 사망한 "친애하는 친구"의 "변변찮은 대리인"으로 묘사한 책[54]—에서 『민족학 노트』에 담겨 있는 마르크스의 분석을 완성했다. 그는 일부일처제가 다음을 재현한다고 주장했다.

> (일부일처제는—역자) 한 성(性)에 의한 다른 성의 정복을 역사 전체에 걸쳐 지금까지도 알려지지 않은 양성 간 갈등으로 선언한다. 1846년 마르크스와 내가 쓴 출판되지 않은 오래된 수고에서, 나는 다음의 언급을 찾았다. "최초의 분업은 아동 양육을 위해서 남성과 여성 사이에서 발생한다."[55] 그리고 지금은 다음과 같이 덧붙일 수 있다. 역사에 등장하는 최초의 계급 대립은 일부일처 혼인에 있어서 남성과 여성 사이의 적대의 발전과 함께 발생한다. 그리고 최초의 계급적 억압은 여성에 대한 남성의 억압과 함께 발생한다. 일부일처제(…는) 문명사회의 세포형태다. 우리는 그를 통해 문명사회에서 완전히 발달하게 될 대립과 모순의 본질을 미리 살펴볼 수 있다.[56]

마르크스는 양성 간 동등성에 대한 모건의 숙고를 매우 주목하고 있었다. 모건은 그리스 이전의 고대사회들이 여성에 대한 대우와 태도에 있어서 보다 진보적이었다고 주장했다. 마르크스는 모건의 책 중 그리스인들 사이에서 어떻게 "모계에서 부계로의 변화가 부인과 여성의 지위와 권리를 훼손하고 있었"는지를 보여주는 부분을 옮겨 적었다. 결국 모건은 그리스식 사회 모델에 대해 매우 부정적인 평가를 내렸던 것이다. "그리스인들이 그들 문명의 절정기에 여성을 대우했던 것을 보면 그들은 여전히 야만인이었다. 그들의 피상적인 교육은… 여성이 열등하다는 것을, 여성 자신조차 사실로 받아들이게 될 때까지, 하나의 원칙으로 그들에게 각인시켰다." 나아가, "남성들 사이에는 세심하게 계획된 이기적 원칙이 존재했다. 그것은 여성을 폄하하기 위한 것으로 미개인들 사이에서도 거의 찾아볼 수 없는 것이었다." 마르크스는 고대 그리스 신화와는 대조적인 사고를 하면서 한 가지 예리한 관찰을 덧붙였다. "올림푸스에서 여신들의 상태는 한때 좀 더 자유롭고 영향력 있었던 여성의 지위를 상기시킨다. 권력을 갈망하는 지혜의 여신 헤라는 제우스의 머리에서 태어난 것 등이다."[57]*

모건의 저작은 마르크스에게 또 다른 중요한 문제, 즉 소유 관계의 기원에 대한 입장을 가지게 해주었다. 저명한 인류학자들이 친족 구조의 다양한 유형과 사회 · 경제적 형태들 사이에 단일한 인과관계를 설정했기 때문이었다. 그가 보기에, 기술 체계의 확정—혈연관계와 특정한 친족(예를 들어 "형제의 아들인 조카, 아버지의 형

* 이는 마르크스의 착각처럼 보이는데, 헤라와 제우스는 크로노스와 레아의 사이에서 태어난 남매이며, 제우스의 머리에서 태어난 지혜의 여신은 아테나다.

제인 삼촌, 아버지의 형제들의 아들인 사촌")을 묘사하는—과, 분류 체계의 감소—나와 가까운지 그렇지 않은지에 상관없이 혈연관계를 범주들로 묶는("예를 들어 나의 형제와 아버지의 형제의 아들들은 모두 나의 형제들이다")—를 설명하는 서구 역사의 요소들은 소유와 국가의 발달에 관련되어 있었다.[58]

모건의 저작은 네 부분으로 구분된다. (1) 발명과 발견을 통한 지능의 발달, (2) 통치 관념의 발달, (3) 가족 관념의 발달, (4) 소유 관념의 발달. 마르크스는 마지막 두 항목 사이의 연쇄의 의미를 좀 더 명확하게 드러내기 위해 그 순서를 (1) 발명, (2) 가족, (3) 소유, (4) 통치로 변경했다.

모건의 저작은 비록 "부, 사회적 지위, 공무상 직책에 부과된 권리"가 수천 년 동안 "정의와 지능"을 압도해왔지만, "특권 계급"이 사회에 "부담"을 주는 존재였다는 풍부한 증거가 있다고 주장했다.[59] 마르크스는 소유가 만들어낸 변화들을 다룬 『고대사회』의 마지막 부분 중 한 장을 거의 전부 베껴 썼다. 마르크스에게 깊은 인상을 주었던 개념들이 거기서 다루어지고 있었다.

> 문명 출현 이래, 재산의 결과물은 엄청난 것이었다. 그 주인의 이익 속에서 그 형태가 매우 다양해졌고, 그 쓰임새는 대폭 확장되었으며, 그에 대한 관리는 매우 지적인 것이 되었다. 사람들에 대해서는 통제 불가능한 힘이 되었다. 인간의 정신은 자신의 창조물 앞에서 허둥거렸다. 그럼에도 불구하고 재산을 지배하기 위해 인간의 지능이 고양되고, 그 주인의 의무 및 권리의 한계뿐만 아니라 국가와 그것이 보호하는 재산의 관계가 규명될 때가 오게 될 것이다. 사회의 이익이 개인의 이익에서 가장 중요한 것이며, 양자는 정의롭고 조화로운 관계를 이루어야만 한다.[60]

모건은 "인류 최후의 운명"이 단순한 부의 추구라는 것을 믿지 않았다. 그는 냉혹하게 경고했다.

> 재산이 목적이자 목표인 삶의 종식은 사회의 해체와 같다. 왜냐하면 그러한 삶은 자기파괴적 요소들을 포함하기 때문이다. 정부 안의 민주주의, 사회 속의 인류애, 특권과 권리의 평등, 보편적 교육은 경험, 지능, 지식이 끊임없이 관리하는 더 높은 수준의 사회를 암시한다. 그것(고차원적 사회 형태)[61]은 (사회의) 고차원적 형태 속에서 고대 씨족의 자유, 평등, 우애의 부활이다.[62]

그렇다면 부르주아 "문명"은 그 자체 일시적인 단계다. 이는 (당대에 통용되던 용어를 따르자면) "미개 상태"와 "야만 상태"라는 두 개의 긴 시대의 끝에 출현했는데, 그 상태들은 사회 조직의 공산주의적 형태가 폐지된 후 나타난 것이다. 그 공산주의적 형태는 재산과 부가 축적되고, 사회계급과 국가가 출현하면서 붕괴되었다. 그러나 조만간 선사와 역사는 다시 만나게 될 운명이었다.[63]

모건은 고대사회가 매우 민주적이고 연대주의적이라고 생각했다. 그는 정치 투쟁의 필요성을 언급하지 않은 채 낙관적으로 인류 진보를 선언하는 데 자신을 한정했다. 그러나 마르크스는 "고상한 야인의 신화"가 사회주의적으로 부활할 것이라고 예상했다. 그는 결코 과거로의 회귀를 꿈꾸지 않았으며, 모건의 책을 필사하면서 명백하게 했듯이 새로운 생산과 소비양식에 기초한 "고차원적 사회 형태"[64]의 출현을 고려하고 있었다. 이는 기계의 발달뿐만 아니라 노동계급의 의식적 투쟁을 통해서 실현될 것이었다.

인류학에 대한 마르크스의 독서는 전적으로 국가의 기원과 기능에 관련된 것이었다. 모건 저작에서 발췌한 내용들은 국가의 역할을 야만에서 문명으로의 전환으로 요약하고 있었던 반면, 메인에 대한 마르크스의 주석은 개인과 국가 간의 관계에 대한 분석에 집중하고 있었다.[65] 이 주제에 대한 그의 가장 중요한 이론적 작업들, 즉 『헤겔 법철학 비판』(1843)[66]에서 『프랑스 내전』(1871)에 이르기까지의 저술들과 마찬가지로,[67] 『민족학 노트』 역시 국가를 사회를 지배하는 권력으로, 개인의 전면적 해방을 가로막는 힘으로 간주하였다. 1881년에 작성한 그 노트에서 마르크스는 국가의 기생적이며 일시적 성격을 강조하였다.

> 메인은 더욱 중요한 점, 즉 국가가 외견상 최상의 독립적 존재로 보이는 것은 오직 외견상으로만 그럴 뿐이며 형태가 어떻든 그것은 사회의 혹이라는 사실을 무시한다. 그것의 출현 자체가 오직 특정한 사회발전의 단계에서만 일어나는 것과 똑같이, 사회가 아직은 이르지 못한 단계에 도달하자마자 그것은 다시 사라진다.

마르크스는 여기에, 주어진 역사적 환경하에 있는 인간 조건에 대한 비판을 덧붙였다. 공공 체제에서 사적 소유로 전환한 문명사회의 형성은 "훨씬 일면적인 개인"을 만들어낸다.[68] 만약 "(국가의) 진정한 본질이 오직 우리가 그 내면을, 즉 국가의 '이해관계'를 분석할 때에만 드러난다면", 이는 그 이해관계가 "특정한 사회 집단의 것", 결국 "계급적 이해관계"라는 것을 보여준다. 마르크스에게 있어서, "국가는 계급들 위에 그리고 그것을 전제로 구축된다." 따라서 이러한 유형의 사회에 존재하는 개인은 "특정 계급의 개인"이다. 그 마지막 분석에서 그러한 개인은 "경제적 선행조건들 위에 존재"하는 것으로 나타난다.[69]

마르크스는 또한 연구하고 있던 수많은 인류학 보고서에 담긴 다수의 인종주의적 함의를 발견하고 이를 『민족학 노트』에 적었다.[70] 이러한 이데올로기에 대한 그의 거부는 단정적이었고, 그것을 표현했던 작가들에 대해 신랄한 논평을 남겼다. 그래서 메인이 차별적 욕설을 사용할 때, 그는 단호하게 개입했다. "또 이런 허튼소리를!" 심하게는 "이 악마가 이런 '아리아식' 헛소리를 지껄이는군!" 같은 표현들이 계속해서 반복된다.

마르크스는 머니의 『자바 또는 식민지 경영법』과 피어의 『인도와 실론의 아리아족 촌락』을 참조하면서, 유럽인의 상주가 아시아에 가져온 부정적 효과에 대해 연구했다. 그는 식민지 정책에 대한 머니의 관점에는 전혀 관심이 없었으나, 그의 책이 상업에 관해 제공하는 정보들은 유용하다는 것을 발견했다.[71] 그는 피어의 저작에도 유사하게 접근했는데, 주로 벵갈에 있는 국가에 관한 보고에 주목하는 동시에 취약한 이론적 구조는 무시했다.

『민족학 노트』에서 마르크스가 읽고 요약한 그 저자들은 모두 그 시대의 진화적 개념들에 영향—미묘한 차이가 있었지만—을 받은 바 있었고, 몇몇은 부르주아 문명의 우월함에 대한 확고한 지지자가 되었다. 그러나 『민족학 노트』를 검토해보면, 그들의 이데올로기적 주장이 마르크스에게 아무런 영향을 주지 못했다는 것을 명확히 알 수 있다.

19세기 동안 헤게모니를 장악하고 인류학자들과 민족학자들에게 널리 공유됐던 진보에 대한 이론들은, 인간 행동에 대한 외적 요소들로 인해 사건들이 미리 주어진 경로를 따른다고 가정했다. 각 단계들 사이의 순서는 자본주의 세계를 유일무이한 목적지로 하여 엄격히 정해져 있었다.

역사의 발전에 대한 순진한 믿음이 제2인터내셔널에 뿌리를 내리는 데는 불과 몇 년밖에 걸리지 않았다. 이런 믿음과 부르주아적 관점 사이의 차이는 오직 자본주의 체제 역시 필연적으로 붕괴하며 그 뒤에 비로소 마지막 단계가 온다는 데 있었다. 이름하여 사회주의의 도래(훗날 이 자체가 "마르크스주의적!"이라고 규정된)였다.[72]

이러한 분석은 인식론적으로 부적절했을 뿐만 아니라, 일종의 숙명론적 수동성을 생산해냈다. 그 수동성이야말로 현존 질서를 안정시키는 요인이 되었고, 프롤레타리아 계급의 사회적 · 정치적 행동을 약화시켰다. 마르크스는 많은 이들이 "과학적"이라고 간주한 동시에 진보에 대한 부르주아적 비전과 사회주의적 비전이 공유했던 이와 같은 접근에 반대했다. 그리고 단선적 역사주의라는 사이렌의 유혹을 거부하면서 자신의 복잡하고 유연하며 다채로운 구상을 고수했다.

다윈주의적 신탁(Darwinist oracle)과 비교했을 때 마르크스의 목소리는 불확실하고 무언가 머뭇거리는 듯 보일 수도 있지만,[73] 그는 수많은 추종자들과 표면적인 후계자들이 빠져들었던 경제결정론의 함정에서는 확실히 탈출했다. 그들이 영감을 받았다고 주장했던 이론으로부터 몇 광년이나 떨어진 그 입장(경제결정론-역자)은 많은 사람들을 '마르크스주의'의 성격에 대한 최악의 묘사들 중 하나로 이끌었던 바 있다.

가정사와 육체적 능력의 감퇴 와중에 수행한 몇몇 공적 개입뿐만 아니라 수고, 노트, 그리고 동료들과 활동가들에게 보내는 편지에서도, 마르크스는 고대에서 자본주의에 이르는 복잡한 역사를 재구성하기 위해 끊임없이 노력했다. 그는 읽고 요약한 인류학 연구들에서, 농업이 생계 수단이 된 이래 인간 진보는 기본 생계의 원천들이 확장되는 시대에 좀 더 빨리 진행된다는 것을 확인했다. 그는 역사적 정보와 자료들을 매우 소중하게 생각했지만, 인간 역사에서

각 단계들 사이의 순서는 불변한다는 엄격한 도식을 받아들이지는 않았다.

마르크스는 사회변화를 오직 경제적 변혁에만 연결시키려는 모든 시도를 일축했다. 대신에 그는 역사적 조건의 특수성, 시간의 경과가 제공하는 다양한 가능성들, 그리고 실재를 형성하고 변화를 달성하는 데 있어서 그 중심에 있는 인간의 개입을 강조했다.[74] 이것이 마르크스 말년의 이론적 노작이 가진 핵심적 특징이었다.

1881년 전반기에 마르크스는 인류학 연구를 하면서 수학 연구를 병행하기 시작했는데, 수학 연구는 이전에도 가끔 도전했던 것이었다. 그는 1858년 초반에 엥겔스에게 보낸 편지에서, 『요강』을 저술하면서 수많은 계산 오류를 범했다는 것에 "절망하여 이를 급히 수정하는 데에 대수학을 적용했다"고 썼다. "산술에서 마음 편했던 적이 없었지만, 대수학으로 우회하면 모든 것이 잘되어 갈 걸세"라고 그는 고백했다.[75] 애초 마르크스가 산술에 관심을 가지게 된 것은 정치경제학 연구와 그 연구가 제기하는 어떤 이론적 문제들을 해결해야 한다는 목전의 과제 때문이었다. 그러나 일단 진지하게 그에 관심을 두게 되면서, 그의 태도에 심대한 변화가 발생했다. 『자본』에 관련된 유용성과는 무관하게, 수학이 그의 지적 활동에서 진정 중요한 자리를 차지하게 되면서 그 자체로 교양적 흥미를 불러일으키게 되었다.

그의 부인이 천연두에 걸리고 딸들은 전염을 피해 떨어져 살았던 1860년에, 마르크스—"간호사"의 역할을 수행하고 있었던—는 엥겔스에게 보낸 편지에서 이미 다음과 같이 쓰고 있다. "(『뉴욕 트리뷴』에) 기사를 쓰는 건 거의 문제가 아닐세. 내게 필요한 마음의 평정을 유지시키는 데 도움이 되는 것은 수학일세."[76] 그는 생을 마감할 때까지 이 습관을 버리지 않았다. 그는 엥겔스에게 쓴 수많은 편지에서 수학이 주는 기쁨을 강조했다. 1865년 여름, 『자본』—종기가 여전하긴 했지만 "머리를 어지럽히진" 않았기 때문에 이를 완성하기 위해 "말처럼 일하고" 있었다—을 중단하고 "미분학을 좀 하고" 있다고 썼다. "무슨 책이든 읽기 시작하면 결국 책상에 앉게 되는구먼."[77] 마르크스는 1870년대 내내 이런 상태였으며,[78] 1870년대가 끝나갈 무렵 『수학 수고』로 알려지게 되는 수백 페이지의 수고를 작성하면서 이를 좀 더 체계적으로 진행하기 시작했다.[79]

1881년 마르크스는 아이작 뉴튼(1643-1727)과 고트프리트 빌헬름 라이프니츠의 수학이론에 관심을 집중했다. 이 두 사람은 각자 따로따로[80] 영국과 독일에서 미적분의 두 요소인 미분과 적분을 발명한 바 있다. 이들에 대한 연구 이후에 마르크스는 두 개의 짧은 수고, 즉 「도함수(導函數)의 개념에 대하여」와 「미분에 대하여」를 작성했다. 이는 미분에 대한 그의 이해와 그가 발견한 방법들을 체계적으로 보여준다.[81] 엥겔스에게 헌정된 이 저작들은 엥겔스의 평가를 구하기 위해 완성되자마자 그에게 발송되었다.

마르크스는 미분을 연구하기 시작하면서 동시에 그 계산법의 역사를 연구했는데, 이에 관련된 다양한 메모와 예비 초안들이 존재한다.[82] 아울러 그 역사 연구는 미분소 dx와 dy를 사용하는 당대 최고의 수학을 논박하면서 미적분의 기초들을 비평하는 데 도움이 되었다.[83] 이 연구의 과정에서 그는 특히 뉴튼과 라이프니츠가 발전시킨 미분의 '신비로운' 기초에 주목했다. 두 사람은 모두 어떻게 이것이 발생했는지에 대한 어떤 공식적 설명도 하지 않았다. 마르크스는 그것을 규명하지 않은 채 제시했다는 이유로 그들을 비판했다.[84]

이 소극적 측면은 이미 장 달랑베르(Jean d'Alembert, 1717-1783)와 조제프-루이 라그랑쥬(Joseph-Louis Lagrange, 1736-1812) 같은 수

학자들에 의해 포착된 바 있었다. 마르크스는 이들의 논문을 지대한 관심을 가지고 연구한 바 있는데, 그러나 두 사람 다 마르크스가 확인한 문제를 해결하는 데 실패했다(전자는 합리주의적 방법과 한계 개념을 사용하였고, 후자는 순수한 대수적 방법과 도함수의 개념을 사용하였다).

이러한 연구가 끝났음에도 만족할 수 없자 마르크스는 미분에 대한 엄격한 형식적 규명에 착수하기로 마음먹었다. 그 작업은 "신비로운 영감"이 아니라 개념에 기초한 것이어야 했다. 그러나 그는 그 주제에 대한 최신 연구에 정통하지 않았는데, 그가 그 분야의 전공 문헌들에 대해 가지고 있던 지식은 19세기 초반에 발견된 것들이었기 때문이다. 그는 당대 수학자 두 명의 저서를 읽지 못했는데, 오귀스탱 코시(Augustin Cauchy, 1789-1857)와 카를 바이어슈트라스(Karl Theodor Wilhelm Weierstraß, 1815-1897)[85]는 아마도 마르크스가 스스로에게 부과한 과제를 해결할 수 있게 해주었을 것이다.

1881년 8월 엥겔스는 마르크스의 『수학 수고』에 대한 "빈틈없는 연구"를 위해 마지막 "힘을 내고 있었다." 그는 축하와 함께 다음과 같은 편지를 보냈다. "마침내 여기서 우리는 미분소 dx와 dy가 유도된 것인 반면, 이름하여 미분 계수가 그 원형이라는 것을 명확하게 알 수 있게 되었네. 미분 계수는 그것의 합리적 기초도 놓지 못한 채 많은 수학자들이 오랫동안 부여잡고 있었던 것이지." 엥겔스는 "그것이 온종일 머릿속을 맴돌았"을 뿐만 아니라 "(그가) 친구에게 장식용 단추들을 나누자고(differentiate)* 줬더니 그 친구가 전부 가지고 도망쳐버리는 꿈을 진짜로 꾸기까지" 할 정도로 그 문제에 집착하게 되었다.[86]

---

* '미분하다'와 '나누다'가 공히 'differentiate'라는 것을 이용한 말장난.

마르크스와 엥겔스, 그리고 두 사람의 친구였던 사무엘 무어(Samuel Moore, 1838-1911) 사이에서 이 문제에 대한 논의가 다음 해가 끝날 때까지 계속되었다. 1882년 11월 마르크스는 "미분의 기하학적 적용, 즉 기하학적 기호화에서 근본적으로 변하는 것은 실제로 아무것도 없다고 말함으로써 이 분석의 역사적 발전을 전체적으로 해소"할 수 있을 거라고 여전히 확신하고 있었다.[87] 그러나 기대와 달리 마르크스는 더 이상 대영박물관 도서관에서 연구를 계속하면서 "다양한 방법에 대한 세부적 논의로 돌아갈" 기회를 갖지 못했다.

이 시기에 미분에 대해 가지고 있던 마르크스의 관심은 더 이상 『자본』 3권을 위한 작업에 관련된 것이 아니었다. 그는 경제학에 적용하기 위해서가 아니라 좀 더 순수하게 수학에 집중하고 있었다. 반면 1870년대의 그는 "위기를 지배하는 일반 법칙을 수학적으로 규명"[88]하고 싶어 했었다. 몇몇 발췌문에서의 언급[89]과 달리 자신의 수학 저작을 집필할 의도도 당시에는 없었다.

그러나 『수학 수고』는 수학에 대한 마르크스의 집착과 관련하여 가장 눈에 띄는 저술이다. 무엇보다도 그것은 특히 변증법과 '총체성'의 재현과 관련하여 사회분석 방법을 모색하는 데 있어서 매우 유용한 지적 자극이었다. 결과적으로 수학은 그에게 거의 물리적 공간이 되었다. 때로는 놀이의 장소였고, 또 무엇보다도 개인적으로 몹시 어려운 순간에 그가 도피할 수 있는 공간이기도 했던 것이다.

3. 세계의 시민

전적으로 이론적인 연구에 몰두하면서도 마르크스는 당대의 경제적 사건들과 국제 정치상의 사건들에 대한 관심 역시 놓지 않았다. 주요한 '부르주아' 일간지들을 읽는 동시에 독일과 프랑스 노동계급의 언론출판물도 정기적으로 받아보고 있었다. 세계에서 일어나는 일들을 놓치지 않기 위해 여전한 호기심을 가지고 뉴스 기사들을 보면서 하루를 시작했다. 다양한 나라들의 정치적 · 지적 거물들과의 서신교환이 종종 정보의 소중한 원천이 되었다. 그 정보들은 신선한 자극과 광범위한 주제와 관련된 심도 깊은 지식을 제공해주었다.

1881년 초엽 사회민주연맹(Sociaal-Democratische Bond, SDB)—당시 네덜란드의 핵심적인 사회주의 정치 단체—의 거물 페르디난트 니우하우스(Ferdinand Nieuwenhuis, 1846-1919)는 마르크스에게 공산주의로의 이행에 대한 견해를 다시 한 번 설명할 수 있는 기회를 제공했다. 니우하우스는 그해 후반부에 있을 사회주의자 회의[90]—유럽에서 가장 큰 프롤레타리아 계급 정당들을 새로운 인터내셔널 안에 통합하는 것을 목적으로 한—를 준비하면서 결정적으로 중요하다고 생각했던 문제에 대해 마르크스에게 조언을 구했다. 권력을 획득한 이후 사회주의의 성공을 보장하기 위해 혁명정부가 취해야 하는 정치적 · 경제적 입법 조치는 무엇인가?

마르크스는 과거에도 그랬듯이 그와 같은 질문에 대한 일반론적 대답을 거부했다. 사실상 그는 그들이 "관점을 잡지 못하고 있다"고 생각했는데, 왜냐하면 "미래의 특정한 순간에 해야 할 일과 언제라도 즉각적으로 해야 하는 일을 결정하는 것은 전적으로 활동이 이루어지는 현실의 역사적 조건이"기 때문이었다. 간단히 말하면 "그런 허위 문제에는 그 질문에 대한 비판만이 대답이 될 수 있" 었다.[91] 그리하여 마르크스는 니우하우스에게 "항들(terms) 속에 해답 요소를 가지고 있지 않은 방정식을 푸는 것"은 불가능하다고 단정적으로 대답했다. 나아가 그는 다음과 같이 확신하고 있었다.

> 사회주의 정부는 작금의 상황이 최초의 조건, 즉 효과적 활동을 위한 시간을 확보하기 위해 수많은 부르주아를 위협할 만큼의 조치가 취해질 수 있는 단계에 도달하지 않았다면, 일국 내에서 주도권을 잡을 수 없을 것입니다.[92]

마르크스에게 있어서 사회주의적 생산 · 소비 체제는 길고 복잡한 과정을 통해 수립되는 것으로, 권력의 궁전을 장악하기만 하면 저절로 생겨나는 것은 결코 아니었다. 결국 "손쉬운 승리의 결과로 느닷없이 출현한 정부의 곤경은 결코 사회주의적인 것이라고 볼 수" 없었다. 실제로 존재했던 유일한 혁명정부인 파리코뮌은 결코 참고할 만한 모범이 아니었다. 왜냐하면 그것은 "극히 이례적인 환경에서 단지 하나의 도시에서 발생한 봉기"라는 매우 특수한 사례였으며, 대부분의 정치 지도자들은 "사회주의자들이 결코 아니었고, 사회주의자들일 수도 없었"기 때문이었다.[93]

당대 노동계급의 입장과 앙시앙 레짐의 몰락 앞에 놓인 프랑스 부르주아 계급의 입장을 비교하는 가운데, 마르크스는 프롤레타리아 계급의 전선이 더 퇴보한 것은 아니라고 주장했다.

> 1789년 이전 프랑스 부르주아 계급의 일반적 요구를 '조금만 수정한다(mutatis mutandis)'면, 현재 자본주의적 생산이 존재하는 모든 나라의 프롤레타리아가 주장하고 있는 최우선적이며 즉각적인 요

> 구와 정확히 일치합니다. 하지만 18세기 프랑스인들 중에 프랑스 부르주아 계급의 요구가 시행될 방식에 대해 선험적으로 알 수 있던 사람이 있었을까요?[94]

좀 더 일반적인 차원에서 마르크스는 그의 주장을 포기하지 않았다.

> 미래 혁명의 행동 계획에 대한 교조적이고 따라서 환상적인 예측은 현재의 투쟁으로부터 주의를 돌리게 할 뿐입니다. 임박한 세계의 종말에 대한 꿈은 로마제국에 대한 초기 기독교인들의 투쟁을 고무한 바 있고, 그들에게 승리에 대한 확신을 주었습니다. 현재 우리의 목전에서 끊임없이 이루어지는 지배적 사회질서의 불가피한 붕괴에 대한 과학적 통찰, 낡은 정부의 악령이 휘두르는 채찍질 밑에서 커져가는 대중들 자신과 그들의 분노, 생산수단의 발달과 함께 이루어진 거대하고 긍정적인 전진, 이 모든 것들은 진정한 프롤레타리아 혁명이 발생하는 순간에, 그것(이 목가적인 것이 아니라면)을 최초 작동시킬 조건 역시 존재할 것이라는 사실을 충분히 보장합니다.[95]

마르크스는 니우하우스가 언급했던 사회주의자 회의에 대해 몇 가지 의견을 제시하면서 편지를 마무리했다. 그는 새로운 초국적 조직—그가 거의 십 년 동안 만들었던 것과 유사한—의 즉각적 창설 가능성에 대해 회의적이라는 의견을 감추지 않았다.

> 나는 새로운 국제노동자협회를 위한 결정적 국면이 아직 도래하지 않았다고 확신합니다. 따라서 모든 노동자 회의 그리고/혹은 사회

> 주의자 회의는, 특정 국가들의 즉각적이며 현실적인 조건과 관련이 없는 한, 무용할 뿐 아니라 해롭다고 생각합니다. 그것들은 변함없는 수많은 일반화된 진부함 속에서 늘 그렇듯이 흐지부지될 것입니다.[96]

마르크스와 서신을 주고받았던 이들 중 몇몇은 미국의 경제학자 헨리 조지(Henry George, 1839-1897)가 『진보와 빈곤 *Progress and Poverty*』에서 보여준 생각을 그에게 제안하기도 했다. 조지는 1879년에 출판되어 다수의 언어로 번역되고 수백만 부가 팔린 이 책에서, 당대 언론이 수없이 언급했던 주장, 즉 토지 가격에 부과한 세금이 다른 모든 세금을 대체해야 한다는 주장을 제기했다.

> 정부는 이미 지대의 일부를 세금의 형태로 받고 있다. 우리의 조세법을 조금만 바꿔도, 지대 전체를 걷을 수 있다… 따라서 나는 조세를 통해 공중을 위한 지대를 책정할 것을 제안한다… 이렇게 하면 토지 소유권은 현재와 같이 유지될 것이다. 토지를 몰수할 필요는 없다. 소유할 수 있는 토지의 양을 제한할 필요가 없다. 지대가 국가에 의해 세금으로 징수된다면, 토지는 실제로 공동 자산이 될 것이다. 누구의 이름으로 되어 있는지 어떤 구획에 포함되어 있는지는 문제가 되지 않는다. 공동체의 모든 구성원은 토지 소유의 이익을 나눠 가지게 될 것이다… 지대가 현재의 정부 세입을 초과하면, 초과 지대를 흡수하기 위해 토지세를 실질적으로 올리는 것이 필요할 것이다. 지대에 대한 조세는 다른 세금을 폐지한다면 증가할 것이다. 따라서 우리는 다음과 같이 제안함으로써 우리의 개정안을 실질적 형태로 만들게 될 것이다. 지가(地價)에 부과하는 것 이외의 모든 세금의 폐지.[97]

존 스윈튼과 미국의 사회주의자 윌라드 브라운(Willard Brown)뿐만 아니라 미국으로 망명한 독일 혁명가 프리드리히 조르게(Friedrich Sorge, 1828-1906)가 진보와 빈곤이 공존하는 역설에 대한 이러한 해결책에 대해 의견을 구하자 마르크스는 이에 답해야겠다는 의무감이 생겼다. "그 저작에 대한 매우 짧은 (마르크스의-역자) 평가"는 종종 그랬던 것처럼 경멸적인 것이었다. 마르크스는 조지가 "재능있는 저술가"라는 것을, 그리고 미국인들이 그 저작에 대단한 찬사를 보내는 이유가 그것이 "성공적이진 않지만 전통적인 정치경제학으로부터 벗어나려는 최초의 시도"에 해당하기 때문이라는 것을 인정했다. 그러나 이 두 가지 사소한 인정과는 별개로, 마르크스는 바다 건너편에 있는 그 경제학자의 견해에 대해 맹공을 퍼부었다. 한 사람의 이론가로서의 조지는 "총체적으로 퇴행적인" 것으로 생각되었다. 그는 "잉여가치의 본질을 전혀 이해하지 못하고 있"으며, "자립해버린 잉여가치의 저 부분들에 대한, 즉 이윤, 지대, 이자 등의 관계에 대한 억측" 속에서 길을 잃고 있었다.

마르크스는 조지의 "기본 주장"[98]에 대해 이의를 제기했을 뿐만 아니라 그 독창성도 부정했다. 청년시절의 마르크스와 엥겔스는 『공산당 선언』에서 가장 발달된 국가들에서 노동계급이 권력을 장악한 이후 취해야 할 10가지 조치들 가운데 하나로 "토지 소유의 폐지와 모든 지대를 공공 목적에 사용할 것"[99]을 주장한 바 있었다.

마르크스는 "리카도의 구닥다리 제자들—리카도에 충실했던—이 이미 지대의 공적 전용을 통해서 모든 것이 바로잡힐 거"라고 믿었다는 것을 스윈튼에게 상기시켰다.[100] 마르크스는 1847년 『철학의 빈곤』에서 이런 생각을 비판했었다. 만약 "밀, 쉐르불리에즈*, 힐디치** 같은 경제학자들과 여타 사람들이 지대는 국가에 납부되어 다른 세금들을 대체해야 한다고 요구했"다면, 그것은 "지주에 대해 산업 자본가가 가지고 있던 증오(산업자본가에게 지주는 쓸데없는 것, 부르주아 생산 전체에 돋아난 혹으로 보였다)를 솔직하게 표현한 것"이었다.[101] 그것은 당대 사회에서 불평등을 제거하기에는 확실히 부족했다.

조르게에게 보낸 답신에서 마르크스는 과거에 비슷한 사상을 제기했던 다른 작가들을 거론했다. 예를 들어 장 이뽈리뜨 꼴랑(Jean Hyppolite Colins, 1783-1859)은 "오늘날의 생산양식에 내재된 적대들의 해결책이 이러한 과정이라고 선언하면서, 그 영국 급진 부르주아 경제학자들의 요구를 가지고 사회주의적 만병통치약"을 만들고자 했었다. 그리고 "프러시아의 멍청한 은행가이자 복권수집가"이며 요한 로트베르투스(Johann Rodbertus, 1805-1875)의 추종자인 경제학자 아돌프 샘터(Adolph Samter, 1824-1883)는 『사회의 원칙: 인간사회에서의 욕구 충족에 대하여 *Social Doctrine: On the Satisfaction of Needs in Human Society*』라는 제목으로 출판된 "두꺼운 책에 이런 '사회주의'를 가득 담아놓았다."

마르크스에게 조지의 저작은 이런 사유 전통에 꼭 들어맞는 것이었다. 오히려 다른 사례들보다 "더욱더 "용서할 수 없는" 것이었다. "(한때) 인민의 대다수가 상대적으로 쉽게 토지를 이용할 수 있었고, 어느 정도는 여전히 (그러한)" 미국의 그 시민(조지-역자)은 어떻게 "자본주의 경제와 그에 상응하는 노동계급의 노예화가 다른 어떤 나라에서보다도 빠르고 뻔뻔하게 발달"[102]할 수 있었는지

* Antoine-Elisée Cherbuliez(1797-1869). 스위스 경제학자.

** Richard Hilditch. 19세기 중반의 영국 경제학자.

를 설명해야만 했다. 그러나 그는 다음과 같이 선언했다.

> 이 '사회주의자들' 전부가… 똑같이 이렇게 하네. 그들은 지대를 국가에 납부하는 조세로 전환하는 것이 자본주의적 생산의 모든 폐해를 자동적으로 소멸시킬 거라고 믿도록 스스로와 세상을 속이려고 노력하지. 그러면서 임노동을, 따라서 자본주의적 생산의 존속을 허용한다네.[103]

따라서 그들의 의도와 상관없이, 조지 그리고 그와 비슷한 생각을 가진 저자들의 이론은 "사회주의로 치장되어 자본주의 체제를 구원하려는, 그래서 결국 지금보다 훨씬 더 폭넓은 기초 위에 자본주의를 재건하려는 시도에 불과"[104]했다. 결론적으로 마르크스는 조지의 "혐오스러운 시건방과 오만"을 공격했던 것인데, 그것을 "의심할 여지가 없는 모든 약장수들의 특징"이라고 생각했다.[105]

1881년 전반에 걸쳐, 마르크스는 세계의 사건들을 계속 관찰했고 그에 대해 동지들과 가족들에게 논평했다. 특히 2월에 다니엘손에게 보낸 장문의 편지에는 몇몇 국가들의 상황에 대한 대단히 중요한 관찰들이 담겨 있었다.

언제나 마르크스의 최우선 과제였던 경제위기와 대공황(1873년에 다수의 국가들, 특히 영국을 강타했던)에 대한 연구는 그의 흥미를 자극했고 전투적 희망을 강화시켰다. 그는 영국의 금융 위기에 대해 다음과 같이 썼다. "만약 영국이 겪고 있는 산업과 상업의 거대한 위기가 런던에서 절정의 금융 위기로 치닫지 않는다면, 이 예외적 현상은 전적으로 프랑스의 자금 때문일 것입니다."[106]

이와 같은 생각은 경제의 일반적 맥락에 대한 기술을 수반하고 있었다. 불황은 생산성의 뚜렷한 하락과 극적인 수출 부진 속에서 예견된 것이었다. 영국은 더 이상 세계의 공장(workshop)이 아니었고, 이전 수십 년의 "빅토리아 호경기"는 기억 속에 남아 있을 뿐이었다. 마르크스는 특히 아래와 같이 말했다.

> 영국의 철도 체계는 유럽의 공채 체계와 같은 궤도를 달립니다. 서로 다른 철도망 감독관들 가운데 큰손들은 자신들의 연결망, 즉 절대군주들로서 그들이 지배하는 '영토'를 확장시키기 위해서 새로운 대출계약을 끊임없이 맺을 뿐만 아니라, 새로운 차관(채무 이자를 갚거나 우선주 등의 이익을 지불하고 가끔은 일반 주주들에게 찔끔 오른 배당금이라는 떡고물을 던져주기 위한)을 계약할 핑계를 만들기 위해, 그들 각자의 연결망을 확장시키죠. 이 즐거운 방법은 조만간 보기 흉한 참사 속에서 끝장날 것입니다.[107]

마르크스는 대서양 반대편의 사건들에 대해서도 똑같은 관심을 보였다. 거대 철도 건설업자 제이 굴드(Jay Gould, 1836-1892)의 재정 파산도 그중 하나였다. 거대한 투기사업을 통해 당대의 가장 부유하며 사악한 인간들 중 하나가 된 그는 "강도 거부들 중 제왕"[108]이라는 적절한 평판을 얻고 있었다. 그는 뉴욕과 북동부를 잇는 역사적인 노선을 관리하는 에리철도회사(Erie Railroad Company)를 소유하고 있었는데, 1879년에는 태평양 연안의 여러 주를 잇는 연합태평양철도(Union Pacific Railroad)와 미시시피 강 동쪽에서 운행되던 미주리태평양철도(Missouri Pacific Railroad)를 포함하는 세 개의 거대한 철도망을 관리했다. 이들 선로를 모두 합하면 16,000km로 미국 전체의 9분의 1에 해당하는 것이었다. 1881년에는 서부연합(Western Union)을 인수하여 그의 제국을 한층 더 확장시켰다.

미국 사회의 발전에 대한 관심으로 인해, 마르크스는 굴드의 승

승장구를 지켜볼 수 있었고, 그가 공공의 공격으로부터 스스로를 보호하는 방법에 대해서도 논평할 수 있었다.

> 미국에서 그 철도왕은 예전과 마찬가지로 서부의 농부들과 여타 산업의 '사업가들'뿐만 아니라, 뉴욕상공회의소 같은 거대 상업 대표자들에게도 공격의 대상이 되어왔습니다. 그 문어발 철도왕이자 협잡꾼 굴드는 자신의 입장에서 뉴욕의 큰손들에게 말했지요. "당신들은 현재 철도를 공격하고 있는데, 그것이 지금 인기가 없고 따라서 취약하다고 생각하기 때문이다. 그러나 철도 다음에는 모든 기업…의 차례가 올 것이고, 그 다음에는 그와 관련된 모든 자본의, 종국에는 모든 자본의 차례가 돌아오게 될 것이다. 따라서 당신들은 이미 사람들 사이에 널리 확산되고 있는 공산주의로 가는 길을 닦고 있다는 것을 기억하라."[109]

마르크스는 "굴드 씨는 좋은 코를 가졌지요"[110]라고 농담조로 말했다. 이러한 경향이 결국 미국에서 진행되기 시작할 것이라는 희망이 그 농담에 담겨 있었다. 같은 편지에서 그는 인도의 문제 역시 다루었으며, "일반적으로 일어나는 것은 아니지만, 영국 정부에게 닥쳐올 심각한 문제"[111]가 있다고 예언하기까지 했다. 착취가 점점 더 참을 수 없을 정도로 이루어지고 있었다.

> 영국인들은 철도(힌두교도들에겐 쓸모없는) 배당금, 군인과 공무원들의 연금, 아프가니스탄 전쟁과 여타 전쟁들을 위한 것 등등을 위해 해마다 지대의 형태로 그들(인도인들-역자)을 착취합니다. 그들이 해마다 인도에서 쓰는 돈은 자신들을 위한 것 이외에는 없어요. 그들은 어떤 대가도 없이 인도인들을 착취합니다. 인도인들이 해마

다 무상으로 영국에 보내는 상품들의 가치만 해도, 인도의 6,000만 농업·공업 노동자들의 소득 총액보다 많아요! 이 피비린내 나는 과정은 복수심을 야기합니다! 수년 동안의 기근이 사람들을 억누르고 있지만 유럽에서는 아직까지도 그걸 의심하고 있어요! 힌두교도들과 무슬림들이 협력하면서 발생한 실질적인 음모가 있습니다. 영국 정부는 무언가 '들끓고' 있다는 것은 알고 있지만, 자기들 의회에서나 하는 식으로 말하고 생각하는 통에 바보 취급당하는 이 얄팍한 인간들(정부 사람들 말입니다)은 임박한 위험이 총체적으로 현실화될 거라는 것을 확실하게 알아야겠다는 생각도 없어요! 타인을 속이는 것, 그리고 그를 통해 자신을 속이는 것—간단히 말하면 이것이 의회의 지혜라는 것입니다! 오히려 다행이죠![112]

1860년대 이래 마르크스는 아일랜드에서 일어난 운동에 대해서도 주목해왔다. 4월 11일에 딸 예니 롱게에게 보낸 편지에는 그에 대한 마르크스의 숙고가 얼마간 담겨 있다. 예니는 오랫동안 페니언 운동을 지지하고 있었다. 마르크스는 아일랜드 점령과 영국이 거기서 저지른 끔찍한 부당 행위를 전적으로 반대했다. 그래서 1868년에 "전형적인 위선자이며 전통적 궤변가"[113]인 윌리엄 글래스톤(William Gladstone, 1809-1898)이 수상이 되었다는 것을 들었을 때, 마르크스는 그의 정치적 "사명"이 "아일랜드 달래기"라고 공언하였다.[114]

토지소유권이라는 가장 중요한 문제에 대해 글래스톤이 발표한 첫 번째 정책은 그가 불러일으킨 기대에 전혀 부응하지 못했다. 현행법을 개정한 것으로서 1870년에 통과된 「(아일랜드) 토지 임대차법 The Landlord and Tenant (Ireland) Act」은 상황을 악화시켰을 뿐이었다. 1870년대가 끝나갈 무렵 아일랜드는 지주들의 끔찍한 수

탈에 대한 수많은 저항의 현장이었고, 결과적으로 영국의 지배에 저항하는 봉기가 "들끓고" 있었다.

1881년 4월 자유당이 두 번째 법안인 「(아일랜드) 토지법 Land Law (Ireland) Act」을 제출하자, 지지자들의 요구와는 반대로 소작인에 대한 영국 지주들의 전제적 권력을 실질적으로 제한하려 하지 않는 정부를 마르크스는 재차 비난했다. 실재로 그는 예니에게 "글래스톤은 수치스러운 임시 조치(하원 의원들의 발언 자유를 폐지한 것까지 포함해서 말이다)를 통해 토지에서 쫓겨난 사람들이 아일랜드에 가득하게 될 상황을 초래했구나"[115]라고 써 보냈다. 마르크스가 볼 때, 제안된 개혁은 "순전한 협잡이었는데, 왜냐하면 글래스톤에게 원하는 모든 것을 얻어낼 수 있고 그래서 더 이상 토지 동맹(Land League)[116] 앞에서 떨 필요가 없어진 지주들이, 아일랜드 사람들 자신이 거부투표를 하게 될 그 법안을 의심할 필요도 없이 기각하거나 거세해버릴 것"[117]이기 때문이었다. 영국 의회가 그 정책을 승인한 것에 관한 한 마르크스가 틀렸지만, 그것이 아일랜드 문제를 해결하지 못할 거라는 그의 예견은 옳은 것이었다. 그 새로운 법령의 결과로 단지 몇백 명의 농부들만이 토지를 구매할 수 있었으며, 수년 후 아일랜드는 다시 혼돈 속으로 빠져들었다.

몇 주 후 예니에게 보낸 다른 편지에서 마르크스는 다시 그 문제를 거론했다. 그는 글래스톤의 입장에서 그 법안은 "[영국과 마찬가지로] 미국에서 옥수수와 축우(畜牛)가 수입되면서 아일랜드의 토지 자산 가치가 하락하는 시기에", 대지주에게 "토지 자산을 더 이상 소유하지 말고 상당한 가격으로 매각할" 기회를 제공하는 "매우 훌륭한 트릭"이었다고 생각했다.[118] 그는 예니에게 남편 샤를르 롱게로 하여금 아일랜드의회당(Irish Parliamentary Party)의 주요 인사 찰스 파너(Charles Parnell, 1846-1891)가 코오크(Cork, 아일랜드 남부의 도시-역자)에서 행한 연설을 읽게 하라고 시켰다. "그는 글래스톤의 새 토지법의 본질을 거기서 찾게 될 거야."[119] 마르크스에게 그것은 결국 다음과 같은 것이었다.

> 아일랜드 토지 문제—결국 아일랜드 특유의 문제가 아닌—의 진정한 난맥은 그 해결책이라고 하는 것이 아일랜드에 자치권을 부여해서 그들 스스로 문제를 해결하게 하는 방법밖에 없다는 데 있단다. 하지만 그 존 불(John Bull, 영국인을 이르는 말-역자)은 너무 멍청해서 이걸 이해하지 못하는구나.[120]

일반적으로 볼 때 마르크스는 결코 영국 군주제하에서 살아가는 것에 열광하지 않았다. 두 번 수상을 역임했으며 오랜 기간 보수당의 지도자였던 벤저민 디스레일리(Benjamin Disraeli, 1804-1881)가 4월 19일 사망하자 "찬양" 캠페인이 벌어졌다. 마르크스는 이를 "존 불이 자신의 관대함을 찬양하는 것에 만족해하는" "런던의 뿌리 깊은 광증"이라고 생각했다. 사실상 디스레일리의 두 번째 내각(1874-1880)에서 부정적 사건들, 즉 외국 정책에 있어서 2차 아프간 전쟁과 영국-줄루 전쟁(Anglo-Zulu War)으로 알려진 남아프리카에서의 유혈사태, 경제에 있어서 농업 · 공업 생산의 침체가 연달아 발생했다. 이것이 1880년의 보통선거에서 그가 참담하게 패배한 이유였다.

사후에 다시 부활한 디스레일리의 인기를 반추하면서 마르크스는 다음과 같이 말했다. "숟가락을 놓기 직전까지 썩은 사과와 더러운 달걀을 퍼부어놓고, 숨을 거두자 그의 추종자를 연기하다니 대단하지 않니?" 아마도 그가 빈정대며 말한 것의 의도는 "하층 계급"에게 "날 때부터 그들의 '상전'이었던 분들이 '지위와 돈'을 둘러싼 싸움에서 밀려나더라도, 죽음은 '지배 계급'의 그 지도자들이 항상 '위대하고 선량한 사람들'이었다는 (거짓-역자)진실을 드러낸다"는 것을 알려주려던 것 같다.[121]

그는 또한 영국의 날씨를 증오했다. 6월 6일 그는 딸에게 "어제도 오늘도 지긋지긋하게 내리는 비와 추운 날씨"를 맹렬히 비난했다. 그날 영국 수도에서는 아일랜드 저항 운동이 있었다. 그건 "하늘에 계신 아버지가 항상 런던에 있는 그의 교양 없는 소와 양을 위해 준비해둔 나쁜 속임수들 중 하나란다. 어제는 그 양반이 비를 내려서 하이드파크에서 파너네 당(아일랜드의회당-역자)이 벌인 시위를 망쳐버렸지 뭐냐."[122]

물론 마르크스는 대륙의 두 주요 국가, 즉 독일과 프랑스를 결코 간과하지 않았다. 과거와 마찬가지로, 좌익 정치 지도자들, 사회주의 이론 서적의 저자들, 그리고 프롤레타리아 운동에 대해 신문과 평론지에 기고하는 사람들을 만날 수 있을 때마다 그는 그 나라들에 대한 커다란 관심을 드러냈다. 할 수 있었던 몇몇 여행에서뿐만 아니라 런던에서 보낸 30년 이상의 시간 동안에도, 마르크스는 노동계급을 조직하는 데 헌신한 수백 명의 투사와 지식인을 알게 되었다. 그는 특히 젊은이들의 방문을 기뻐했는데, 그 이유를 다음과 같이 말하곤 했다. "나는 내 뒤를 이어 계속 공산주의 선동을 할 사람들을 훈련시켜야만 한다."[123]

마르크스가 카우츠키를 처음 만난 것도 1881년이었으나, 그에 대한 인상은 긍정적인 것과는 거리가 멀었다. "그 나름대로 괜찮은 친구"인 그는 근본적으로 "평범하고 좁은 범위의 문제에 대해서는 (스물여섯 살에 어울리지 않게) 지나치게 현명하고 매우 잘 알며 어느 정도 열심히 일하지만, 그가 이해하지도 못하는 속물들이 만들어낸 통계 수치에 너무 신경을 썼다." 그래서 마르크스는 "가능하면 그를 엥겔스에게 떠넘기기로" 결정했다고 딸 예니에게 익살스럽게 털어놓았다. 그리고 덧붙이기를 "그의 엄청난 음주 능력을 보게" 되면 엥겔스는 그에 대해 "더욱더 관대해"질 거라고 썼다.[124]

여름이 되자 마르크스는 다가올 프랑스 선거와 관련된 일들을 면밀히 살폈다. 레옹 강베타(Léon Gambetta, 1838-1882)는 수상이 되고 그의 공화주의자 연합(Union républicaine)은 의회 다수당이 될 것처럼 보였다. 투표 2주 전에 그는 엥겔스에게 다음과 같은 예상을 전했다.

> 극좌파는 의석수를 약간 늘릴 테지만, 가장 중요한 결말은 강베타의 승리일 걸세. 프랑스의 상황이 이렇다면, 짧은 선거 기간 때문에 협잡꾼들과 그들의 손아귀에 있는 여러 거점 지역들의 출마자들, 그리고 그곳의 국고를 관리하는 사람들에게 유리하게 문제가 결정되겠지. 강베타의 최근 실패들 이후에, '가회비스트들(Grévystes)'[125]이 깨저트(Cazot), 꽁스탕(Constans), 파하(Farre) 같은 강베타의 수족들을 내각에서 쫓아낼 힘을 가지고 있었다면 강베타를 이길 수도 있었을 거야. 그렇게 하지 않았기 때문에, 관직 사냥꾼들이나 주식 투기꾼들 등등이 "강베타가 적임자야!"라고 스스로에게 말하고 있는 거고… 급진적 언론과 반동적 언론에서 매일 그에게 퍼붓고 있는 공격이 그의 바보짓에도 불구하고 그의 가치를 높이는 데 기여하고 있네. 게다가 농민들은 강베타를 현실적 공화주의의 '화신(ne plus ultra)'으로 간주하고 있어.[126]

그 달이 지나고 마르크스는 엥겔스에게 "파리에 있는 노동당(Fédération du parti des travailleurs socialistes de France, FPTSF)의 상태"에 대해 쓴 편지를 보냈다. 혁명가이자 『1871년의 파리코뮌사 *The*

History of the Paris Commune of 1871』(1876)의 저자 포스뻬흐-올리비에 리싸가헤이(Prosper-Olivier Lissagaray, 1838-1901)는 그에게 "그것은 그저 새싹에 불과하지만, 모든 의미의 부르주아 정당들에 대해 유일하게 의미 있는 것입니다"라고 말했다. 마르크스는 이 점에 있어서 그가 "전적으로 공명정대"하다고 생각했다. "비록 여전히 미약하고 아직은 거의 상상에 불과할 수도 있으나", 그 조직은 "그럼에도 불구하고 모든 구에 후보를 낼 수 있을 정도로 잘 훈련되어" 있어서, "선거전에서 존재감을 드러낼 것이며 관료사회의 인간들을 짜증 나게 만들 것"이었다. 마르크스는 "모든 관점의 파리 신문들"을 읽고 "저 전방위적 골칫거리, 즉 단결한 노동자들의 정당에 대해 이를 갈지 않는 것이 하나도 없다"는 것을 발견하고는 곧바로 그 모든 것이 사실임을 확인했다.[127]

전 세계가 마르크스의 방 안에 있었다. 마치 그것이 그의 책상 위에 놓여 있는 것 같았다. 미국의 사회 변화에 대한 연구, 인도에서의 식민지 탄압의 종식에 대한 희망, 페니언 운동에 대한 지지, 영국의 경제 위기에 대한 분석, 프랑스 선거에 대한 관심을 통해 마르크스는 세계 전역에서 점증하고 있는 사회 갈등의 징후들을 끊임없이 지켜봤던 것이다. 그는 그것이 어디에서 발생한 것이든 놓치지 않고 따라가기 위해 노력했다. 그가 스스로에게 다음과 같이 말할 수 있었던 것은 다 이유가 있었던 것이다. "나는 세계의 시민이며 내가 어디에 있든 행동한다."[128] 그의 인생의 말년은 그러한 삶의 방식이 거짓이 아님을 보여주었다.

2

국제 정치와 러시아 자본주의에 관한 논쟁

1. 농촌 공동체의 미래

마르크스는 자신의 정치 저작에서 항상 러시아를 유럽 단위의 노동계급 해방의 주요한 걸림돌로 규정했었다. 수많은 서신에서뿐만 아니라 『뉴욕 트리뷴』의 기사들과 『18세기의 비밀 외교사』에서도 그는 러시아의 사회적 후진성, 더딘 경제 발전, 전제 정치 체제 그리고 보수적 대외 정책이 그 거대한 짜르 제국을 반혁명의 전초기지로 만드는데 일조했다는 것을 강조했다.

마르크스는 오랫동안 이와 같은 판단을 고수했다. 그러나 말년에 들어 그는 러시아의 거대한 사회적 변혁의 몇몇 조건들이 확실히 변화하고 있다는 것을 깨닫고 이를 달리 보기 시작했다. 영국의 경우 자본주의의 발전으로 인해 인구 대비 공장노동자의 비율이 사실상 세계에서 가장 높은 국가였으나, 노동자들이 부분적으로 식민지 착취에 기반한 보다 나은 삶의 조건을 누리게 되면서 그들의 운동은 점차 약화되었고 노동조합은 개량주의화되었다. 반면 러시아는 그러한 영국보다 혁명이 일어날 가능성이 더 커 보였다.[1]

1850년대 후반부터 마르크스는 1861년 농노 폐지 이전의 러시아 농민 운동을 주의 깊게 살펴보았고, 그것을 매우 호의적으로 받아들였다.[2] 이전부터 러시아어를 공부해왔던 그는 1870년대에 들어 사회-경제적 변화에 대한 통계들과 좀 더 전문적인 텍스트들,[3] 그리고 저명한 러시아 학자들과의 서신교환을 통해 러시아의 최신 동향을 따라갔다.[4]

1881년이 되면서 고대적 공동체 형태에 대한 관심이 늘어난 그는 당대 인류학자들에 대한 연구를 시작했고, 그의 사유는 계속해서 유럽 너머로 확대되어나갔다. 이때 러시아에 대한 그의 연구를 심화시킬 기회가 찾아왔다.

1881년 2월 중순경, 마르크스는 베라 자술리치(Vera Zasulich, 1848-1919)로부터 짧지만 강렬하고 매력적인 편지 한 통을 받았다. 그녀는 인민주의자들의 '토지 재분배(Чёрный передел/Black Redistribution)'*의 일원으로 상트페테르부르크 지사를 암살하고자 했었다. 프랑스어로 쓰인 그 편지는 제네바에서 2월 16일 발송된 것이었다. 그녀는 짜르 당국을 피해 제네바에 은신해 있었다.

마르크스를 매우 찬양하고 있었던 그녀는, 러시아에서 『자본』이 엄청난 인기를 끌고 있다는 것을 그가 반드시 알아야 한다고 생각했다. 그리고 "농업 문제와 농촌 공동체"에 대해 논의 중이던 러시아 동지들에게 『자본』이 행사한 영향력에 대해서 그가 알고 있는지 궁금해했다. 그녀는 "누구보다도" 그가 러시아 혁명가들의 "삶과 죽음의 문제"가 지닌 급박함을 알 수 있을 거라고 강조했으며, "우

---

* 인민주의자들이 결성한 러시아 최초의 혁명정당 '토지와 자유(Земля и воля/ZiV)'는 1879년 정부 관료들에 대한 폭력 행사를 혁명의 수단으로 선택한 '인민의 의지'와, 그것은 탄압을 강화시키고 당을 인민으로부터 고립시킬 뿐임을 주장한 '토지 재분배'로 분열하였다.

리 혁명적 사회주의자들의 개인적 명운조차" 그의 답변에 "의존했다"고 덧붙였다.[5] 그러고 나서 자술리치는 그 논의에 등장했던 두 가지 다른 관점을 요약했다.

> 귀족 및 전제적 관리들에게 지불하는 과도한 세금으로부터 해방된 농촌 공동체들은 사회주의적 방향으로 발전할, 즉 점차적으로 그 생산과 분배를 집산적 기초 위에서 조직화할 능력이 있습니다. 이 경우, 혁명적 사회주의자들은 자신의 모든 역량을 공동체의 해방과 발전에 쏟아야 할 것입니다.
> 그러나 만약 공동체가 소멸할 운명이라면, 사회주의자에게 남는 것은 러시아 농민의 토지가 부르주아지의 손아귀로 흘러들어 가는데 몇십 년이 걸릴지, 러시아 자본주의가 서구 유럽에서 이미 도달한 수준에 이르기까지 몇 세기가 걸릴지에 대한 근거도 없는 고만고만한 계산일 것입니다. 그러면 그들의 과제는 오직 도시 노동자들 사이에서의 선전이겠지만, 그 노동자들은 공동체의 해체로 인해 임금을 얻기 위해 대도시의 거리로 던져질 농민 대중들 속으로 계속해서 삼켜질 것입니다.[6]

나아가 자술리치는 논쟁에 참여한 사람들 중 일부가 "농촌 공동체는 역사, 즉 과학적 사회주의로부터 소멸을 선고받은 고대적 형태인바, 요컨대 위 논쟁은 전적으로 농촌 공동체에 관한 것"이라고 주장했다는 것을 지적했다. 이 관점을 유지했던 이들은 스스로를 마르크스의 "탁월한 제자들", 즉 "마르크스주의자들"이라고 불렀다. 그들의 가장 강력한 논거는 종종 "마르크스가 그렇게 말했다"는 것이었다.

이러한 이유로 인해, 그녀는 마르크스에게 진심으로 호소했다.

"당신이 우리 농촌 공동체의 미래에 대한, 그리고 세계 모든 나라들은 역사적으로 자본주의적 생산의 모든 단계들을 통과해야만 한다는 이론에 대한 당신의 생각을 제시해주신다면, 우리에게 큰 호의를 베푸는 일이 될 것입니다." 그 질문은 매우 중요한 것이었고, 그에 대한 가장 권위 있는 현역 사회주의자의 생각을 몹시 알고 싶었기 때문에, 자술리치는 그에 대한 답변을 "적어도 금번 답장에 적어" 보내줄 것을 부탁하며 편지를 마무리했다.[7] 만약 마르크스가 그 답변을 작성하는 데 너무 많은 시간을 할애하지 않았다면, 그 편지는 러시아에서 번역 · 출판되었을 것이다.

자술리치가 제기한 문제는 마르크스가 전자본주의 공동체들에 대한 연구에 몰두하고 있었던 바로 그때에 적절하게 도착했다. 그녀의 편지를 읽은 마르크스는 당시 자신의 이론적 관심과 매우 밀접하게 연관되면서 동시에 자술리치의 질문과도 매우 깊이 관련되어 있는 당대의 실재 역사적 사례 하나를 분석하게 되었다. 그의 답변은 엄청나게 복잡하여 자본주의에 대한, 그리고 사회주의로의 이행에 대한 그의 사유 맥락 속에서만 이해될 수 있다.

2. 자본주의를 통과해야만 공산주의로 갈 수 있는가?

자본주의적 생산양식의 확대가 공산주의 사회의 탄생에 필수적인 전제 조건이라는 확신은 마르크스의 전 저작을 관통한다.

『공산당 선언』에서, 그와 엥겔스는 봉건 사회가 전복되는 동안 시도되는 노동계급 해방은 "그 해방을 위한 경제적 조건들의 부재뿐만 아니라 프롤레타리아의 미발달 상태로 인해 실패할 수밖에 없다. 그 조건들은 아직 만들어지지 않았으며, 오직 임박한 부르주

아의 시대에서만 만들어질 수 있다"고 선언했다.[8]

부르주아지는 새로운 지리학적 발견과 세계 시장의 탄생을 이용하여 모든 나라의 생산과 소비에 범세계적 성격을 부여했다.[9] 더욱 중요한 것은 "자신에게 죽음을 가져올 무기들"과 그 무기를 휘두를 인간들, 즉 자본주의가 확대되고 있던 것과 같은 리듬으로 증가하고 있었던 "현대의 노동계급-프롤레타리아들"[10]도 창조했다는 것이다. 마르크스와 엥겔스에게 "부르주아지의 경쟁에 의해 자연스럽게 촉발된 산업의 발전은 노동자들의 고립을 연대를 통한 혁명적 결사로 대체"[11]하는 것이었다.

마르크스는 훌륭한 「『인민신문』 창간 기념 축하회에서의 연설」(1856)에서 좀 더 정치적 시각으로 이런 판단을 표현한 바 있다. 그는 역사적으로 전례 없는 산업 및 과학의 힘이 자본주의와 함께 태어났다는 것을 상기하면서, 행사에 참가한 투사들에게 "증기, 전기, 그리고 자동 방적기는 시민 바르브(Barbès), 라스빠이유(Raspail) 그리고 블랑키보다 더 위험한 성격의 혁명가들"이라고 말했다.[12]

마르크스는 『요강』에서 자본주의는 "부르주아 사회를, 그리고 자연과 사회 구성원들이 만든 사회적 연대 자체의 보편적 전유를 창조한다"는 생각을 수차례에 걸쳐 반복해서 표현했다. 이 텍스트에서 그는 다음과 같이 명확하게 단언하고 있다.

> 자본은 국경과 편견들, 그리고 자연 숭배를 극복해낼 뿐만 아니라, 현존 욕구의 전통적 충족과 낡은 생활 방식의 재생산—오랫동안 자리를 잡아 만족스러운 듯이 받아들여지는 한계들 속에 속박된—또한 극복하며 나아간다. 자본은 이 모든 것을 파괴하고, 생산력의 발달, 욕구 범위의 확장, 생산의 분화, 그리고 모든 자연적이고 영적인 힘들의 착취와 교환을 방해하는 모든 장벽들을 허물어뜨리며

끊임없이 변혁을 일으킨다.[13]

자본주의적 생산의 긍정적 효과에 대한 마르크스의 가장 분석적인 설명 중 하나는 『자본』 1권의 마지막 부분에서 발견되는데, 그 절의 제목은 「자본주의적 축적의 역사적 경향」*이다. 그는 문제의 부분에서 자본주의, 특히 그것의 집중(Konzentration)[14]에 의해 생성된 여섯 가지 조건, 즉 공산주의 사회가 탄생하는 데 필요한 기본 선결 조건을 요약하고 있다. 1) 협업적 노동과정, 2) 생산에 대한 과학-기술의 기여, 3) 생산에 의한 자연력의 전유, 4) 노동자들이 공동으로 작동시켜야 하는 기계의 창조, 5) 모든 생산수단의 효율적 사용(economizing), 6) 세계 시장의 창출. 마르크스의 원문은 다음과 같다.

> 이러한 집중[즉 소수 자본가에 의한 다수 자본가의 수탈]과 병행해 기타의 발전도 더욱더 대규모로 일어난다. 예컨대 노동과정의 협업적 형태의 성장, 과학의 의식적 기술적 적용, 토지의 계획적 이용, 노동수단이 공동으로만 사용할 수 있는 형태로 전환되는 것, 모든 생산수단이 결합된 사회화된 노동의 생산수단으로 사용됨으로써 절약되는 것, 각국의 국민들이 세계시장의 그물에 얽히게 되는 것, 따라서 또 자본주의 체제의 국제적 성격의 증대 등등이 더욱더 대규모로 일어난다.[15]

마르크스는 소수 우두머리들의 손아귀에 생산이 집중될수록 노

---

* 독일어 2판의 '7편 24장 7절'(강신준 국역본 Ⅰ-3), 불/영역판의 '8편 32장'(김수행 국역본 Ⅰ-하)이다.

동계급에 대한 "빈곤, 억압, 예속, 타락, 착취"가 증가한다는 것[16]을 잘 알고 있었으며, 동시에 "임금노동자의 협업은 전적으로 그들을 고용하는 자본에 의해 생긴다"[17]는 것 역시 깨닫고 있었다. 그는 이전에 존재했던 모든 생산양식들보다 거대하고 빠른 자본주의하에서의 놀라운 생산력 발달은, 자본주의 스스로가 야기한 사회 · 경제적 관계들을 극복하고, 그리하여 사회주의 사회로의 이행을 달성할 조건들을 창조한다고 확신했다.

마르크스는 『자본』에서 "자본주의적 생산방식은 노동과정을 사회적 과정으로 전환시키기 위해 역사적으로 필요한 조건"[18]이라고 쓴 바 있다. 그의 관점에서 "노동의 사회적 생산력은 노동자들이 일정한 조건 하에 놓일 때는 언제나 무상으로 발휘되며, 그리고 노동자들을 바로 이러한 조건 하에 놓는 것은 자본이다."[19] 마르크스는 공산주의에 가장 유리한 환경은 오직 자본의 확대를 통해서만 갖춰진다는 것을 이해하고 있었다.

> 그(자본가-역자)는 가치증식을 열광적으로 추구하며 그리하여 무자비하게 인류에게 생산을 위한 생산을 강제한다. 이리하여 자본가는 사회의 생산력의 발전과, 또 [개인의 완전하고도 자유로운 발전을 그 기본원칙으로 삼는] 더 높은 사회형태의 유일한 현실적 토대로 될 수 있는 물질적 생산조건의 창조에 박차를 가한다.[20]

공산주의로의 길을 준비하는 데 있어서 자본주의적 생산양식의 결정적 역할에 대한 보다 진전된 생각은 마르크스의 정치경제학 비판 전반에 걸쳐 발견된다. 『요강』에서 썼듯이, 자본의 경향 중 하나가 "'자유 시간(disposable time)'을 창조하는 것"임에도 불구하고, 자본은 결국 "그것을 잉여노동으로 전화시킨다."[21] "특정 대상의 생산을 위한 필요 노동량이 사실상 최소화되는" 동안, 노동의 가치는 최대화된다. 마르크스에게 있어서 이는 절대적으로 중요한 지점이었다. 이러한 필요 노동량의 최소화는 "노동이 해방되는 조건"이자, "해방된 노동의 이점"을 높일 것이었다.[22] 그리하여 자본은 "자신의 본성에 반하여 사회적 자유 시간을 확보하는 방법, 그러니까 사회 전체를 위해 노동 시간을 최소화하고 그를 통해 모든 사람의 자기 개발을 위한 자유 시간을 마련하는 방법들을 창조하는 데 중요한 역할을" 했다.[23]

마르크스가 자본주의는 오직 생산력을 최대화하는 그 능력 때문에 존재했던 체제 중 최상의 것이라고 믿었던 것은 아니다. 인류에 대한 무자비한 착취에도 불구하고, 이전 사회보다 개인의 잠재력에 대해 훨씬 높은 가치를 부여할 수 있도록 하는 잠재적으로 진보적 요소를 어느 정도 가지고 있다는 사실도 인정했다. 비록 마르크스는 자본주의의 생산주의적 원칙과 잉여노동 생산의 필연성을 심하게 싫어했지만, 개인의 재능 성장과 관련된 생산 능력의 향상에 대해서는 의미를 부여했다. 결국 그는 『요강』에서 다음과 같이 주장했다.

> 재생산 활동 자체에 있어서 객관적 조건만이 변화하는 것이 아니라—예를 들어 촌락이 도시가 되고, 황야가 경작 개간지가 되는 등—, 자신의 새로운 소양을 개발하는 것을 통해 스스로를 변화시키는 생산자들이 생산을 통해 새로운 능력, 새로운 생각, 새로운 소통 양식, 새로운 욕구, 그리고 새로운 담화를 만들어낸다.[24]

이러한 생산력의 보다 강력하고 복잡한 발전은 "개인들의 가장 풍부한 발전"[25]을 가져왔고, 인류 사이의 관계를 "보편화"했다.[26]

마르크스는 『자본』에서도 "상품교환이 어떻게 직접적인 생산물 교환의 개인적 및 지방적 한계를 타파하고 인간노동의 물질대사를 발전시키는가를 보게 되고, 다른 한편으로는 상품교환이 어떻게 완전히 당사자들의 통제 밖에 있는 자연발생적인 사회적 연결망을 발전시키는지"[27]를 개략적으로 설명한 바 있다. 이는 "인간의 완전한 발전에 적합한 형태로" 생산이 이루어질 것을 "강제한다."[28]

마지막으로 마르크스는 자본주의의 어떤 경향들이 여성의 해방과 가족 내의 관계를 현대화하는 데에 도움이 된다고 생각했다. 국제노동자협회의 첫 번째 회의를 위해 작성한 중요한 저술 「임시 중앙 평의회 대의원들을 위한 개별 문제들에 대한 지시들」(1866)에서 그는 "자본 아래에서 혐오스러운 것으로 왜곡되었으나", "남녀 아동과 소년 · 소녀들을 사회적 생산의 거대한 노동 속에서 협업하게 하는 현대 산업의 경향은 진보적이고 건전하며 적절한 경향이었다"[29]고 쓰고 있다.

유사한 관점들이 『자본』에도 등장한다.

> 그런데 자본주의 체제 안에서 종래의 가족제도의 붕괴가 아무리 무섭고 메스껍게 보일지라도, 대공업은 가정의 영역 밖에 있는 사회적으로 조직된 생산과정에서 부인 · 미성년자 · 남녀 아동들에게 중요한 역할을 부여함으로써 가족과 양성관계의 더 높은 형태를 위한 새로운 경제적 토대를 창조하고 있다.[30]

마르크스는 "농업과 매뉴팩처 모두가 유치하고 미발달된 단계에 있었을 때 그 둘을 서로 얽어매고 있던 원시적 가족적 유대는 자본주의적 생산방식에 의해 완전히 해체"되며, 이는 "인구를 대중심지로 집결시키고 도시 인구의 비중을 끊임없이 증가"시켜 "사회의 역

사적 동력을 집중시킨다"고 덧붙였다.[31]

요약하면, 마르크스는 『자본』과 이를 준비하는 수고에서 사용했던 변증법적 방법의 기초 위에서, "새로운 사회를 형성할 요소들"이 "생산과정 위에 존재하는 물적 조건과 그것들의 사회적 결합"과 함께 성숙한다고 주장했다.[32] 이러한 "물적 조건"은 "미래의 더 높은 종합"을 성취하는 데 결정적이며,[33] 혁명이 비단 경제적 역동성을 통해서 발생하는 것이 아니라 언제나 정치적 요소 역시 요구할 것임에도 불구하고, 공산주의의 출현은 "물질적 토대 또는 일련의 물질적 생존조건을 가져야 하는데, 이 조건 자체도 또한 하나의 길고 고통에 찬 역사적 발전의 자연발생적 산물이다."[34]

마르크스 사유의 연속성을 확인해주는 유사한 생각들이 『자본』 이후에 집필된 짧지만 중요한 정치적 성격의 저작들에 담겨 있다. 그는 자본주의 사회의 대체를 위한 선결 조건에 대하여 자신과 러시아 혁명가들 사이의 근본적 차이를 기록한 바쿠닌의 『국가제도와 무정부 *Statehood and Anarchy*』에 대한 발췌 및 비평에서 투쟁을 선도할 사회적 주체에 대해 말한 바 있다.

> 근본적 사회 혁명은 경제 발전의 명확한 역사적 조건들에 밀접하게 관련되어 있다. 이 조건들이 그 혁명의 전제이다. 따라서 혁명은 자본주의적 생산과 함께 적어도 전체 인구 중에서 산업 프롤레타리아트의 비율이 주목할 만큼 높은 곳에서만 가능하다.[35]

「고타 강령 비판」에서는 "어떻게 현재의 자본주의 사회에서 노동자들이 이 역사적 저주를 폐지할 수 있게 하고, 또 그를 강제할 물적인, 그리고 여타의 조건들이 마침내 만들어질 것인지를 구체적으로 해명할"[36] 필요가 있다고 주장했다. 마지막으로, 후기의 단편 간행물들 중 하나인 「프랑스 노동당의 선거 강령」 서문(1880)에서도 생산자들에 의한 생산수단의 전유에 기본적으로 필요한 것은 "자본주의 사회의 발전 자체에서 구성된 물질적 · 지적 요소들의 집산적 형태"임을 강조했다.[37]

마르크스는 자신의 저작에서 쓸모없고 비생산적이라고 생각했던 사회주의 사회의 보편적 모델을 구상하는 것을 신중하게 회피했다. 이것이 그가 독일어 『자본』의 제2판(1873) 후기에서 "미래의 음식점을 위한 요리법" 작성이 결코 그의 관심사가 아니라는 것을 시사했던 이유이며,[38] 1879년과 1880년 사이에 독일 경제학자 아돌프 바그너(Adolph Wagner, 1835-1917)의 비평에 답변하면서 단적으로 "나는 결코 하나의 '사회주의 체제'를 수립하려고 하지 않았다"[39]고 썼던 이유였다.

사회주의가 어떠해야 하는지를 예상하려는 바람을 마르크스가 결코 드러내지 않았던 것처럼, 그는 자본주의에 대한 연구 속에서 인간 사회가 모든 곳에서 동일한 경로를 따라야 한다거나 동일한 단계를 통과해야 한다고 주장한 적도 없다. 그럼에도 불구하고 그에게서 비롯된 것으로 오인된 테제, 즉 부르주아적 생산양식은 역사적으로 불가피하다는 테제에 맞서야 할 책임이 자신에게 있음을 인식하고 있었다. 러시아에서 자본주의의 발전에 대한 전망과 관련하여 벌인 논쟁은 이에 대한 명백한 증거를 제공한다.

마르크스는 『조국의 기록 *Otechestvennye Zapiski*』 편집진에게 보내는 장문의 편지 초안을 아마도 1877년 11월에 작성한 듯한데, 여기서 그는 러시아의 농촌 공동체, 즉 옵시나(общи́на/obshchina)의 미래에 대한 논문—문학 비평가이자 사회학자 니콜라이 미하일로프스키(Nikolai Mikhailovsky, 1842-1904)가 쓴 「주콥스키 씨의 심판에 직면한 카를 마르크스 Karl Marx Before the Tribunal of Mr.

Zhukovsky」—를 반박하고 있다. 마르크스는 수차례 그 편지를 수정했으나, 결국 그것은 초안 형식으로 남게 되었으며(일부를 삭제한 표시가 있다) 실제로 발송되지는 않았다. 그럼에도 불구하고 거기에는 마르크스가 훗날 베라 자술리치에게 응답하기 위해 사용한 논증을 예상할 수 있는 흥미로운 내용들이 포함되어 있었다.

미하일로프스키는 일련의 논문들에서 특정 뉘앙스를 제외한다면 자술리치가 4년 후에 다루게 될 것과 매우 유사한 문제를 제기했다. 자술리치의 경우 문제의 핵심은 농촌 공동체에서 가능한 변화가 사회주의 운동의 선전 활동에 미칠 영향에 관련된 것이었다. 반면 미하일로프스키는 옵시나의 미래와 관련된 다양한 입장들을 좀 더 이론적인 수준에서 논의하는 것에 관심을 가졌다. 그 입장들은 러시아가 단순하게 옵시나를 소멸시키고 자본주의 체제를 수용해야 한다는 자유주의 경제학자의 테제에서부터, 그 공동체가 좀 더 발달할 것이며 농촌 대중에 대한 자본주의적 생산양식의 부정적 효과를 피해야 한다는 주장에 이르기까지 다양했다.

자술리치는 마르크스의 관점을 알기 위해, 그리고 실천적 활동을 위한 조언을 얻고자 그와 접촉한 반면, 러시아 인민주의[40]의 명백한 대표자인 미하일로프스키는 분명히 두 번째 테제로 기울었고 마르크스가 첫 번째 테제를 선호한다고 생각했다. 자술리치는 "마르크스주의자들"이 자본주의의 발전은 필수적이라고 주장하고 있다고 썼으며, 미하일로프스키는 나아가 이 테제를 마르크스가 『자본』에서 제시했다고 주장했다. 그러나 그는 정확한 인용을 가지고 이 주장을 뒷받침하지는 못했으며, 대신에 독일어 『자본』의 제1판 부록에 나오는 알렉산드르 헤르쩬(Aleksandr Herzen, 1812-1870)에 대한 마르크스의 논쟁적 인용을 근거로 들었다.[41] 마르크스는 헤르쩬이 "낡고 썩은 유럽은 범슬라브주의의 승리를 통해 재탄생되어야 한다"고 주장할 때에만 러시아 공동체를 이용한다는 이유로 항상 그의 입장에 반대했다. 사실상 그는 헤르첸과의 논쟁이 자신의 판단을 위조하는 데에, 혹은 미하일로프스키가 주장하는 것처럼 "서유럽이 진행해왔고 여전히 진행하고 있는 것과는 다른 발전의 길을 자신들의 조국을 위해 찾고자 하는 러시아 인민의 노력"[42]을 묵살하는 데에 사용되어서는 안 된다고 다소 비꼬아 말했다.

따라서 마르크스는 이론적 모호함을 혐오한 나머지, 수년간의 연구 끝에 도달한 결론을 "직접 이야기하고" 표현하기 위해 『조국의 기록』 편집진에게 그 편지를 보내려고 했을 것이다. 그는 다음과 같은 문장으로 시작하고 있다(마르크스는 나중에 이 문장에 줄을 그어 수고에서 삭제했다). "만약 러시아가 1861년 이래로 따라가고 있던 그 경로로 계속 나아간다면, 역사 속에서 하나의 민족에게 주어졌던 최상의 기회를 잃게 될 것이며, 자본주의 체제의 모든 숙명적 부침들을 견뎌내야 할 것입니다."[43]

마르크스의 주요한 해명의 첫 번째는 자신의 분석에서 언급했던 영역들과 관련된 것이었다. 그는 『자본』의 「이른바 시초축적」 장[44]에서 어떻게 "봉건 사회의 경제 구조 해체"가 "서유럽"에서 "자본주의 사회의 경제 구조"의 요소들을 해방시켰는지를 설명하고자 했다고 회상했다. 그 과정은 세계적으로 발생한 것이 아니라, 구대륙에서만 발생한 것이었다.

마르크스는 『자본』의 프랑스어판에 있는 한 문단을 언급했는데, 여기서 그는 생산수단으로부터 생산자를 분리하기 위한 기초는 "농업 생산자로부터의 토지 수용(收用)"이었다고 단언하면서, "서유럽의 다른 모든 국가들이 동일한 과정을 따랐"지만, "이는 오직 영국에서만 근본적인 형태로 완료되었다"고 덧붙인 바 있다.[45]

계속해서 마르크스는 자신이 『자본』에서 자본주의적 생산의 역사적 경향은 그것이 "사회적 노동의 생산력과 개인 생산자들의 전면적 발달에 가장 큰 원동력을 제공하는 새로운 경제 질서의 요소들을 창조했다"는 사실 속에 있다고 밝혔음을 지적했다. 사실상 그것은 "이미 집산적 생산양식에 기초해 있으며" "사회적 재산으로 전화하지 않을 수 없다."[46]

그리하여 미하일로프스키가 이 역사에 대한 스케치를 러시아에 적용할 수 있는 방법은 하나밖에 없었다. (미하일로프스키가 이해한 마르크스에 따를 때-역자) 만약 러시아가 "서유럽의 국가들과 같은 자본주의 국가"가 될 경향을 가지고 있다면(마르크스의 견해로는 이전의 수년간 그러한 방향으로의 움직임이 일어나고 있었다), 그 나라는 "농민의 거대한 일부를 프롤레타리아로 전환시키지 않는 한" 성공할 수 없을 것이며, 결과적으로 "일단 자본주의 체제로 편입되면 그 나라는 다른 세속화된(profane) 국가들처럼 자본주의의 무자비한 법칙을 통과하게 될 것이었다."[47]

마르크스는 그 비평가가 "서유럽 자본주의의 기원에 대한 자신의 역사적 스케치를 모든 민족들에게 숙명적으로 적용되는—그들이 어떤 역사적 환경에 놓여 있는지에 상관없이—일반적 과정에 대한 역사-철학적 이론으로 변모시키는 데"[48] 착수했다고 생각했기 때문에 몹시 짜증이 나 있었다. 그는 빈정거리는 투로 다음과 같이 덧붙였다. "하지만 나는 그에게 용서를 구하는 바입니다. 그것은 나를 너무 명예롭게 만드는 것임과 동시에 과도하게 망신을 주는 것입니다."

그는 고대 로마에서의 농지 수용과 생산수단으로부터의 농민의 분리를 예로 들면서, 어떻게 그들이 "임금 노동자가 아니라 실업자 무리(idle mob)"가 되었는지에 주목했다. 그리하여 발달한 것은 자본주의가 아니라 노예제 생산양식이었다. 마르크스는 이로부터 "놀랄 만치 유사하긴 해도 서로 다른 역사적 맥락에서 발생하는 사건들은 완전히 다른 결과를 초래한다"는 결론을 내렸다. 실재의 역사 변화를 이해하기 위해서는 개별 현상들을 따로따로 연구해야 한다. 그렇게 해야만 그 현상들은 서로 비교될 수 있다. "역사를 초월하는 것이 그 최고 미덕인 일반적 역사-철학 이론을 마스터키로 해서는"[49] 그것들을 결코 이해할 수 없는 것이다.

따라서 사실상 미하일로프스키는 마르크스의 진정한 이론적 입장을 알지 못한 채 비판했던 것인데, 그의 이런 오해는 당대 러시아와 여타 지역의 마르크스의 후계자들 사이에 이미 암암리에 퍼지고 있었고, 20세기 마르크스주의의 기본적 특징 중 하나가 되었다. 이러한 이해에 대한 마르크스의 비판은 그것이 당대뿐만 아니라 미래와도 관련된 것이었기 때문에 무엇보다 중요했다.[50]

3. 서유럽과 다른 러시아의 길

매우 중요한 이론적 질문에 응답하고 중요한 정치적 문제에 대해 입장을 표명해야 한다는 것을 잘 알고 있었음에도 불구하고, 마르크스는 거의 3주 가까이 자신의 논문에 매달려 있었다.[51] 그 노동의 열매는 때로 모순되는 주장을 포함하는 세 개의 긴 초안이었는데, 그는 이 중 하나를 자술리치에게 보냈다. 초안들은 모두 프랑스어로 작성됐으며, 동일한 방식으로 시작하고 있다.

"봉건적 생산에서 자본주의적 생산으로"의 경로에 대한 분석을 요약하기 위해,[52] 마르크스는 프랑스어판 『자본』을 인용했는데, 그것은 1877년 11월에 『조국의 기록』 편집진에게 쓴(발송되지는 않은) 편지에 삽입했던 것이었다. 다음 줄에서 마르크스는 자신이 "서

유럽 국가"에서 봉건제에서 자본주의로의 경로가 가진 "역사적 불가피성을… 명시적으로 제한했다"고 반복해서 말하고 있다.[53]

이를 하나의 전제로 하여, 그는 옵시나를 미래의 사회주의 사회의 세포로 간주하는 풍부하고 정교한 사고를 발전시켰으며, 그것이 실제로 현실화될 구체적 가능성을 모색했다.

마르크스는 세 개의 원고 중 처음 작성되었고[54] 가장 분량이 많은 것에서 "러시아 농촌 공동체의 해체"가 왜 불가피한지에 대한 주장—그가 "유일하게 진지한 주장"이라고 생각했던—을 분석하고 있다. "멀리 돌아가면, 거의 고대적 형태의 공동 소유는 서유럽 전체에서 발견될지도 모른다. 그것은 점진적인 사회 진보를 통해 모든 곳에서 사라져버렸다. 왜 러시아에서만 그 같은 운명이 회피될 수 있어야 하는가?"[55] 그에 대한 답변에서 마르크스는 자신이 "유럽의 경험을 토대로 하는 경우를 제외한다면 이 주장을 고려하지 않았"[56]을 것이라고 재차 언급하고 있다. 러시아에 관해서는 다음과 같이 말하고 있다.

> 만약 자본주의적 생산이 그 지배력을 러시아에서 확립하기 위해서는 농민 그러니까 러시아 인민의 대다수가 임노동자로 전환되어야 하며, 따라서 그들의 공산주의적 소유는 발전적으로 폐지되는 것을 통해 수용되어야 한다. 어쨌거나 서유럽의 선례는 아무것도 해명하지 못할 것이다![57]

마르크스는 농촌 공동체가 붕괴되어 사라질 가능성을 배제하지 않았다. 그러나 그 일이 벌어진다고 해도, 이는 어떤 역사적 숙명 때문은 아닐 것이었다.[58] 그는 자술리치에게 자본주의의 출현은 필연적이라고 주장하는 자칭 그의 추종자들을 언급하면서, 특유의 빈정거림으로 논평했다. "당신이 말한 그 러시아 '마르크스주의자들'은 나를 전혀 모르는군요. 제가 아는 한, 제가 개인적으로 접촉하는 러시아분들은 정반대의 견해를 가지고 있습니다."[59]

서유럽의 경험에 대한 이와 같은 계속된 언급은 매우 가치 있는 정치적 관찰에 따른 것이었다. 『뉴욕 트리뷴』에 기고한 「영국의 인도 지배의 장래 결과」(1853)에서 그는 "영국은 인도에서 이중의 과제를 달성해야 한다. 하나는 파괴이며, 다른 하나는 소멸한 낡은 아시아적 사회를 재생시켜 아시아에 서유럽 사회의 물적 기초를 마련하는 것"[60]이라고 주장했는데, 이러한 1850년대 초반의 관점은 러시아에 대해 고찰할 즈음에는 명백히 변화해 있었다.

그는 1853년에 이미 자본주의의 기본 성격들에 관해 어떠한 환상도 가지고 있지 않았다. 그는 부르주아지가 "유혈과 오물, 고통과 수모를 통해 개인과 민족을 끌고 가지 않고서는 진보를 이뤄낸 적이"[61] 결코 없었다는 것을 잘 알고 있었다. 그러나 동시에 세계 무역, 생산력의 발전, 자연의 힘에 대한 과학적 지배로 전화한 생산을 통해 "부르주아 산업과 상업은 새로운 세계의 물적 조건을 창조해 왔던 것"[62]이라고 확신했다.

이를 마르크스의 유럽 중심주의 혹은 오리엔탈리즘의 증거로 간주하는 제한적이며 종종 피상적인 독해가 있었으나,[63] 사실상 그것은 겨우 35세에 언론 기사를 작성한 남자의 순진한 식민주의적 시각을 불완전하게 반영한 것에 지나지 않는다. 30년이 지나 국제 정치의 변화에 대하여 깊이 있는 이론적 연구와 세심한 관찰이 이루어진 1881년에는, 다시 말해 『민족학 노트』에서는 일반론적 개요(massive synopsis)가 등장하지 않으며, 전자본주의적 공동체 형태의 가능성에 대해 전혀 다른 관점이 나타난다. 그리하여 그는 "동인도 제도"에 대해 언급하면서 "헨리 메인 경이나 그 비슷한 사람들을 제외한 모든 이들은 공동체적 토지 소유의 억압이 토착민들을 전진시키는 것이 아니라 후퇴시키는 영국적 반달리즘에 불과하다는 것을 안다"[64]고 지적했다. 영국인들이 "한" 일은 "토착 농업을 파괴하고 기근의 회수와 강도를 두 배로 늘린 것"이 전부였다.[65]

따라서 러시아의 옵시나는 "공동체적 소유에 기반한 사회에서 사적 소유에 기반한 사회로의 이행"[66]이 다소 획일적으로 이루어졌던 과거 서유럽의 고통스러운 운명을 공유하고 있지 않았다. 마르크스는 러시아에서 이는 불가피한 것이냐는 질문에 대해 간단하게 "결코 그렇지 않습니다"라고 답했다.

마르크스는 서로 다른 맥락에 동일한 역사적 모델을 도식적으로 적용하는 것에 대한 단호한 거부를 넘어, 옵시나의 독특한 성격으로 인해 그것의 가치에 대한 면밀한 연구가 이루어져야 한다고 제안했다. 서유럽에서는 "농업 생산자들에 대한 수용이… 노동자들의 사적이며 분산된(parcelled) 소유를 자본가들의 사적이며 집중된 소유로 전환시키는 데 봉사했다." 그러나 러시아에서는 "공산주의적 소유를 자본주의적 소유로 대체하는 것이 문제가 될 것"[67]이라는 점이 강조되어야 했다. 나아가 "서유럽에서는 공동체적 소유의 죽음과 자본주의적 생산의 탄생 사이에는 경제적 혁명과 발전 과정 전체를 포괄하는 엄청난 간극이 놓여 있다."[68]

마르크스는 늘 그렇듯 유연하고 비도식적으로 농촌 공동체의 변화 가능성을 고려했다. 그가 보았을 때, 옵시나는 두 종류로 발전할 가능성이 있었다. "사적 소유의 요소…가 집산적 요소보다 우위에 서거나, 집산적 요소가 사적 소유의 우위에 설 것이다… 어느 쪽이든 그것이 처한 역사적 환경이 결정할 것이다."[69] 여기서 사회주의적 발전이 배제되는 것은 아니었다.

마르크스가 우선 강조했던 것은 좀 더 발전된 경제 형태와 농촌 공동체의 공존이었다. 마르크스는 러시아에서 다음과 같은 것을 보았다.

> (러시아는—역자) 현재 하나의 고급문화를 가지고 있는데, 이는 자본주의적 생산이 지배하는 세계 시장과 연결되어 있다. 이 생산양식의 긍정적 결과를 전유하는 것을 통해, 러시아는 농촌 공동체를 파괴하는 대신 그 고대적 형태를 발달시키고 변화시킬 위치에 있다.[70]

농민들은 "따라서 카우디움 협곡*을 통과하지 않고서도 자본주의 체제가 고안한 긍정적 획득물을 포섭할 수 있다."[71] 마르크스는 도약의 가능성을 거부하고 러시아가 자본주의 단계를 필연적으로 통과해야만 한다는 사람들을 겨냥하여, 러시아가 "기계, 증기 기관, 철도 등을 통합하기 위한… 공학 기술 산업의 길고 긴 배양 기간을 통과"해야만 하는지를 역으로 물었다. 또한 "서유럽이 수세기에 걸쳐 만들어낸 교환 메카니즘(은행, 금융기관 등)을 눈 깜짝할 새에 모두 도입하는 것"[72]이 가능한 일인지에 대해서도 물었다.

러시아는 영국과 다른 서유럽 국가들이 경유했던 모든 역사적 단계들을 노예처럼 반복할 수는 없었다. 그리하여 논리적으로도 옵

---

* 기원전 321년, 로마군은 로마의 세력권인 캄파니아 지역을 위협하던 산악 민족 삼니움과의 일전을 위해 진군 중이었다. 이때 삼니움군의 지휘관 가이우스 폰티우스(Gaius Pontius)는 삼니움군이 캄파니아가 아니라 그보다 남쪽인 풀리아 평원에 주둔 중이라는 허위정보를 흘렸고, 이에 속은 로마군은 풀리아 평원으로 가기 위해 카우디움 협곡으로 진군하다 매복 중인 삼니움군에게 전원 포로가 되었다. 마르크스는 러시아 농촌 공동체의 발전이 그것을 완전히 해체하고 자본주의적 체제를 받아들이는 외길뿐이라는 주장을, 당시의 로마군의 잘못된 판단에 비유하여 논박하고 있는 듯하다.

시나는 자본주의를 경유함 없이 사회주의적으로 변화될 수 있을 것이었다.

결과적으로 마르크스는 이 가설이 고려되고 있었던 역사적 시점을 평가하는 것이 중요하다고 생각했다. 농촌 공동체의 사회주의적 발전이 "시대의 역사적 경향에 일치"한다는 "최상의 증거"는 "유럽과 아메리카 국가들에서 진행되어 이제 최고조에 도달한 자본주의적 생산의 치명적 위기(여기서 마르크스의 정치적 희망이 그로 하여금 "치명적"이라는 말을 매우 자주 사용하도록 만들었다)"였다. 그는 인류학자 루이스 헨리 모건의 저작을 읽으며 획득한 사유에 의지하여, 진행 중인 경제적 위기가 자본주의를 "파괴"하고, "가장 고대적인 집산과 전유 형태가 보다 고차적 형식으로 현대 사회에 복귀하도록"하는 데에 유리한 조건을 창출할 것이라고 기대했다.[73]

이는 마르크스가 "원시적 협동 혹은 집단 생산이 고립된 개인의 약점으로 인해 생겨난 것"이 아니라 "생산 수단의 사회화"의 결실이라고 생각했다는 것을 명확히 보여준다.[74] 그는 옵시나가 그 자체로 "전체 발전 과정을 통과해"온 공산주의적 소유의 "고대적 형태가 가장 현대화된 형식"이라고 지적했다.[75]

마르크스의 선택에 영향을 주었던 것은 추상적 도식들이 아니라 이러한 연구와 분석이었다. 러시아의 농촌 공동체는 "구성원들의 혈연"에 기초한 것이 아니라, 어쩌면 "혈연에 의해 결속되지 않은 자유인들로 구성된 최초의 사회 집단"이었던 것이다.[76]

마르크스는 외부 세계와의 접촉 없이 스스로 폐쇄적이었던 러시아의 고대적 농촌 공동체의 '고립'을 비판했는데, 왜냐하면 그 경제 형태가 반동적 짜르 체제에 가장 잘 어울리는 것이라고 정치적으로 운위되고 있었기 때문이다. "한 공동체의 생활과 다른 공동체의 생활 사이의 연결 부재, 이 국지적 소우주는… 항상 공동체 위에 중앙집권적 전제정을 야기한다."[77]

마르크스는 러시아의 농촌 공동체에 대한 자신의 복잡한 비판적 판단을 결코 바꾸지 않았고, 개인의 발달과 생산양식의 중요성은 그의 분석에 온존했다. 자술리치에게 보낸 편지의 초안에서는 몇몇 학자들이 감지한 바 있던[78] 그의 초기 확신의 극적인 단절이 전혀 나타나지 않았다. 새로운 요소는 그가 이전에는 결코 고려하지 않았던 혹은 달성 불가능하다고 생각했던 사회주의로 가는 다른 가능성에 자신의 이론을 개방했다는 것이다.[79]

19세기 후반부에 들어서자 짜르 알렉산드르 2세(1818-1881)의 개혁으로 옵시나의 조건들은 이미 변화해 있었으며, 수많은 모순적 측면들이 드러나고 있었다.[80]

> 강력하지만 답답한 자연적 혈연의 속박, 토지 공동 소유, 거기서 유래한 사회 관계들로부터 해방되면서, 그것은 개별 가족에게 집과 안마당뿐만 아니라 배타적 영역의 단단한 기초를 보장한다. 그 영역에서의 구획 경작(parcel farming)*과 그 결실의 사적 전유는 좀 더 원시적인 공동체의 조직체와는 양립 불가능한 개별성을 부여한다.[81]

이 "이중성"**은 "분해균(the germ of decomposition)"으로 전화하게 될 텐데, "그 공동체는 가슴속에 부패의 요소를 품고 있었던 것"이다.[82] 그러나 "서유럽 자본주의 체제의 몇몇 가지들"을 지탱하는 국

---

* 토지 전체의 소유권은 공동체가 가지지만 특정 구획의 경작은 개인이 담당하는 농업 형태.

** 소유는 공동으로 하나 경작과 그 결과물의 처분은 개인이 하는 것.

가법(state legislation)같이 외부로부터 가해지는 "파괴적 영향" 역시 그것의 생존을 위협하는 것이었다. 그 국가법은 "농업 생산력은 어떤 식으로도 발전시키지 않은 채… 이미 '농촌 공동체'의 얼마 없는 피를 빨고 있는 새로운 자본주의적 기생충을 배불리는 데 협조하고 있었다."[83]

그리하여 마르크스는 러시아 인민주의자들이 구상한 결론이 달성 가능하다는 결론을 내렸다.

> 그리하여 이론적으로 말하면, 러시아의 "농촌 공동체"는 토지 공동 소유라는 그 기초를 발전시키고 그것이 또한 내포하고 있는 사적 소유의 원칙을 제거하는 것을 통해 스스로를 보존할 수 있고, 현재의 사회가 지향하는 경제 체제의 출발점이 될 수 있다. 자살을 감행하지 않고도 환골탈태할 수 있으며, 자본주의 체제를 통과하지 않고도 인류를 풍요롭게 해준 자본주의의 성과를 획득할 수 있다.[84]

그러나 만약 그것을 통과하게 되면, 이 가설은 "순수한 이론에서 러시아의 현실로 내려와"[85]야만 했다. 이를 위해 마르크스는 옵시나의 "발전 능력"을 확인하고자 노력했다.[86]

> (바로 그 순간, 그것은) 역사상 유례없이 독특한 위치를 차지한다. 그것은 유럽에서 유일하게 거대한 제국 전체에서 농촌 생활의 지배적 조직 형태로 남아 있다. 토지의 공동 소유가 집단적 전유의 본성적 기초와 그것의 역사적 무대, 그리고 자본주의적 생산과의 공존 가능성을 제공하며, 거대한 규모로 협업 노동을 조직하기 위한 물적 조건—완전히 발전한—을 제공한다. 그리하여 그것은

> 자본주의 체제가 만들어낸 긍정적 성과들을 통합할 수 있고… 구획 경작을 점진적으로 기계가 보조하는 복합 영농으로 대체할 수 있다… 그것은 아마도 현재 사회가 지향하는 경제 체제의 직접적인 출발점이 될 것이며, 자살을 감행하지 않고도 환골탈태하게 될 것이다.[87]

이 대안은 가능한 것이었으며, 확실히 "영국에서의 자본화된 농업"보다 러시아의 사회·경제적 맥락에 더 적합한 것이었다.[88] 그러나 그것은 오직 "집산적 노동이 사적 전유의 원천인 구획 노동을 대체할 때만" 살아남을 수 있었다. 그를 위해서는 두 가지가 필요했다. "그러한 변화의 경제적 필요성과, 그 변화를 가능하게 할 물적 조건."[89] 러시아의 농업 공동체가 유럽의 자본주의와 동시에 존재한다는 사실이 "집산 노동의 모든 필요조건"[90]을 그 공동체에 제공했다. 아울러 아르뗄(артéль/artel)[91]에 대한 농민의 익숙함은 "협업 노동"으로의 전환을 용이하게 할 것이었다.[92]

러시아 정치 체제의 전제적 성격에 알맞은 공동체들의 상호 분리는 쉽게 이루어질 수 있는 것이었다.[93] "이는 단순히 볼라스띠(вóлость/volost)[94]—통치 기구—를 공동체 스스로가 선출한 농민 의회로 대체하면 되는 문제였다. 그 의회는 농민들의 이익을 위한 경제적·행정적 기구로서 봉사할 것이었다."[95]

그리하여 정치적 의지와 유리한 역사적 환경은 옵시나의 생존과 근본적 변혁의 기본 전제였다. 달리 말하면, 자본주의가 야기할 지도 모르는 모든 격변에도 불구하고, 옵시나와 같은 고대적 공동체 형식의 사회주의적 변혁은 여전히 가능했다.

> 그것은 더 이상 문제의 해결 같은 것이 아니다. 그것은 단순히 하나

> 의 적을 물리치는 일이다. 러시아 공동체를 구하기 위해서는, 하나의 러시아적 혁명이 필요하다… 만약 혁명이 시의적절하게 일어난다면, 그리고 농촌 공동체를 전면적으로 수용하기 위해 혁명의 모든 역량을 집중할 수 있다면, 농촌 공동체는 곧바로 러시아 사회의 재건 요소로, 그리고 자본주의 체제가 노예화한 나라들을 압도하는 요소로 발전할 것이다.[96]

마르크스는 1882년에 이와 유사한 주제로 돌아갔다. 엥겔스와 공동 저술한 『공산당 선언』의 러시아어 제2판*이 그해 1월에 출판되었는데, 그 서문에서 러시아의 농촌 공동체의 운명은 서유럽 프롤레타리아 투쟁의 운명과 연결된다.

> 러시아에서 우리는, 급속도로 증가하는 자본주의적 사취(詐取) 및 막 발전하기 시작한 부르주아 소유 재산과 함께 농민들이 토지의 절반 이상을 공동 소유하고 있다는 사실을 발견한다. 여기서 질문은 다음과 같다. 비록 심하게 약화되긴 하였으나 토지에 대한 원시적 공동 소유의 한 형태인 러시아 옵시나는 공산주의적 공동 소유라는 보다 높은 형태로 직접 나아갈 수 있을 것인가? 혹은 역으로 그것은 서유럽의 역사적 발전을 구성하고 있는 것과 같은 동일한 해체의 과정을 우선 통과해야 하는가? 현재 가능한 유일한 해답은 이것이다. 만약 러시아에서의 혁명이 서유럽 프롤레타리아 혁명의 신호가 되고, 그리하여 양자가 서로를 보완한다면, 현재의 러시아적 토지 공동 소유는 공산주의적 발전의 시작점으로 봉사하게 될 것이다.[97]

---

* 제1판은 바쿠닌이 번역한 것으로 1869년 제네바에서 출판되었다.

작성하는 데 상당한 시간이 걸린 자술리치에 대한 답신은 결국 1881년 3월 8일에 발송되었다. 그는 길고 세밀하게 논증된 초안들을 몇 개 작성하긴 하였으나, 매우 짧은 마지막 작성안을 보내기로 결심했다. 여기서 그는 그녀가 요구했던 "출판을 목적으로 한 간결한 설명(concise exposé)"을 제공하지 않은 것에 대하여 용서를 구했다.[98] 그리고 자신이 이미 인민주의 조직 '인민의 의지(Наро́дная во́ля/NV)' 상트페테르부르크 위원회가 가진 문제에 개입하기 위해 착수했다—그러나 그는 실제로 그렇게 하지는 않았다—고 덧붙였다.[99]

그는 계속해서 자술리치가 "소위 나의 이론과 관련한 오해에 대하여" 가지고 있을지도 모르는 "어떤 의심을 해소하기" 위해 "몇 줄"을 할애했다.[100] 마르크스는 그녀에게 『자본』의 프랑스어판에서 인용한 "농업 생산자 수용"—『조국의 기록』에 보내려던 서한 초안에 삽입한 것과 같은—을 언급했고, "사적 소유의 한 형태가 다른 형태의 사적 소유로 변화하는 것"을 관찰한 자신의 분석이 "명확히 서유럽 국가들에 한정된 것"임을 강조했다.[101] 러시아에서는 역으로 "공동 소유가 사적 소유로 변화되어야 할 것이다."[102] 그리하여 그의 결론은 다음과 같다.

> 『자본』에서의 분석은 농촌 공동체의 생존 가능성을 긍정하거나 부정하는 증거를 제시하는 것이 아니지만, 그것에 대한 나의 특수한 연구와 원출처들에서 뽑아냈던 자료들은 이 공동체가 러시아 사회 재건의 버팀목이라고 확신하게 해주었습니다. 하지만 그와 같이 기능하기 위해서는, 그것을 전방위적으로 공격하고 있는 유해한 영향력들을 우선 제거하고 그리고 나서 자생적 발전의 정상 조건들을 확보해야 할 것입니다.[103]

그리하여 마르크스의 변증법적 입장은 생산자 연합에 기초한 새로운 경제 체제가 미리 정해진 단계들로 구성된 불변의 과정을 거치며 발생할 것이라는 데로 나아가지 않았다. 동시에, 그는 자본주의적 생산양식의 발전이 전 세계 모든 곳에서 역사적으로 불가피하다는 것을 부정했다.

옵시나의 미래에 대하여 치밀하게 논증된 마르크스의 사유들은 생산력과 사회주의의 동일시에 대립한다. 민족주의적 함의를 가지며 식민주의에 공명하는 그러한 동일시는 아마도 '과학적 방법'에 관련된 그 매력을 가지고 제2인터내셔널과 사민주의 정당들, 그리고 국제 공산주의 운동 속에서 영향력을 행사한 바 있다.[104]

마르크스 역시 당시 러시아에 존재했던 다양한 혁명적 경향들에 대한 견해를 표현할 기회가 있었다. 인민주의자들과 관련하여 그는 그들의 정치 활동의 현실적 성격에, 그리고 그들의 사상을 보급하는 데 있어서 무의미하고 극단적인 혁명적 수사나 비생산적 일반화에 의존하지 않았다는 사실에 감사했다.

1880년이 저물 무렵 마르크스가 조르게에게 보낸 편지에는 다수의 사회주의 조직들에 대한 판단이 담겨 있는데, 그 조직의 구성원들에 대한 개인적 애정은 결코 그 판단에 영향을 주지 않았으며, 그들이 마르크스의 이론에 대해 선언했던 충성심은 더더군다나 영향을 주지 못했다. 그는 러시아에서 활동 중인 세력들을 다음과 같이 묘사했다. "한편에는 비평가들[이들 중 일부는 나의 개인적 친구인데, 대부분 젊고 몇몇은 문필가이기도 한 대학 교수들일세]이 있고, 다른 한 편에는 테러주의 중앙 위원회(즉, '인민의 의지'의 인민주의자들)가 있네." 마르크스가 호의적으로 생각했던 후자의 활동지침이 가진 실용적 성격은 전자에 속하는 이들, 즉 자술리치와 플레하노프—마르크스는 플레하노프를 위시한 러시아 최초의 "마르크스주의자들"을 "무정부주의자들"로 묘사했다—를 포함하는 '토지 재분배'의 투사들을 격분시켰다.[105] 이들의 대부분은 자발적인 유배자들이었는데, 마르크스는 이들에 대해 다음과 같이 논평했다.

> 목숨을 건 테러주의자들과 달리, 그들은 소위 선전 정당(Propaganda Party)을 구성한다네(러시아에서의 선전을 위해 그들은 제네바로 이주해 가지. 원 세상에나). 이 신사들은 모두 정치적-혁명 활동에 반대한다네. 러시아는 무정부주의-공산주의-무신론의 천년 왕국으로 도약해야 돼! 그 와중에 그들은 그 도약을 위한 길을 지루한 교조주의(doctrinarianism)로 포장하고 있구먼.[106]

딸 예니에게 보낸 1881년 4월의 편지에서 그는 다시금 스위스로 피신한 그 러시아 지식인들을 맹비난했다. 그들은 "무정부주의적 사회주의자들과 구별하기 힘든 교조주의자들일 뿐이었고, 러시아 '전장'에 미치는 그들의 영향력은 제로"였다.[107] 상트페테르부르크 암살자들의 시도와 관련해서는, 그들의 정치적 입장과 선전 방법에만 찬성했다.

> 그들은 멜로드라마의 인물들과는 달리 속속들이 단순하고 사실적이며 영웅적인 훌륭한 친구들이야. 외치는 것과 행동하는 것이 정반대야. 그토록 격렬한 활동을 했던 페테르부르크 집행위원회[108]는 정교한 '온건' 선언문을 발표한단다. 그건 폭군 살해를 '이론'과 만병통치약으로 옹호하는 대부분의 여타 서투른 허풍쟁이들(ranters)과는 실로 다르지. 한편 그들은 자신들의 방식이 러시아에 특화된 것이고, 역사적인 이유로 불가피해진 활동 "방식"이라는 것을 유럽

> 에 가르치기 위해 피나는 노력을 하고 있구나. 그 방식은 키오스(Chios) 지진*에 도움이 안 되는 것처럼, 어떤 설교에도 도움이 안 돼.[109]

그리하여 러시아에서 사회주의의 가능성에 대한 마르크스의 견해는 그곳의 경제적 상황에만 근거를 둔 것은 아니었다. 1881년 러시아 인민주의자들과의 만남—십 년 전에 파리코뮌 전사들을 만났던 것처럼—은 새로운 확신을 발전시키는 데 도움이 되었다. 그는 이제 역사 과정에서 생산양식의 연쇄뿐만 아니라, 혁명적 사건들의 급증과 그것을 야기하는 주체의 역량에 대해 사고하는 데 있어서도 좀 더 유연해졌다. 이를 통해 그는 비단 유럽만이 아니라 세계적 규모의 진정한 국제주의로 다가갈 수 있었다.[110]

지적 성숙이 완전해진 기간에 마르크스가 발전시킨 역사에 대한 다선적 이해(multilinear conception)는, 그로 하여금 서로 다른 국가와 사회적 맥락에 존재하는 정치적 · 경제적 발전의 역사적 특수성과 불균등성을 보다 주의 깊게 살피도록 했다. 이러한 접근은 『자본』의 2권과 3권을 완성하는 평탄치 않은 과정에서 그가 이미 직면해 본 어려움을 확실하게 가중시켰다.

그러나 마르크스는 『요강』에서 추상적 유토피아주의에 빠지지 않고 그 개요를 서술했던 공산주의 사회의 전망을 바꾸지 않았다.[111] 그는 과거의 도식주의와 그의 이름으로 새롭게 부상한 독단론을 향한 의심[112]과 적대감을 가지고, 혁명이 이전에는 결코 고려하지 않았던 조건과 형식 속에서 발생할 수 있다고 생각했다. 미래

* 1881년 그리스의 키오스섬에서 발생한 규모 6 이상의 강진으로 사망자가 수천 명에 달했다.

는 노동계급의 손에 있었으며, 엄청난 사회적 격변을 야기하기 위한 그들의 조직 및 투쟁 역량에 달려 있었다.

3

올드 닉의 고난

1. 유럽에서 『자본』의 초기 보급

1881년에는 마르크스가 아직 20세기처럼 국제 노동운동의 중요한 이론적 참고인이 아니었다. 1840년대에는 마르크스의 저작에 영향을 받은 정치 지도자와 지식인들이 매우 적었다. 국제 경찰과 정치적 적수들이 "마르크스 당"[1]이라고 불렀던 것은 사실 소수의 투사 집단이었다. 1850년대에도 상황은 나아지지 않았다. 1848년 혁명이 패배한 이후 소수의 사람들만이 "마르크스주의자(Marxian)"[2]라고 간주될 수 있었고, 그들 대부분은 영국으로 망명한 상태였기 때문이었다.

국제노동자협회의 발전과 파리코뮌이 유럽 전역에 일으킨 공명은, 그간 마르크스가 나쁜 평판을 받고 있던 상황을 그의 저작이 합당하게 보급될 수 있는 상황으로 변화시켰다. 『자본』은 독일(1873년에 신판 출간), 러시아(1872년에 번역판 출간), 프랑스(1872년부터 1875년 사이에 분책으로 출간)에서 유통되기 시작했다. 하지만 그곳에서조차 마르크스의 사상은 그 시대의 다른 사회주의자들의 사상과 경쟁—종종 비주류의 위치에서—해야 했다.

독일에서는 1875년에 마르크스와 연계되어 있던 사회민주노동당(Sozialdemokratische Arbeiterpartei, SDAP)과 페르디난트 라살레(Ferdinand Lassalle)가 설립한 전독일노동자협회(Allgemeiner Deutscher Arbeiterverein, ADAV) 간에 고타 공동회의가 열렸는데, 여기에서 라살레의 주장이 더 많이 담긴 강령이 채택되었다. 벨기에와 마찬가지로 프랑스에서도 피에르 조제프 프루동(Pierre-Joseph Proudhon)의 이론이 노동계급에게 지대한 영향을 미치고 있었던 반면, 마르크스에게 영향을 받은 조직은 오귀스트 블랑키(Auguste Blanqui)를 본보기로 삼은 집단을 수에서나 정치적 영향력에서나 압도하지 못하고 있었다. 러시아에서는 마르크스의 자본주의 생산양식에 대한 비판이 서유럽의 자본주의 발전 모델과는 매우 거리가 먼 낙후된 사회적, 경제적, 정치적 조건하에서 읽히고 해석되어 복잡한 문제가 발생했다. 한편 영국에서는 마르크스가 거의 알려지지 않은 상태였고,[3] 1870년대에 미하일 바쿠닌(Mikhail Bakunin)이 미친 영향력이 매우 강했던 이탈리아와 스페인, 스위스에서도 그의 독자를 찾기 어려웠다. 대서양 건너편에서는 그에 대해 들어본 사람이 거의 없었다.

이와 같은 상황은 『자본』을 포함한 그의 저작들이 미완성 상태였기 때문에 발생한 것이기도 했다. 카를 카우츠키가 1881년에 마르크스에게 그의 저작들을 출판할 시기가 오지 않았느냐고 묻자 마르크스는 "먼저 그것들을 써야겠지"라고 빈정대며 대답하기도 했다.[4]

따라서 마르크스가 비록 생전에 그의 사상이 전 세계적으로 수용되는 것을 보지는 못했지만, 그의 삶의 마지막 몇 년 동안에는 유럽의 많은 나라들에서 그의 이론, 특히 그의 '대표작'에 대한 관심이 계속 커져갔다. 이런 관심은 상반된 반응을 불러일으켰다. 엥겔스는 1881년 말에 종종 에두아르트 베른슈타인에게 "마르크스에 대한 질투"가 곳곳에서 나타나고 있다고 썼다. 가령, 프랑스 사회주의노동당연맹(Fédération du Parti des Travailleurs Socialistes de France, FPTSF) 내부에는 주요한 두 세력 간의 충돌이 있었다. 한 세력은 이전에 아나키스트였던 폴 브루스(Paul Brousse, 1844-1912)가 이끄는 '현실적 개혁주의(possibilist)' 집단이었고, 다른 한 세력은 쥘 게드(Jules Guesde, 1845-1922)가 이끌던 마르크스 사상에 입각한 집단이었다. 불가피한 분열이 일어나기 전까지 이 두 집단은 서로 치열한 이데올로기 전쟁을 벌였다. 프랑스 사회주의노동당연맹은 결국 개량주의적인 프랑스 사회주의노동자연맹(Fédération des Travailleurs Socialistes de France, FTSF)과 프랑스 최초의 '마르크스주의' 정당인 프랑스 노동당(Parti Ouvrier Français, POF)으로 분열하였다. 마르크스는 결국 1880년 6월에 게드, 폴 라파르그와 함께 이 싸움에 말려들었고, 그 좌파 정당의 정치적 발판이 된 「프랑스 노동당의 선거강령」을 작성했다.

이런 분위기 속에서 브루스와 베노이 말롱(Benoît Malon, 1841-1893)—파리코뮌 지지자이자 사회주의 작가—은 마르크스의 이론을 깎아내리기 위해 온갖 수단을 다 이용했다. 엥겔스는 그들의 가혹한 비판에 대해 논평하면서 특히 말롱을 문제 삼았는데, 그가 "마르크스의 발견을 이미 다른 창시자들—라살레, 셰플레, 그리고 특히 드 파에페(De Paepe)!—이 한 것으로 만들거나 마르크스를 그들의 제자로 치부하느라 애를 쓰고" 있었기 때문이다. 엥겔스는 게드와 라파르그를 마르크스의 "대변자"이자 "프랑스 노동자들을 비스마르크에게 팔아먹으려는 자들"이라고 비난한 주간지 『르 프롤레타리아 *Le Prolétaire*』의 편집자들도 비판했다.[5] 엥겔스는 마르크스에 대한 말롱과 브루스의 적개심을 두고 쇼비니즘의 징후라고 해석했다.

> 대다수의 프랑스 사회주의자들에게는 프랑스의 사상(계몽의 중심인 파리가 낳은 사상)… 을 세계에 퍼트린 그런 나라가, 이제는 갑자기 독일에서 만들어진 마르크스의 사회주의 사상을 수입해야만 한다는 것이 참을 수 없는 일로 여겨지고 있네. 하지만 이는 부정할 수 없는 일이라네. 더군다나 마르크스의 천재성과 과도할 정도의 과학적 치밀성, 믿을 수 없을 만큼의 박식함 등은 그를 우리들 중에 가장 뛰어난 사람으로 만들어주지. 그래서 그의 발견을 비판하려고 애쓰는 자들은 아마 가장 크게 손해를 볼 걸세. 마르크스의 발견은 더 발전된 시대를 위해 남겨져야만 하네.[6]

엥겔스는 "어떻게 천재를 질투할 수 있는지" 이해할 수 없다며 다음과 같이 그들을 비판했다.

> 하지만 별 보잘것없으면서 스스로를 매우 중요한 사람으로 생각하고 싶어 하는 옹졸한 트집쟁이들은, 마르크스가 그의 이론적 · 실천적 업적으로 말미암아 여러 국가들의 노동운동 진영에서 유력자들의 전폭적 지지를 받고 있다는 점에 가장 배 아파하고 있네. 그들은 대개 중요한 시점에 마르크스의 조언이 최고라는 것을 알게 되고는, 그때서야 마르크스에게 조언을 구하지. 그는 독일, 프랑스, 러시아에서 그런 위치를 점하고 있고, 소규모 국가들에서는 말할 것도 없다네. 따라서 이들에게 마르크스의 의견을 강요하는 사람은 마르크스가 아니고(마르크스의 의지까지는 말할 필요도 없겠지), 오히려 그들 스스로가 마르크스에게 다가가고 있다네. 바로 이런 점에 마르크스 특유의 영향력이 있는 것이고, 이는 노동운동에 막대

한 영향을 미치고 있네.[7]

브루스와 그의 추종자들이 고수한 입장과는 대조적으로, 마르크스는 그들에게 특별한 적대감을 가지지 않았다. 엥겔스는 "마르크스가 프랑스 운동가들에게 가진 태도는 자신들에게 가치가 있고 모종의 기회로 작용하는 한… 그와 계속 접촉했던 다른 나라의 운동가들에 대해 가진 태도와 동일했다"는 점을 분명히 했다. 결론적으로 엥겔스는 "인민의 의지에 맞서 영향력을 행사하려는 모든 시도는 단지 우리에게 해를 끼칠 뿐이고, 국제노동자협회에서 비롯된 오랜 신뢰를 파괴할 것"[8]이라고 강조했다.

게드와 라파르그와는 관계없이 다른 많은 프랑스 투사들이 마르크스와 연락을 주고받았다. 1881년 초에 마르크스는 사회주의 투사이자 출판업자인 에두아르 포르탱(Édouard Fortin, 1854-1947)과 연락을 주고받고 있다는 사실을 사위인 샤를르 롱게에게 알렸다.

> (그는) '친애하는 선생님'이라고 나를 부르면서 몇 통의 편지를 보내왔다네. 그의 요구는 매우 '겸손'했지. 그는『자본』을 공부하면서 작성한 요약본을 매달 보낼 테니, 자신이 잘못 이해한 부분을 바로잡아서 다시 그에게 보내줄 수 있겠냐고 제안했다네. 이런 차분한 방식으로 서로 서신을 주고받다가 그가 마지막 요약본을 나에게 보내면 내가 마지막으로 교정해 그 원고를 보내고, 그럼 그는 그 원고들을 모아서 출판할 준비를 할 거라는군. 이는 (그가 말한 것처럼) 프랑스에서 엄청난 각광을 받게 될 걸세.[9]

마르크스는 자신이 훨씬 더 중요한 문제에 정신이 팔려 있어서 그의 이런 요구를 들어줄 수 없다고 통보해야만 했다.[10] 하지만 이후에 더 좋은 일이 뒤따랐는데, 포르탱은 『루이 보나파르트의 브뤼메르 18일』을 프랑스어로 옮겨서 1891년에 출간했던 것이다.

1881년 네덜란드에서는 대중을 위한 『자본』 요약본이 출간되었는데,[11] 이는 1873년의 요한 모스트(Johann Most, 1846-1906)[12]와 1879년의 카를로 카피에로(Carlo Cafiero, 1846-1892)[13]의 요약본에 이은 세 번째 요약본이었다. 이 책자를 발간한 페르디난트 니우하우스는 "이 책을 노동자의 권리를 위해 싸우는 예리한 사상가이자 숭고한 투사인 카를 마르크스에게 저자의 무한한 존경심을 담아 헌정한다"는 헌정사를 적었다.[14] 그는 많은 유럽 국가들에 퍼지기 시작한 마르크스의 저작에 대해 감사함을 표했다.

1881년 2월, 니우하우스가 이 책의 2판을 출간하기에 앞서, 마르크스는 그가 요약 작업을 훌륭하게 해냈다고 평가하면서 2판에 반영되었으면 하는 몇 가지 제안 사항들을 편지에 적었다. "제가 필요하다고 생각하는 수정 사항들은 세부적인 것들입니다. 주요한 논점과 문제의 핵심은 이미 당신 책에 제시되어 있습니다."[15] 같은 편지에서 그는 네덜란드의 자유주의 저널리스트인 아르놀도 케르니즈크(Arnoldus Kerdijk, 1846-1905)가 쓴 자신의 전기에 대해 언급했는데, 그 전기는 『우리 시대의 중요한 인물들 *Mannen van beteekenis*』이라는 시리즈물 중 하나로 1879년에 출간되었다. 이 시리즈를 출간한 니콜라스 발셈(Nicolaas Balsem, 1835-1884)은 이전에 마르크스의 삶에 관한 자료를 얻고자 마르크스에게 연락을 취했었는데, 그는 비록 마르크스의 견해에 동의하지는 않지만 그 견해가 중요하다는 것은 인정한다는 점을 분명히 했다. 마르크스는 "늘 그런 요구들을 거절하였는데", 이후에 네덜란드에서 출간된 자신의 전기를 읽고 "고의적으로 틀리게 인용한 글"로 인해 자신이 비난을 받는다는 사실을 알고 역정을 냈다. 그는 니우하우스에게 보내는 편지에 다음과 같이 썼다.

> 한 네덜란드 저널리스트가 나에게 (항변할 수 있는) 칼럼을 실을 수 있게 해주겠다고 제안했지만, 원칙적으로 나는 이런 류의 얄팍한 공격에는 대응하지 않습니다. 나는 심지어 런던에서도 그런 문학적인 잡담에 조금도 주의를 기울이지 않았습니다. 다른 방도를 취하게 되면 캘리포니아에서 모스크바에 이르기까지 모든 곳에서 출간된 나에 대한 글들을 수정하는 데에 대부분의 시간을 낭비하게 될 것입니다. 젊은 시절에는 종종 이런 것에 직설적으로 맞대응하곤 했었지만, 나이가 들면서 불필요한 힘의 소진을 최소한 피하는 선에서 대응하는 지혜가 생겼습니다.[16]

마르크스는 몇 년 전에 이런 결론을 내렸다. 1879년 1월 5일『시카고 트리뷴』에 게재된 인터뷰에서 마르크스는 "만약 제가 지금까지 저에 대해 언급되고 쓰인 모든 것을 부인하려면, 수십 명의 비서가 필요할 겁니다"라고 풍자적으로 말했다.[17] 엥겔스는 마르크스의 이런 태도에 전적으로 동의했다. 마르크스가 니우하우스에게 서신을 쓰기 전 엥겔스가 카우츠키에게 보낸 편지를 보면, 그가 독일 경제학자인 알베르트 셰플레(Albert Schäffle, 1831~1903년)와 다른 "강단 사회주의자들(*Kathedersozialisten*)"[18]이 마르크스의 저작과 관련해 저지르고 있는 수많은 잘못과 오해에 관해 지적하고 있는 것을 볼 수 있다.

> 예를 들어, 셰플레가 그의 수많은 두꺼운 책들에 넣은 도저히 말도 안 되는 헛소리에 일일이 대응하는 것은 내 생각에 순전한 시간 낭비일세. 이 신사가 따옴표 사이에 넣은『자본』에서 잘못 인용한 부

> 분만을 바로잡으려 해도 상당히 두꺼운 책 한 권이 나올 거라네.[19]

그러면서 엥겔스는 다음과 같이 단호한 방식으로 말을 맺었다. "그들은 자신들의 질문에 대한 답을 요구하기 전에 우선 읽고 베끼는 것부터 배워야 돼."[20]

마르크스의 저작은 오역이나 부정확한 이해뿐만이 아니라, 그를 정치적으로 배제하려는 고의적인 방해 공작에도 시달렸다. 니콜라이 다니엘손의 논문「개혁 이후 러시아의 사회경제 개요」를 읽은 마르크스는 2월에 그에게 편지를 보냈는데, 다니엘손의 논문이 기발하다고 좋게 평가하면서 다음과 같은 점을 지적하였다.

> 만약 당신이 판에 박힌 사상 체계를 뚫고 나와 새로운 이론 지평을 연다면, 당신은 처음에는 무조건 '거부'당하리라는 것을 확신할 수 있을 겁니다. 틀에 박힌 사유를 하는 이들이 처음 당혹감을 느꼈을 때 자신을 방어하기 위해 휘두를 줄 아는 유일한 무기가 바로 거부입니다. 나는 수십 년 동안 독일에서 '거부'당해왔고, 지금도 영국에서 거부당하고 있습니다. 이따금씩 너무 터무니없고 어리석은 비판들이 가해져서 그것에 대해 어떤 공식적인 조치를 취하는 것이 부끄럽기만 합니다.[21]

하지만 독일에서 그의 '대표작' 판매가 서서히 늘어났고, 2판이 절판된 1881년 10월에 오토 마이스너(Otto Meissner, 1819-1902)는 3판 출판을 준비하면서 마르크스에게 몇 가지 수정이나 내용 추가를 요청했다. 두 달 뒤에 마르크스는 그의 친구인 프리드리히 조르게에게 이는 "매우 좋지 않은 시기에 들어온 요청이었다"고 고백했고,[22] 이보다 전에 그의 딸 예니에게 짧게 쓴 편지에서 "내가 곧 다시 작업을 할 수 있게 건강해지면 내 모든 시간을 『자본』 2권을 마치는 데에만 쓰고 싶구나"라고 썼다.[23] 다니엘손에게도 "나는 가능한 한 빨리… 『자본』 2권을 끝마치고 싶습니다"라고 쓰면서 다음과 같이 덧붙였다.

> 나는 편집자와 『자본』 3판의 수정과 추가사항을 가급적 최소화하고, 그가 늘 하던 대로 3,000부를 인쇄하는 것이 아니라 1,000부만 인쇄할 것을 합의할 생각입니다. 3판이… 다 팔리고 나면, 달라진 지금 상황하에서 내가 바꿨어야 하는 것을 반영해 책을 손보고자 합니다.[24]

비록 다른 나라들에 비해 속도가 늦었지만, 마르크스가 1849년 이후에 거주했던 나라(영국-역자)에도 그의 사상이 확산되기 시작했다. 1881년 6월에 하인드먼은 『만인을 위한 영국 *England for All*』이라는 책을 출간했는데, 여기에는 그가 민주연맹을 창립하면서 고안한 지도 원칙이 담겨 있었다. 그는 이 책의 여덟 개 장 중에서 두 개의 장(「노동」과 「자본」 장)을 마르크스의 『자본』을 번역해서 옮기거나, 경우에 따라서는 조금 쉬운 말로 바꿔 구성했다. 하인드먼은 1880년대 후반 이후에 메이트랜드 파크 로드의 단골 방문객이자 [25] 마르크스의 이론을 요약하는 일을 했음에도 불구하고, 그의 저작인 『만인을 위한 영국』에서는 『자본』이나 마르크스의 이름을 언급조차 하지 않았다. 그는 단지 이렇게 말했다. "2장과 3장에 담긴 발상과 내용에 있어서 나는 위대한 사상가이자 독창적인 저자의 연구에 힘입은 바가 크다. 나는 이 책을 곧 우리 국민 대다수가 읽게 될 수 있을 것이라고 믿는다."[26]

마르크스는 하인드먼의 소책자가 출간된 이후에야 출간 사실을 알았다. 마르크스는 무엇보다도 『자본』에서 뽑아낸 내용들이 "별도 인용 표시 없이 마구 사용되어 대부분의 내용이 부정확하고 심지어 오해의 소지를 낳고 있다"[27]는 점에 몹시 놀랐고 화가 났다. 그래서 마르크스는 7월 초에 하인드먼에게 편지를 썼다.

> 당신이 런던에 머문 동안, 『19세기 *Nineteenth Century*』지에 게재되지 못한 당신 논문을 대폭적으로 수정해 『만인을 위한 영국』의 2장, 3장으로, 즉 민주연맹의 창립 강령에 대한 당신의 의견으로 발표하겠다는 계획을 당신이 나에게 그렇게 철저히 비밀로 했다는 걸 알고 솔직히 좀 놀랐습니다.[28]

마르크스는 12월에 조르게에게 편지를 보내면서 이 문제를 다시 언급하였다.

> 그 친구가 나에게 '영국 사람들은 외국인에게 가르침을 받는 것을 좋아하지 않습니다'라든가 '그곳에서는 당신 이름이 혐오의 대상입니다'라는 등 편지에 멍청한 변명들을 늘어놓더군. 그 남자는 '믿을 수 없는' 사람이고, 배움에 있어 최우선적 조건인 문제를 주도면밀하게 연구할 인내심조차 없지만, 그의 소책자가 『자본』의 내용을 도용하고 있는 한에서는 좋은 선전을 하고 있네.[29]

하인드먼과의 관계가 끊어진 이후에 마르크스는 그를 "어떤 뜻밖의 횡재로 얻은 새로운 사상에서 곧바로 돈이나 명성, 정치적 힘을 얻으려고 안달하는 고분고분한 중산층 작가들" 중에 하나라고 낙인찍었다.[30] 마르크스의 이런 가시 돋친 평가는 물론 자신의 이름이 인정받지 못한 데에서 오는 실망감 때문이 아니었다. 그는 다음과 같은 견해를 계속 유지했다.

> 『자본』과 그 책 저자를 말하는 것은 큰 실수였을 겁니다. 당 강령은 개별 저자나 책에 의존해서는 안 되니까요. 그리고 하나만 더 첨언하자면, 당 강령은 당신이 『자본』에서 빌려온 것과 같은 새로운 과학적 발견을 발표하는 데가 아니고, 『자본』에 담긴 발견은 그 발견과는 전혀 상관이 없는 목표를 공언한 당의 강령으로는 완전히 부적합했다는 점을 말씀드리고 싶습니다. 『자본』의 도입은 독자적인 노동계급 정당을 세워 그 당의 강령을 수립할 때에 적합했을 것입니다.[31]

마르크스가 화를 낸 것은 하인드먼의 무례함 때문이기도 했지만, 그가 평소에 『자본』이 그 안에 담고 있는 통찰과는 전혀 맞지 않는 정치적 목표를 위해 이용되어서는 안 된다고 생각했기 때문이다.[32] 마르크스와 하인드먼 사이의 차이는 실로 엄청났다. 하인드먼은 혁명적 행동을 통해 권력을 분쇄해야 한다는 생각에 전혀 동의하지 않았다. 영국 개량주의를 특징지은 그의 입장은 오직 평화롭고 점진적인 수단에 의해서만 변화가 이루어질 수 있다는 것이었다. 1880년 2월에 그는 마르크스에게 다음과 같이 썼다. "모든 영국인이 지향해야 할 목표는 거칠고 위험한 충돌 없이 정치적 · 사회적 변화를 가져오는 것입니다."[33]

역사에 대한 일체의 도식을 반대했던 마르크스는, 역으로 1880년 후반에 하인드먼에게 당신의 "당이 영국 혁명을 불필요하다고 생각할 수 있지만, 이는 역사적 선례에 비춰보면 가능하다"고 응수했다. 프롤레타리아의 팽창은 '불가피하게' 사회적 문제를 '심화'시켜 왔다.

> 만약 (이런 사회적 문제의 심화가) 혁명으로 변한다면, 이는 지배계급만이 아니라 노동계급 때문이기도 합니다. 지배계급의 모든 평화로운 양보는 그들을 외부에서 압박해 짜낸 것이었습니다. 지배계급의 행동은 외부에서 가해진 압력에 따릅니다. 만약 노동계급이 점점 더 약해진다면, 이는 단지 영국 노동계급이 그들에게 법적으로 주어져 있는 힘과 자유를 행사할 줄 모르기 때문입니다.[34]

그는 독일에서 일어난 일들과의 비교 속에서 이런 판단을 내렸다.

> 독일 노동계급은 그들의 운동을 시작할 때부터 혁명이 아니고서는 군국주의를 종식시킬 수 없다는 것을 매우 잘 알고 있었습니다. 동시에 그들은 그와 같은 혁명이 처음에는 성공적이더라도, 결국 사전에 조직화와 지식 습득, 선전이 없다면 그들에게서 등을 돌릴 것을 잘 알고 있었습니다… 그래서 그들은 엄격히 법적 테두리 안에서 운동을 전개했습니다. 불법성은 도리어 그들에게 유죄를 선고한 정부 측에 있었습니다. 그들의 죄는 그들의 행동이 아니라 지배계급을 불편하게 했던 그들의 견해였습니다.[35]

이러한 고찰들은, 마르크스에게 있어서 혁명은 단순히 사회체제의 빠른 전복이 아니라 길고 복잡한 과정을 의미한다는 것까지 보여준다.[36]

마르크스의 사상은 날카로운 격론과 분쟁을 일으켰지만, 영국에도 영향을 미치기 시작했다. 그래서 마르크스는 1881년 말 조르게에게 편지를 보내면서 "영국인들이 뒤늦게 『자본』에 주목하기 시작했네"라고 적었다. 그해 10월, 『시사평론 *The Contemporary*

Review』지에 「카를 마르크스의 사회주의와 청년 헤겔학파」라는 한 논문이 실렸는데,[37] 마르크스는 이 논문에 대해 "많이 부족하고 실수가 많지만" 흥미로운 점을 발견할 수 있다고 평가했다. 그는 냉소적으로 이런 평가가 "공정한" 것이라고 덧붙였다. 마르크스는 그 논문의 필자인 존 레이(John Rae, 1845-1915)에 대해 "(그는) 내가 지난 40년 동안 '나쁜' 동기에 추동되어 악의에 찬 이론들을 퍼트렸다고 생각하지 않는다네. 나는 그의 이런 '아량'을 칭찬하지 않을 수 없네"라고 말했다. 그럼에도 불구하고, 마르크스는 그런 간행물 일체에 대한 자신의 입장을 다음과 같이 간결하게 정리했다. "비판의 핵심을 확실히 아는 것이 최소한 공정한 일이라는 것을 속물주의에 빠진 영국 저술가들은 정말 모르고 있는 것 같네."[38]

또 다른 영국 잡지인 『현대사상 *Modern Thought*』은 마르크스를 예우하면서 그의 저작이 갖는 과학적 성격을 인정하려고 하였다. 저널리스트이자 변호사인 어니스트 벨포트 백스(Ernest Belfort Bax, 1854-1926)는 『현대사상』에 실은 그의 논문에서 『자본』을 "경제의 작동 원리를 구체적으로 밝힌 이 책의 혁명적 성격과 지대한 중요성은 일반적으로 천문학에서의 코페르니쿠스 학설에, 역학에서의 중력 법칙에 비견될 만하다"고 평가했다.

백스는 『자본』이 곧 영어로 번역되기를 바란다고 하면서 이를 "금세기 가장 중요한 책들 중 하나"라고 언급했을 뿐만 아니라, 마르크스의 문체를 쇼펜하우어의 문체가 가진 "매력과 활력", "익살", 그리고 "가장 추상적인 원리를 이해하기 쉽게 설명하는 방식"과 견주면서 칭찬하였다.[39]

마르크스는 "새로운 사상에 대한 진지한 열정으로 가득하고, 영국의 속물주의에 당당히 맞선 그와 같은 첫 영어 출판물"에 만족스러워했다. 마르크스는 "내가 밝힌 경제 원리를 설명하고 『자본』에서 인용코자 한 부분을 번역하는 데에서 많은 부분이 잘못됐고 혼란스러웠네"라고 평가하면서도 그 글을 쓴 백스의 노고를 높이 샀으며, "런던 웨스트엔드에 붙은 벽보로 알려진 그의 논문 출간 소식이 커다란 반향을 일으키고 있어서" 힘을 얻었다.[40]

1870년대에 이미 널리 보급된 마르크스의 사상은 1880년대에도 계속 퍼져나갔다. 이때부터 그의 사상은 소수의 추종자나 정치활동가로 구성된 조직에만 영향을 미친 것이 아니라 폭넓은 청중들을 확보하기 시작했다. 마르크스에 대한 관심은 그의 정치에 관한 저작들—가령, 『공산당 선언』이나 국제노동자협회의 결의문—에만 그치는 것이 아니라, 그의 주요한 이론적 공헌인 정치경제학 비판에까지 미쳤다. 『자본』에 담긴 이론이 여러 유럽 국가들에서 논의되고 인정받기 시작하자, 얼마 뒤 엥겔스는 그의 친구의 저작을 서슴지 않고—유명해진 한 표현을 인용해보면—"노동자계급의 성경"[41]라고 칭하였다. 신성한 책들과 친하지 않았던 마르크스가 엥겔스의 이런 표현에 감사했을지는 알 수 없지만 말이다.

2. 정신없이 돌아가는 삶

1881년 6월 첫 2주 동안 예니 폰 베스트팔렌의 건강 상태가 더욱 나빠졌다. 그녀의 "계속 심해지는 체중 감소와 근력 손실"은 우려스러울 정도였고, 어떤 치료도 듣지 않았다. 주치의 돈킨은 그녀가 런던의 날씨에서 벗어나도록 설득했는데, 그는 이런 조치가 그들이 딸 예니와 사랑스런 손주들을 방문하러 파리로 떠나기 전에 그녀에게 충분한 안정을 줄 거라고 기대했다. 그래서 마르크스와 아내 예니는 영국해협 연안에 있는 이스트본에서 시간을 좀 보내기로 했다.

이 시기에 마르크스도 건강 상태가 안 좋아서 바닷가에서 보내는 휴식이 아픈 아내 곁을 지키는 동시에 자신의 건강 회복에도 도움이 되기를 바랐다. 엥겔스는 그달 중반 이후에 예니 롱게에게 편지를 보내면서 "바닷가에서 지내는 것이 무어인[42]에게도 좋을 거다"라고 썼다. "너희 아버지도 기운을 좀 차리고 싶어 한단다. 밤에 기침이 좀 잦아들어서 잠을 잘 자는 게 그가 유일하게 바라는 거야."[43] 마르크스도 조르게에게 6월 20일자 편지를 보내면서 "6개월 이상 기침과 감기, 인후염, 류머티즘으로 고통받고 있어서 외출을 하지 못하고 사회생활을 할 수 없다"고 고충을 토로했다.[44]

마르크스와 그의 아내는 6월 말에 이스트본으로 떠났고, 약 3주 동안 그곳에 머물렀다. 여행자금과 필요한 진료비는 엥겔스가 부담했다. 7월에 마르크스는 "100파운드에서 120파운드 정도 여유가 생겼어. 이걸 자네가 한 번에 다 받길 원하는지, 아니면 얼마는 보내고 얼마는 여기서 써도 되는 건지 궁금해서 물어보네"라고 편지를 써서 엥겔스가 더는 이 문제에 신경 쓰지 않게 했다.[45]

라우라와 엘리너는 번갈아가며 부모님과 시간을 보내면서 그들에게 위안을 줬다.[46] 하지만 예니 폰 베스트팔렌의 건강은 나아지지 않았다. 예니는 라우라에게 다음과 같이 편지를 썼다. "좋은 환경에서 지내도 내 상태가 좋아지질 않는구나… 실은 몇 달 전부터, 나 같은 훌륭한 보행자에게는 어울리지 않는 휠체어에 주저앉아 있단다."[47]

런던으로 돌아온 예니는 의사의 진찰을 받았다. 의사는 그녀의 상태가 조금 좋아졌다고 진단했고, 그녀가 딸과 손주들을 만나기 위해 다섯 달 만에 파리로 여행을 떠나는 것을 허락했다. 마르크스는 딸 예니에게 "침구 등 필요한 것들을 준비하려면 돈이 필요할 거다"라고 하면서 "5파운드"를 보냈고, 아내와 자기 모두를 그녀의 집에 머물게 하려면 돈을 받아야 한다고 썼다. 그러면서 "나머지는 우리가 도착해서 지불하겠다"고 덧붙였다.[48]

7월 26일, 마르크스와 아내 예니는 가정부인 헬레네 데무트와 함께 프랑스에 도착해 예니 롱게 부부가 살고 있는 파리 근교의 아르장퇴유로 여행을 떠났다. 마르크스는 딸네 부부의 주치의인 귀스타브 두올랑(Gustave Dourlen)을 바로 만나보길 원했고, 그는 예니 폰 베스트팔렌을 봐줄 수 있다고 말했다. 마르크스는 엥겔스에게 방문 첫날 "손주들이 나를 올드 닉(Old Nick)이라고 제대로 부르더군"이라고 편지를 썼다.[49] 악마를 연상시키는 이 별명은 마르크스 가족 내에서 '무어인'을 대신해 사용되었고, 특히 가족들이 그의 말년에 이렇게 불렀다. 마르크스는 자신의 딸들이나 엥겔스, 사위인 폴 라파르그에게 편지를 보낼 때 대개 이렇게 서명했는데, 그는 자신의 저명한 이름보다는 이런 별칭을 사용하는 것을 더 즐겼다.[50]

마르크스의 프랑스 귀환은, 그가 순전히 개인적인 이유에서 돌아온 것임에도 불구하고 의심을 살 수밖에 없었다. 롱게는 "아나키스트들이" 이 소식을 듣자마자 다가올 선거에서 "마르크스가 투표를 동요시키려는 악의적 의도를 가지고 왔다는 혐의를 둘 것"이라고 추측했지만, 이후 그의 친구인 클레망소로부터 마르크스가 "프랑스 경찰 당국을 전혀 염려할 필요가 없다"는 말을 들었다.[51] 엘리너 마르크스 역시 독일의 사회민주주의 신문의 파리 특파원인 카를 히르쉬에게 부모님의 도착 소식을 알렸는데, 마르크스는 그의 프랑스 귀환이 이미 '공공연히 알려진 비밀'이라고 우스갯소리를 했다.

영국 요크셔 주의 브리들링턴(Bridlington)에서 2주 정도 머물고 있던 엥겔스는 자신의 친구가 보낸 편지를 읽고 안심하고 즐거워했으며, 평소처럼 사려 깊게 답장을 보냈다. “내가 여윳돈이 좀 있으니, 필요한 것이 있으면 주저하지 말고 얼마든지 말해주게. 자네 부인은 필요한 것이 없다고 하겠지만, 혹시 예니가 갖고 싶어 하거나 그녀가 가지면 기뻐할 것을 자네가 안다면 그렇게 해주어야 하네.” 그는 또 마르크스에게 자신이 일상에서 느끼는 즐거움에 대해서도 썼다. “여기서는 독일 맥주 없이도 잘 지낼 수 있다네. 부두에 있는 작은 카페에서 파는 비터 에일이 아주 훌륭한데, 꼭 독일 맥주처럼 거품이 올라와.”[52]

반면, 해협 반대편에 있던 마르크스는 그런 좋은 시간을 보내지 못했다. 그는 엥겔스에게 감사를 표하면서 “자네 돈을 그렇게 많이 끌어다 쓰는 것이 나에게는 몹시 창피한 일이지만, 지난 2년 동안 살림살이가 엉망이 되고 온갖 종류의 체납이 생겨버린 혼란스런 상황이 나를 꽤 오랫동안 압박해왔네”라고 썼다.[53] 그러면서 마르크스는 그의 부인이 어떻게 지내는지 알려줬다. “우리는 이스트본에서 그랬던 것처럼 이곳에서도 매일 건강 상태가 오르락내리락하네. 한 가지 차이가 있다면, 어제 그랬던 것처럼 갑작스럽고 지독한 고통이 찾아온다는 거야.” 의사 두올랑은 그럴 때마다 아편제를 투여할 준비를 했다. 마르크스는 자신의 두려움을 감추지 않았다. “일시적인 ‘차도’가 병의 자연스러운 진행을 당연히 억제하지 못하지. 그런데 이런 차도가 아르장퇴유에 가능한 한 오래 머물러야 한다는 믿음을 주면서 내 아내를 속이고 딸 예니를 기운 차리게 하고 있네. 내가 비판을 했음에도 말이야.”[54]

희망과 두려움 사이를 계속 이렇게 오락가락하는 것은 마르크스의 건강에 전혀 좋지 않았고, 심지어 그가 안정을 취하는 시간까지 방해했다. “사실 지난밤은 내가 처음으로 제대로 잠을 잔 날이었네. 내 생각은 머릿속에서 물레방아가 돌고 있는 것처럼 매우 둔하고 죽어 있다네." 그래서 마르크스는 그때까지 "파리에 가보거나", 파리에 있는 동지들을 딸네 집으로 초대한다는 "편지를 보내지" 못했다.[55] 그들이 파리 중심부로 처음 여행을 간 것은 8월 7일이었고, 이 여행은 예니 폰 베스트팔렌에게 매우 큰 기쁨을 줬다. 1849년 이후에 한 번도 그곳에 가본 적이 없는 마르크스에게는 이 방문이 "쉴 새 없는 박람회에 와있는 것 같은 느낌을 주었다."

아르장퇴유로 돌아온 후 마르크스는 아내의 상태가 갑자기 더 나빠질지도 모른다는 걱정이 앞서 아내에게 런던으로 돌아가자고 설득하려 했다고 엥겔스에게 편지를 썼다. 하지만 그녀의 모성애가 워낙 강해서 자신은 딸 예니 곁에 가능한 한 오래 머무르고 싶다고 주장했다. 그녀는 "이미 세탁물 더미를 맡기는… 꼼수를 썼는데"[56] 이는 그다음 주 초에나 찾을 수 있었다.[57] 마르크스는 자신에 대해서는 다음과 같이 몇 줄만 적어서 보냈다. "밤에 거의 잠도 못자고 매일매일 걱정에 시달리는 대도 사람들은 정말 이상하게 나한테 여느 때처럼 좋아 보인다고 말한다네."[58]

결국 마르크스가 몹시 서둘러 프랑스를 떠나게 만든 또 다른 고통스러운 사건이 일어났다. 8월 16일, 마르크스는 셋째 딸 엘리너가 심각하게 아프다는 소식을 전해 들었다. 그는 즉시 런던으로 출발했고, 부인과 헬레네 데무트는 며칠 뒤에 그와 합류했다. 투시(Tussy, 엘리너의 애칭)가 극심한 우울증을 겪고 있다는 사실이 곧 밝혀졌다.[59] 엘리너가 "창백하고 말라 보이며", "그야말로 몇 주 동안" 먹지를 않았다고 걱정하던 마르크스는 예니에게 편지를 보내 동생이 "계속되는 불면증과 손 떨림, 신경성 얼굴 경련 등"으로 괴로워하고 있어서 "더 지체되면 가장 위험한 상태"에 빠지게 될 것이라고 알렸다.[60] 다행히도 그런 위기 속에서 마르크스를 버티게 한 것은 아르장퇴유에서 보낸 짧았지만 즐거웠던 몇 주 동안의 기억이었다. "너와 사랑하는 손주들과 함께 했던 기쁨은 내가 다른 어떤 곳에서도 느낄 수 없었던 가장 큰 행복이었다."[61]

약 2주 뒤에 아르장퇴유로부터 "롱게와 손자 해리(Harry)"가 "매우 위독"하다는 소식을 받았다. 마르크스는 엥겔스에게 "지금 우리 가정에는 불행만 찾아오는군"이라고 썼다.[62] 갖은 시련들이 끝나지 않을 것처럼 보였다.

3. 아내의 죽음과 역사학으로의 회귀

마르크스는 여름 후반 내내 엘리너를 돌보는 일에 매달려 있었고, 예니 폰 베스트팔렌은 점점 악화되어 "나날이 최악에 가까워져 가는"[63] 병에 시달리고 있어서, 마르크스 가족은 어떤 사회적 관계도 유지하지 못하고 있었다. 8월 초에 마르크스는 미나 카우츠키(Minna Kautsky, 1837-1912)—전직 여배우이자 당시에는 사회소설 작가였던—에게 편지를 써서 "아내가 받은 충격과 (그가 두려워한) 치명적 병"이 "(그들의) 외부와의 관계를 끊어버린 통에" 런던에서 그녀를 초대할 수 없었다고 사과했다.[64] 마르크스는 같은 날 미나의 아들인 카를 카우츠키에게 보낸 편지에서 자신을 "간호사"라고 표현했다.[65]

이 기간 동안 마르크스는 수학 공부를 재개했다. 폴 라파르그는 이후에 장인인 마르크스가 수학을 대했던 매우 독특한 방식에 대해 다음과 같이 떠올렸다.

> 시인과 소설가들에 대해서만이 아니라 마르크스가 지적으로 느긋하게 시간을 보내는 또 다른 독특한 방법은 바로 수학 공부였는데,

> 그는 수학을 특별히 좋아했다. 심지어 대수학이 그에게 정신적 위안을 주기도 해서 마르크스는 다사다난한 그의 삶에서 가장 견디기 힘들던 순간에 수학 공부로 회피했다. 아내의 마지막 투병 기간에 그는 평소에 하던 과학적 연구에 전념할 수가 없었는데, 아내의 고통을 보면서 생긴 억압을 떨쳐버릴 수 있는 유일한 방법이 수학에 빠지는 것이었다. 그는 정신적 고통을 겪는 동안에 미적분학에 관한 글을 썼다… 그는 고등수학에서 가장 논리적이면서 동시에 가장 단순한 형태의 변증법적 운동을 보았다. 그는 수학을 활용하는 법을 배울 때까지 과학은 실제로 발달할 수 없다는 관점을 취했다.[66]

10월 중순, 가정사로 압박감을 느끼던 마르크스의 기관지염이 심각한 늑막염으로 발전하면서 그의 건강 상태가 또다시 안 좋아졌다. 이때 엘리너는 아버지가 폐렴에 걸리지 않도록 도우면서 계속 그의 병상을 지켰다. 엘리너는 언니가 아르장퇴유를 떠나 이곳으로 오는 것을 말렸다.[67]

근심에 가득 찬 엥겔스는 10월 25일에 베른슈타인에게 다음과 같이 편지를 썼다. "마르크스는 기관지염과 온갖 종류의 합병증으로 12일 동안 침대에 누워 있었네만, 일요일부터 적절한 예방조치가 취해져 더 이상 위험할 일은 없네. 정말이지 그간 너무 걱정이 됐다네."[68] 며칠 뒤 엥겔스는 오랜 동지인 요한 베커(Johann Becker, 1809-1886)에게도 다음과 같이 알렸다. "마르크스의 나이와 그의 통상적인 건강 상태를 고려하면, (기관지염과 늑막염은) 확실히 심각한 문제입니다. 비록 그가 하루의 대부분을 침대에서 보내야 하고 심히 쇠약해져 있지만, 그래도 다행히 마르크스에 한해서 최악의 상황은 끝났고, 당분간은 위험할 일이 전혀 없습니다."[69]

11월 말에 엥겔스는 베른슈타인에게 마르크스의 건강 상태를 다시금 알렸다. "마르크스는 여전히 몹시 지쳐 있고, 방에서 나오거나 진지한 작업에 임할 수는 없네만, 체중은 눈에 띄게 늘고 있어." 한편, "마르크스를 다시 조금이나마 기운 차리게 만든 외부 사건이 있다면 그건 바로 선거라네."[70] 1881년 10월 27일, 독일 사회민주당은 새로운 의회를 구성하는 선거에서 유럽 최초로 30만 표 이상을 얻었다.[71]

예니 폰 베스트팔렌 역시 이 소식에 매우 기뻐했지만, 이는 그녀의 삶에서 마지막 즐거움이 될 것이었다. 다음 몇 주 동안 그녀에게 끔찍한 상황이 펼쳐졌기 때문이다. 의사 돈킨은 "그녀에게 조금 변화를 주기 위해" 엘리너와 다른 간병인들이 "그녀를 시트째 들어 올려 침대에서 의자 겸용 침대로 옮기고" 다시 원위치 시키는 일을 해야 한다고 말했다.[72] 그녀는 극심한 통증 때문에 모르핀을 다량으로 투여받았다. 엘리너는 이후에 다음과 같이 회상했다.

> 어머니는 큰 앞방에 누워 있었고, 무어인은 뒤쪽 작은 방에 누워 있었다… 나는 아버지가 어머니가 계신 방으로 가실 수 있을 만큼 충분히 기력을 회복한 것 같았던 아침을 절대 잊을 수 없다. 그들은 함께 있으면서 다시 젊어졌다. 병으로 피폐해져 삶의 끝을 앞둔 노인과 죽어가는 늙은 여인이 아니라, 삶의 문턱에 서 있는 사랑스런 소녀와 청년의 모습이었다.[73]

1881년 12월 2일, 마르크스의 곁에서 고난과 정치적 열정을 공유했던 여성 예니 폰 베스트팔렌이 간암으로 세상을 떠났다. 이는 헤어날 수 없는 큰 상실이었다. 18세 청년 마르크스가 그녀와 사랑에 빠졌던 1836년 이후, 그는 처음으로 자신의 "가장 큰 보물"[74]을 빼앗긴 채 "(그의) 삶에서 가장 기쁘고 달콤했던 기억들을 환기시켜줄 얼굴"[75]과 헤어져 홀로 남았다.

마르크스는 자신의 쇠약해진 건강 상태를 더 악화시키지 않기 위해 아내 예니의 장례식조차 참석할 수 없었다. 그는 딸 예니에게 비통해하며 "의사의 장례식 참석 금지 명령을 거부할 수가 없었단다"라고 편지를 썼다. 마르크스는 아내가 숨을 거두기 전 간호사에게 격식을 무시하는 것에 대해서 한 짤막한 말을 생각했다. "우리는 그렇게 형식적인 사람들이 아니야."[76] 그러나 엘리너의 표현에 따르자면, "형언할 수 없을 만큼 친절하고 헌신적인 남자"[77] 엥겔스는 예니의 장례식에 참석했다. 그는 추도사에서 그녀에 대해 "타인을 행복하게 만드는 일에서 가장 큰 기쁨을 느끼는 여성이 있었다면, 그 여성은 바로 예니 폰 베스트팔렌일 것입니다"라고 언급했다.[78]

마르크스가 아내를 잃고 느끼는 아픔은 그의 신체적 고통으로 인해 더욱 커져갔다. 끈기를 가지고 참아내곤 있었지만, 그가 받는 치료는 매우 고통스러운 것이었다. 그는 딸 예니에게 다음과 같이 편지를 썼다.

> 나는 여전히 가슴과 목 등등에 요오드를 발라야 하는데, 이것을 규칙적으로 하면 피부에 성가시고 아픈 염증이 생긴단다. 그래서 요양 기간 동안 재발을 막기 위해서만 행해지는 이런 시술은(지금은 가벼운 기침 외에는 기침이 다 나았단다) 그 순간에만 좋은 서비스라고 할 수 있지. 정신적 고통을 해소하는 데 가장 효과적인 것이 있는데, 그건 신체적 아픔이란다. 세상의 종말을 앞둔 사람으로 하여금 극심한 치통을 앓게 하는 거지.[79]

마르크스의 건강 상태는 어느 한 순간 매우 나빠져서 그가 다니엘손에게 쓴 것처럼 "'이 나쁜 세상을 떠날' 지경에 이르게" 되었다. 마르크스는 "의사가 나를 프랑스 남부나 알제리 쪽으로 보내고 싶어 하네"라고 덧붙였다.[80] 그는 몇 주 동안 침대에 누워 있어야 했는데, 조르게에게 보낸 편지에서 그는 "집안에 갇혀 있게" 되었고, "건강을 회복하는 일에 쓸데없이 시간을 낭비하고" 있다고 썼다.[81]

하지만 이런 모든 악조건에도 불구하고, 마르크스는 1881년 가을부터 1882년 겨울까지 그의 지적 에너지를 역사 연구에 쏟았다. 그는 기원전 1세기부터 있었던 주요 사건들을 연표로 만들고, 거기에 사건의 원인과 두드러진 특징들을 요약해 주석을 달기 시작했다. 이는 그가 1879년 가을부터 1880년 여름 사이에 작성한 『인도 역사에 관한 노트: 664-1858』에서 사용한 방법과 동일하였는데, 이 노트는 로버트 세웰(Robert Sewell, 1845-1925)의 『인도 역사의 분석 *The Analytical History of India*』을 기초로 하여 작성되었다.[82] 마르크스의 목표는, 인류의 실제 과거를 생산의 변화에만 초점을 맞춰 설명하는 것이 아니라, 근대 국가의 발전을 둘러싼 주요 문제들에도 주의를 기울이는 자신의 사상이 갖는 장점을 다시금 확인하는 것이었다.[83]

마르크스가 이 노트에서 언급하지 않은 일부 소소한 출처들을 제외하면, 그는 새로운 연표작업을 하면서 크게 두 가지 텍스트를 참고했다. 첫 번째는 이탈리아 역사가인 카를로 보타(Carlo Botta, 1766-1837)가 쓴 『이탈리아 민중사 *History of the Peoples of Italy*』(1825)였는데, 이 책은 저자가 1814년 사부아 정부의 박해를 피해 토리노를 떠나야 했기 때문에 프랑스에서 세 권으로 출간되었다(나폴레옹 보나파르트의 패배 이후 피에몬테로 돌아갔다). 두 번째 책은 널리 읽히고 호평을 받은 프리드리히 슐로서(Friedrich Schlosser, 1776-1861)의 『독일인을 위한 세계사 *World History for the German*

People』였다. 마르크스는 이 두 역사서에 관해서 네 권의 노트를 작성했다. 짧은 비판적 논평이 종종 섞여 있는 그의 요약은 독일어, 영어, 프랑스어로 쓰였다.[84]

네 권의 노트 중에서 첫 번째 노트는 총 143페이지로, 마르크스는 그 노트에서 기원전 91년부터 기원후 1370년 사이에 일어난 주요 사건들을 연대순으로 열거해 적었다. 그는 고대 로마시대를 시작으로 로마제국의 멸망, 샤를마뉴 대제의 역사적 중요성, 비잔티움의 역할, 이탈리아의 해양도시국가들, 봉건제의 발달, 십자군 전쟁, 바그다드와 모술의 칼리프 체제 순으로 고찰했다. 1308년부터 1469년까지 다룬 두 번째 노트는 총 145페이지로, 주요 내용은 14~15세기에 나타난 이탈리아의 경제적 발전[85]과 독일의 정치적 · 경제적 상황이었다. 1470년부터 1580년까지 다룬 세 번째 노트는 총 141페이지로, 프랑스와 스페인 사이의 충돌, 지롤라모 사보나롤라(Girolamo Savonarola, 1452-1498) 시대의 피렌체 공화국, 마르틴 루터의 종교개혁을 고찰하였다. 마지막으로 총 117페이지로 구성된 네 번째 노트에서는 1577년부터 1648년 사이에 유럽에서 일어난 수많은 종교 갈등을 다루었다.[86]

마르크스는 보타와 슐로서의 책에서 발췌한 부분을 네 권의 노트에 적으면서 동시대에 일어났다거나 같은 연구와 관련된다고 간주되는 동일한 특성을 지닌 사건들을 하나로 엮었다. 1135년부터 1433년에 이르는 시기는 지노 카포니(Gino Capponi, 1792-1876)가 쓴 『피렌체 공화국의 역사 *History of the Republic of Florence*』(1875)를 참고해 옮겨 적은 반면, 449년부터 1485년에 대한 새로운 절은 존 그린(John Green, 1837-1883)이 쓴 『영국인의 역사 *History of the English People*』(1877)를 기초로 하여 작성했다. 하지만 수시로 변하는 마르크스의 건강 상태가 연구를 더 진척시킬 수 없게 만들었다.

그의 이 역사학 노트는 30년 전쟁을 끝마치며 맺은 1648년의 베스트팔렌 조약을 끝으로 중단됐다.

마르크스의 건강 상태가 호전된 동안 "재발의 위험"[87]을 막기 위한 가능한 모든 조치가 취해져야 했다. 1881년 12월 29일, 마르크스는 딸 엘리너와 함께 이전에 몇 번 가본 적이 있는 와이트 섬의 벤트널로 갔다. "그곳의 따뜻한 날씨와 건조한 공기가 그를 빠르게 완쾌시킬 거라는"[88] 기대감 속에서 그곳에 가라는 충고를 받았다. 마르크스는 벤트널로 떠나기 전에 딸 예니에게 "사랑하는 애야, 네가 나한테 해줄 수 있는 최선의 일은 기운을 내는 거란다! 나는 너와 함께 행복한 날들을 더 많이 보내고 싶고, 할아버지로서의 역할을 훌륭하게 해내고 싶단다"[89]라고 편지를 썼다.

마르크스는 1882년의 첫 2주를 벤트널에서 보냈다. 큰 문제없이 걷고 "날씨의 변덕에 덜 휘둘리기" 위해서는 "유사시에" 마스크를 써야 했는데, 마르크스는 그 마스크가 꼭 "개 주둥이"처럼 생겼다고 말했다.[90] 이런 어려운 상황에서도 그는 비꼬는 말투를 잃지 않고 딸 라우라에게 "독일에서 간행되는 부르주아 신문들이 (그가) 죽었다거나 여하간 죽음의 위험을 피할 수 없다고 맹렬히 떠들어대는 것"이 "(그를) 몹시 근질근질하게 만들었다"고 전했다.[91]

마르크스가 엘리너와 보낸 날들은 순탄치 않았다. 엘리너는 실존적 문제에 짓눌려 여전히 매우 불안해하면서 잠을 이루지 못했고, 자신의 신경성 질환이 급작스럽게 악화되지 않을까 두려워했다. 부녀 사이의 애정은 컸지만, 서로 소통하는 것은 쉽지 않았다. 마르크스는 "화를 내며 불안해했고", 엘리너가 "기분이 나쁘고 불만족스러워"한다고 여겼다.[92]

마르크스는 여전히 당대의 주요한 정치적 사건들에 정통하고자 애쓰고 있었다. 독일 수상이 의회1에서 연설을 하면서 독일 노동자들 사이에 퍼진 정부 정책에 대한 깊은 불신을 더 이상 무시할 수 없게 되자[93] 마르크스는 엥겔스에게 다음과 같이 편지를 썼다. "나는 이것을 독일에서만이 아니라 바깥 세계에 대해서도 보편적으로 거둔 중요한 승리라고 생각하네. 비스마르크는 의회에서 독일 노동자들이 그의 국가사회주의(state socialism)를 틀림없이 어느 정도 '반대할 것'이라는 점을 '인정'해야 할 걸세."[94]

그러나 마르크스의 기관지염이 점점 만성이 되어가자, 그가 런던으로 돌아온 후 가족들은 의사 돈킨과 그가 좀 더 나아질 수 있는 최상의 조건이 될 만한 날씨에 관해 상세히 얘기를 나눴다. 따뜻한 곳에서 쉬는 것이 완쾌를 위해 좋았지만, 와이트 섬에서는 효과를 보지 못했다. 지브롤터(Gibraltar)는 여행 시 여권이 필요했는데, 무국적자인 마르크스는 여권을 소지하고 있지 않아서 요양지에서 제외되었다. 비스마르크의 독일 제국은 눈으로 덮여 있어서 마르크스에게는 어쨌든 금지되어 있었던 반면, 이탈리아는 요양지로서 아예 거론조차 되지 않았다. 엥겔스에 따르면, "요양할 수 있는 지역의 첫 번째 조건은 바로 경찰의 괴롭힘이 없어야 한다"는 것이었다.[95]

엥겔스는 돈킨과 폴 라파르그의 도움으로 마르크스를 알제리로 가도록 설득할 수 있었는데, 알제리는 당시에 혹독한 겨울 추위에서 벗어날 여유가 있는 영국 사람들 사이에서 좋은 평판을 받고 있었다.[96] 엘리너가 이후 회상한 것처럼, 마르크스를 이런 색다른 여행길에 오르게 한 것은 그의 오랜 강박관념, 즉 『자본』을 완성해야 한다는 압박감이었다.

> 아버지의 전반적인 건강 상태는 계속 나빠지고 있었다. 만약 아버지가 좀 더 이기적이었다면, 그냥 일이 흘러가는 대로 두었을 것이다.

하지만 아버지의 가장 큰 특징은 대의를 위해 헌신하는 것이었다. 아버지는 자신의 위대한 업적을 끝까지 마무리하고 싶어 했고, 그래서 건강을 회복하기 위해 한 번 더 여행을 떠나는 것에 동의했다.[97]

1882년 2월 9일, 마르크스는 그의 큰딸 예니가 살고 있는 파리 근교의 아르장퇴유에 잠시 들렀다가 지중해에 있는 알제리로 떠났다. 건강이 좋아지지 않자 마르크스는 거의 일주일 만에 혼자 마르세유로 가기로 결정했고, 엘리너에게 자신과 함께 갈 필요가 없다고 설득했다. 마르크스는 엥겔스에게 "무슨 일이 있어도 나는 엘리너가 가족을 위해 늙은이의 간병인으로 희생해야 한다고 생각하게 두지 않을 걸세"라고 속내를 털어놨다.[98]

기차로 프랑스 전역을 가로질러간 마르크스는 2월 17일에 프로방스 항구에 도착했다. 그는 곧바로 아프리카로 가는 첫 번째 배편의 표를 구했고,[99] 겨울바람이 부는 다음 날 오후, 그 배에 승선하기 위해 다른 승객들과 함께 항구에 줄을 서 있었다. 그는 두꺼운 옷과 의약품, 몇 권의 책들이 든 두 개의 가방을 가지고 있었다. 오후 5시, 증기선 사이드호(Said)는 마르크스가 72일 동안 머무를 알제리로 출발했다. 이는 마르크스가 유일하게 유럽 밖에서 지낸 시간이었다.[100]

4

무어인의 마지막 여정

1. 알제 체류와 아랍 세계에 대한 고찰

34시간에 걸친 폭풍우를 뚫고 1882년 2월 20일, 마르크스는 목적지에 도착했다. 다음 날 마르크스는 엥겔스에게 편지를 보냈고, 일주일 뒤에 다시 보낸 편지에는 막 도착했을 때를 떠올리며 "폭풍우에 지친 자신(corpus delecti)"이 "뼛속까지 얼어붙어 있었다"고 썼다. 그는 상(上) 무스타파(Upper Mustapha)에 있는 호텔-펜션 빅토리아(Hôtel-Pension Victoria)에서 아주 좋은 방을 찾았는데, 그 방의 한쪽으로는 항구가 펼쳐지고 다른 한쪽으로는 지평선 위로 카빌리아(Kabylia)의 산들이 보였다. 이는 "유럽과 아프리카의 멋진 조합"을 감상할 수 있게 해준 "황홀한 전경"이었다.[1]

최근에 도착한 여러 언어를 사용하는 신사의 신원을 아는 사람은 치안판사이자 샤를르 푸리에(Charles Fourier)의 추종자인 알베르트 페르메(Albert Fermé)뿐이었다. 페르메 판사는 프랑스의 제2제정을 반대하여 투옥된 이후 수감생활을 마치고 1870년에 알제로 넘어왔다. 그는 알제에서 마르크스와 함께한 유일한 동료로서, 마르크스가 여러 여행을 할 수 있게 안내하고 그의 새로운 세계에 대한 호기심을 채워주기 위해 힘썼다.

하지만 시간이 지나도 마르크스의 건강은 좋아지지 않았다. 그는 여전히 기관지염으로 고생하고 있었고, 어찌할 수 없는 기침 때문에 밤에 잠을 이루지 못했다. 평소와 달리 춥고 눅눅하고 비가 오는 알제의 날씨 때문에 다시 늑막염에 걸릴 위험도 커졌다. 그해는 알제에 10년 만에 찾아온 최악의 겨울이었다. 마르크스는 엥겔스에게 "와이트 섬에서 입은 옷과 알제에서 입은 옷 사이의 유일한 차이는 말일세, 숙소 안에서 코뿔소 가죽 같은 두꺼운 외투를 입지 않고 가벼운 외투를 걸치고 있다는 것 뿐일세"라고 편지를 썼다. 그는 심지어 남쪽으로 400km 떨어진 곳, 즉 사하라 끝에 있는 비스크라(Biskra) 마을로 이동하는 것을 고려했지만, 그의 형편없는 건강 상태가 그런 힘든 여행을 단념하게 만들었다. 그래서 마르크스는 알제에서 장기간에 걸친 복잡한 치료 과정에 들어갔다.

알제에서 가장 유능한 의사 찰스 스테판(Dr. Charles Stephann, 1840-1906)은 낮에는 비산나트륨을, 밤에는 잠을 잘 수 있게 도와주는 코데인이 든 아편 시럽을 복용하라는 처방을 내렸다. 그는 또 마르크스에게 체력 소모를 최소한으로 줄이고, "유희를 위해 독서하는 것 외에 실질적인 지적 작업"은 자제하라고 지시했다. 그럼에도 불구하고 3월 6일, 마르크스의 기침은 더욱 심해졌고 반복적인 출혈까지 나타났다. 그래서 마르크스는 호텔 밖으로 나가는 것과 대화를 나누는 것까지 금지되었다. "휴식, 고독, 침묵이 이제 한 시민으로서 (그에게) 지워진 의무였다."[2] 그는 엥겔스에게 적어도 "닥터 스테판은 내가 친애하는 (런던에 있는) 닥터 돈킨처럼 코냑을 금하진 않는다네"[3]라고 편지에 썼다.

가장 고통스러운 치료로 알려진 열 번의 발포 치료 과정은, 피하의 독소를 빼내기 위해 약을 발라 피부에 물집이 잡히게 하는 그 당시 가장 인기 있던 요법이었다. 마르크스는 카스텔아즈(Castelhaz)라는 한 젊은 약사의 도움으로 이 치료 과정을 가까스로 마칠 수 있었다. 카스텔아즈는 조금씩 반복적으로 마르크스의 가슴과 등에 콜로디온을 발라 물집이 생기면 짜주었고, 그 덕분에 마르크스는 폐에 찬 물을 뽑아낼 수 있었다.

마르크스는 당연히 알제에 온 것을 후회하기 시작했다. 마르크스는 사위인 라파르그에게 "마르세유로 출발할 때 내가 고려했던 두 요양지 니스와 망통(Menton)은 날씨가 더없이 좋다고 하더군"이라고 편지에 썼다.[4] 3월 중순 이후, 마르크스는 딸 예니에게도 "이 어리석고 잘못 계산된 원정 여행을 하면서 아빠는 이제 막 런던을 떠날 때 수준으로 건강 상태가 돌아왔단다"라고 불만을 토로했다. 그는 또 자신은 이렇게 먼 거리의 여행에 대해 회의적이었지만, "엥겔스와 돈킨 두 사람이 올해 알제 날씨에 대해 특별히 알아보지도 않고 아빠를 이렇게 날씨가 나쁜 아프리카로 억지로 가게 했다"고도 썼다.[5] 그가 봤을 때 "이런 쓸데없는 일을 벌이기 전에 알아봤어야 했다."[6]

3월 20일, 마르크스는 라파르그에게 "자신의 등이나 가슴에 마른 부분"이 더 이상 하나도 없어서 발포 치료가 당분간 중단되었다고 알렸다. 그는 자신의 피부를 보고 멜론을 심은 작은 텃밭이 떠올랐다고 썼다. 하지만 마르크스는 그의 수면 상태가 점점 회복되어 크게 안심했다. "불면증에 시달려보지 않은 사람은 잠 못 이루는 공포가 점점 사라져갈 때 느껴지는 더없는 행복을 진정으로 느낄 수 없을 걸세."[7]

반면, 마르크스의 호흡은 밤에 잡히는 물집과 계속 감고 있는 붕대, 그리고 긁지 말라는 지시 때문에 더 힘겨워졌다. 그가 런던을 떠난 이후 프랑스의 날씨가 "정말 좋았다"는 것을 알게 된 마르크스는 애초에 빠른 치료를 예상해 알제로 왔던 일을 염두에 두고서 엥겔스에게 "너무 낙관적인 관점으로 스스로를 속여서는 안 되네 되네!"라고 편지를 썼다.[8] 분명 "'건강한 육체에 건강한 정신이 깃든다(sana mens in sano corpore)'는 격언대로 됐을 방법"이 있었던 것이다.[9]

마르크스의 고통은 육체적인 것만이 아니었다. 그는 외로움을 느꼈고, 3월 16일에 딸 예니에게 다음과 같이 편지를 썼다. "알제보다 외곽에 있는 시골을 제외하면, 알제보다 신비한 곳은 없을 거야… 내가 사랑하는 이들과(특히 우리 손주들을 포함해서) 다함께 있다면 『아라비안 나이트』를 읽는 것 같은 기분이 들 게다. 물론 내 건강 상태가 양호하다면 말이다."[10] 3월 27일 예니에게 쓴 편지에서 그는 "마법을 부려서" 큰손주인 조니를 알제로 데려와 "무어인, 베르베르인, 터키인, 흑인이 있는, 한마디로 말해 바벨과 같은 이곳 모습과, '세련된' 프랑스 스타일과 칙칙한 영국 스타일이 섞여 있는 이 동양세계의 복장(대부분이 매우 시적인 복장)을 보고 놀라게" 하고 싶다고 덧붙였다.[11]

모든 것을 공유하던 동지 엥겔스에게는 "위대한 돈키호테처럼 가끔씩 깊은 우울감에 빠지곤 한다"고 편지에 썼다. 마르크스는 삶의 동반자였던 아내를 잃은 상실감에서 헤어나지 못했다. "자네는 내가 노골적으로 슬픔을 드러내는 걸 얼마나 싫어하는지 알 걸세. 하지만 내 삶에서 가장 좋았던 때인 아내와 함께한 추억들이 여전히 내 머릿속을 가득 메우고 있다고 말하지 않는다면, 그건 거짓말이겠지!"[12] 그의 이런 슬픈 기분을 전환시켜주는 것은 주변의 멋진 자연경관이었다. 4월 초에 그는 "만(灣)에 아주 멋진 달빛이 비쳐서 앞 발코니에서 바다를 만끽하는 것을 도저히 멈출 수가 없었네"라고 편지에 썼다.[13]

마르크스는 또한 진지한 지적 활동을 할 수 없는 현실에 고통받았다. 여행을 시작할 때부터 그는 "(치료를 위해 알제로 가는 것이-역자) 시간을 낭비하는 조치"라고 생각하고 있었지만, 그는 "저주받은 질병"이 "사람의 지적능력도 손상시킨다"는 것을 깨닫고 결국 이 여행에 동의했다.[14]

그는 딸 예니에게 알제에서는 "어떤 일"도, 심지어 "『자본』의 출판(독일어 3판)을 위한 수정"마저도 "불가능하다"고 토로했다.[15] 마르크스가 당대의 정치적 상황에 관해서 읽은 것은 작은 지역신문인 『르 프티 쿨롱 *Le Petit Colon*』의 전신 보도와 유럽에서 받은 유일한 노동자 신문인 『레갈리테 *L'Égalité*』뿐이었는데, 그는 『레갈리테』에 대해 "신문이라고 부를 수 없다"[16]고 비꼬았다.

마르크스가 1882년 봄에 쓴 편지들을 보면, 그가 "다시 활동적이 되어서 병약한 환자놀음을 그만하길 몹시 바라고 있고",[17] "사치스럽다고까지 할 수는 없지만 무의미하고 새로울 것 없는 생활"[18]에서 벗어나고 싶어 했다는 것을 알 수 있다. 그는 심지어 라파르그에게 자신이 아무것도 하지 않느라 바빠서 거의 천치처럼 느껴진다고 말했다.[19] 이는 일을 중단하면 더 이상 일상적인 생활을 이어갈 수 없을 거라는 그의 두려움을 보여준다.

마르크스에게 일어난 일련의 좋지 않은 사건들이 그가 알제리의 현실을 깊이 있게 이해할 수 없게 만들었고, 엥겔스가 예상한 것처럼 그가 "아랍인들 사이에 퍼져 있는 공동 소유"의 특성을 연구하는 것 또한 불가능하게 만들었다.[20] 1879년에 마르크스는 이미 프랑스가 지배하는 알제리의 토지 문제에 관심을 가지고 있었고, 당시에 그는 민족학, 토지 소유권, 전 자본주의 사회에 대해 연구하고 있었다. 그때 마르크스는 러시아 역사가인 막심 코발레프스키가 쓴 『토지 공유: 원인, 경과, 그리고 결과』에서 발췌한 부분을 노트 한 페이지에 그대로 옮겨 적었는데, 이는 프랑스 이주민들의 유입과 그들이 도입한 변화가 일어나기 이전에 존재했던 토지 공유에 대해 다루고 있다. 마르크스가 발췌한 내용을 간략히 살펴보면 다음과 같다.

> 토지의 사적 소유 형성은 [프랑스 부르주아지들이 봤을 때] 정치·사회 영역에서 일어나는 모든 발전을 위해 반드시 필요한 조건이다. "사람들 마음속에 있는 공산주의적 경향을 뒷받침하는 형태인" (*Debates of the National Assembly*, 1873) 공동 소유의 지속적 유지는 식민지와 본국 모두에 위험하다. 이미 시행되고도 있는 부족 소유(clan holdings)의 해체는, 우선적으로 봉기를 일으키려는 충동에 휩싸여 버티고 있는 피지배 부족을 약화시키는 수단으로, 또 토착민의 손에서 식민지 개척자들의 손으로 토지소유권을 더 이전할 수 있는 유일한 방법으로 장려된다. 이와 같은 정책이 프랑스의 모든 체제하에서 추진되어왔다.[21]

알제리에 대한 법률 초안은 좌파 공화주의 의원인 오귀스트 와르니에(Auguste Warnier, 1810-1875)에 의해 처음 상정되었다. "유럽 식민지 개척자들과 투기꾼들이 알제리 토착민들의 토지를 몰수"하려는 목적하에 입안된 이 법은 1873년 의회의 승인을 얻는 데 성공했다. 프랑스인들은 뻔뻔하기 이를 데 없어서 "직접적인 강탈"까지 감행했는데, 아직 토착민들이 공동으로 사용하던 모든 미개간지가 "정부 소유"로 바뀌었다. 이는 또 다른 중요한 결과를 낳았는데, 바로 지역민들이 저항할 수 있는 위험을 제거한 것이었다. 마르크스는 다시 코발레프스키의 책에서 다음과 같은 내용을 강조하였다.

> 사유 재산의 형성과 유럽 식민지 개척자들의 아랍 부족 내 거주

> 는… 부족 공동체의 해체를 가속화하는 가장 강력한 수단이 될 것이다… 법에 의한 아랍 토지의 몰수는 1) 프랑스인들에게 가능한 한 많은 토지를 제공하고, 2) 땅과 결합된 자연발생적인 유대관계에서 아랍인들을 억지로 떼어내어 부족 공동체의 마지막 힘을 와해함으로써 모든 반란의 위험을 제거하는 데 (기여하였다).[22]

이런 "토지의 사유화"는 침략자들에게 큰 이익을 가져다주면서도 동시에 "그 사회의 기반을 파괴"하려는 "정치적 목적"에도 잘 부합할 것이었다.[23]

1882년 2월 22일, 알제의 일간지인 『라흐바르 *L'Akhbar*』에는 새로 만든 제도의 부당함을 적은 기사가 실렸다. 이론적으로 보면, 그 당시 모든 프랑스 시민은 자국을 떠나지 않고도 알제리 토지를 100헥타르 이상 양도받을 수 있었고, 그들은 이를 다시 토착민에게 40,000프랑을 받고 되팔 수 있었다. 평균적으로 '콜롱(Colon, 특히 알제리에 진출한 프랑스 식민지 개척인-역자)'들은 토지 한 구획당 20~30프랑을 주고 샀다가, 이를 300프랑에 팔았다.[24]

마르크스는 몸이 아파서 이런 문제들로 다시 돌아갈 수 없었고, 『라흐바르』에 실린 기사에도 주의를 기울일 수 없었다. 하지만 그의 끊임없는 지식욕은 역경 속에서도 사라지지 않았다. 그는 주택 재건축이 대규모로 진행되고 있던 호텔 주변 지역을 탐사한 뒤에 "이 공사 현장에서 일하는 노동자들은 건강한 현지인들이지만, 일을 한 지 3일이 지나면 열병에 걸린다네. 그래서 고용주들은 그들에게 하루치의 키니네(당시에 쓰이던 말라리아 치료제-역자)를 임금의 일부로 지급하고 있어"라고 편지에서 알렸다.[25]

마르크스가 지중해의 남쪽 끝에서 보낸 16통의 편지에는 많은 흥미로운 관찰 결과들이 담겨 있는데,[26] 이 중 일부는 여전히 식민주의적인 관점에서 서술되었다. 매우 눈에 띄는 것은 무슬림들 사이의 사회적 관계를 관찰한 내용이다.

마르크스는 아랍인들의 태도에 깊은 감명을 받았다. "제일 가난한 무어인도 두건을 두르고서 자연스럽고 우아하고 품위 있는 태도를 취하는 기교 측면에서 저명한 유럽 희극인을 능가한단다."[27] 4월 중순경에 마르크스는 딸 라우라에게 여러 사회계급이 섞여 있는 한 무리의 아랍인들이 카드놀이 하는 것을 지켜봤다고 편지에 쓰면서 "그들 중 몇몇은 화려해 보일 정도로 지나치게 차려입은 반면에, 몇몇은 겨우겨우 블라우스라고 불러줄 만한, 즉 한때는 하얀 모직 옷이었겠지만 지금은 너덜너덜한 누더기 같은 옷을 입고 있었단다"라고 그들을 묘사했다. 그러면서 그는 다음과 같이 언급했다.

> '진정한 무슬림' 사이에서 그런 운은, 행운인지 불운인지에 상관없이, 마호메트의 자손들을 구별짓지 않는단다. 그들의 사회적 관계 속에 있는 절대적 평등은 이에 영향을 받지 않지만, 역으로 그 평등이 와해되면 그들은 저 차이를 의식하게 되겠지. 아랍의 정치인들은 기독교도에 대한 증오와 그 배교자들과 싸워서 결국 승리할 거라는 희망, 그리고 절대적 평등[부나 지위가 아닌 인격의]의 실현이 부와 지위의 유지를 보장한다고 올바르게 판단한단다. [그럼에도 불구하고, 그들의 부와 지위는 혁명운동 없이도 파멸할 거란다.][28]

또 마르크스는 (알제리에서-역자) 국가가 매우 미약한 존재라는 점에 놀라워했다.

> 마을 어디에도 관할기구가 없어서 뭘 해도 되고 아무 데나 다닐 수 있단다. 경찰도 거의 없고, 공적 장소에서 부끄러움도 전혀 느끼

지 않는구나. 이는 무어인들의 기본 성향이지. 무슬림에게 예속 같은 것은 존재하지 않는단다. 그들은 "신민(subjects)"도 "피통치자(administrés)"도 아니고, 권위도 없고, 정치에 구애받지도 않는, 유럽인들로서는 도저히 이해할 수가 없는 그런 상태에 있단다.[29]

마르크스는 유럽인들의 폭력적인 학대와 끊임없는 도발, 특히 "열등한 민족"에 대한 그들의 "뻔뻔스러운 오만과 건방, 그리고 마치 몰록신(Moloch)처럼 모든 반항을 강박적으로 응징하려는 태도"를 깔보면서 공격했다. 그는 또 식민지 지배의 역사를 비교해보면, "영국인과 네덜란드인이 프랑스인을 능가한다"고 강조했다. 마르크스는 엥겔스에게 알제에서는 자신의 친구 페르메 판사가 그의 재임기간 동안 "아랍인들의 자백을 받아내기 위한… 일종의 고문이 '경찰'에 의해… 자연스럽게 행해지던 것(인도에서 영국인들이 그랬던 것)"을 줄곧 목격했다고 알렸다.

예를 들어, 아랍 갱단이 도둑질을 하다 살인을 저지르면 통상 진범은 곧 적법한 절차에 따라 체포되어 재판을 받고 처형을 받게 되지. 그런데 이런 처벌이 피해를 입은 식민지 개척자 가족에게는 충분한 죗값으로 간주되지 않는다네. 그들은 최소한 무고한 아랍인 6명을 더 '연행'할 것을 합의사항으로 요구하지… 유럽의 식민지 개척자가 거주를 목적으로든 아니면 단순한 사업상의 일로든 '열등한 민족' 내에 머무르게 되면, 그 사람은 통상 자신을 잘생긴 빌헬름 1세보다도 더 불가침한 존재로 여긴다네.[30]

마르크스가 엥겔스에게 보낸 또 다른 편지에서도 그는 이 주제로 돌아와 "아랍의 가난한 도둑들, 살인을 업으로 하는 가난한 암살자들"에 대한 프랑스 당국의 잔혹성을 다시 언급했다. 그들은 처형당하기 직전에야 "총살되는 것이 아니라 목이 베여 죽는다! 이는 관례를 무시한 것이다!"라는 사실을 알게 되었다. 또한 그것이 전부가 아니었다.

> 그들의 친척들은 참수당한 머리와 몸을 꿰매서 '온전한 상태'로 묻으려고 잘려진 머리와 몸이 그들에게 인계되기를 기다렸네. 그런데 그렇게 되질 않았어! 울부짖고 저주를 퍼붓고 분노로 이를 갈아도, 프랑스 당국은 완강하게 자신들의 뜻대로 해버렸네! 당장 몸통만 낙원으로 가면 무함마드가 "너의 머리는 어디에 두고 왔느냐? 혹은 머리가 어떻게 너의 몸에서 떨어져 나가게 되었느냐?" 하고 묻겠지. 그리고서 "너는 낙원에 들어올 자격이 없다. 지옥에 가서 기독교도의 개들하고나 어울려라!" 하고 말할 걸세. 친척들이 그렇게 슬퍼한 것도 바로 이 때문이라네.[31]

이런 정치적이고 사회적인 관찰 내용과 함께 마르크스의 편지들에는 아랍 풍습에 관한 이야기도 들어 있다. 그중 하나는 마르크스가 딸 라우라에게 그의 실제 모습과 매우 비슷하다고 하면서 들려준 이야기이다.

> 폭풍우가 몰아치는 강에서 뱃사공이 작은 배를 준비하고 기다리고 있었다. 건너편으로 가고 싶어 하는 철학자 한 명이 배에 올라탔다. 그들 사이에 다음과 같은 대화가 이어졌다.
>
> 철학자: 역사에 대해 아는 것이 있소, 사공 양반?
>
> 뱃사공: 없소!

철학자: 그렇다면 당신은 반평생을 낭비한 거요! 수학을 공부해 본 적은 있소?

뱃사공: 없소!

철학자: 그럼 당신은 반평생 이상을 낭비했구려.

철학자가 이 말을 하자마자 바람에 배가 뒤집혔고, 뱃사공과 철학자가 물에 빠졌다. 그러자 뱃사공이 소리치며 말했다.

뱃사공: 수영을 할 줄 아시오?

철학자: 아니요!

뱃사공: 그렇다면 당신은 한평생을 헛산 것이오.

그러면서 마르크스는 라우라에게 "이 이야기가 아랍적인 것에 대한 너의 호기심을 자극할 거다"라고 덧붙였다.[32]

두 달 넘게 고통을 겪고 나서야 마르크스의 건강 상태는 좋아졌고, 마침내 프랑스로 돌아올 수 있었다. 하지만 마르크스가 알제에서 마지막으로 쓴 편지가 엥겔스를 매우 놀라게 했다. "덧붙여 말하면, 햇볕 때문에 내 예언자 같은 턱수염과 왕관처럼 머리를 덮었던 머리카락을 잘랐네만, [딸들을 생각해서] 알제리 이발사의 제단에 내 수염과 머리카락을 제물로 바치기 전에 사진 한 장을 찍어두었네."[33] 이것이 그의 마지막 사진이었다(책 표지 사진 참고). 사진 속 모습은 '현실 사회주의' 정권에서 마르크스를 재현하라고 지시해 광장에 걸어둔 초상화 속의 완강한 모습과는 완전히 다르다. 마르크스의 사상처럼 그의 콧수염은 젊었을 때의 빛깔을 잃지 않았고, 그의 웃는 얼굴은 한평생 시련과 좌절을 겪었음에도 불구하고 여전히 친절하고 겸손해 보인다.[34]

2. 모나코 공국으로 간 공화주의자

나쁜 날씨가 마르크스를 계속 괴롭혔다. 그가 "아프리카에 머물던 마지막 며칠 동안",[35] 열풍이 불어 닥쳐 그의 건강 상태는 다시 위태로워졌고, 마르세유로 건너가는 길에는 날씨가 특히나 더 거칠었다(마르크스는 그의 64번째 생일날인 1882년 5월 5일에 마르세유에 도착했다). 그는 이후 딸 엘리너에게 "사나운 폭풍이… 내 선실을 아주 바람길로 만들었단다"라고 편지에 썼다. 마르크스가 탄 증기선은 목적지에 도착하자마자 바로 항구로 들어올 수 없었기 때문에, 승객들은 보트를 타고 항구로 들어가야 했다. 그는 "춥고 바람이 부는 세관 겸 지옥에서 니스로 출발하는 시간을 기다리며 몇 시간"을 보내야 했다. 마르크스는 풍자적으로 이런 고난들이 "자신을 고장 나게 만들어서", 몬테카를로(Monte Carlo)에 도착하자마자 "(그를) 아스클레피오스(의약과 의술의 신-역자)의 손아귀로 떨어지게 했다"고 표현했다.[36]

신뢰할 수 있는 아스클레피오스는 쿠네만(Kunemann, 1828년~ ?)이라는 의사로, 그는 폐질환을 전문으로 하는 알자스 출신의 뛰어난 의사였다.[37] 진료 결과, 마르크스의 기관지염이 만성이 되었다는 것과 그의 가장 큰 "공포"인 "늑막염이 재발했다"는 사실이 밝혀졌다.[38] 그 모든 여행들이 마르크스의 건강을 더욱 해쳤고, 마르크스는 그가 습관적으로 쓰는 문학적 언사를 사용하여 엥겔스에게 이에 대해 농담을 건넸다. "'운명'은 이런 경우에 놀라울 정도로 일관성을 보이는 것 같네. 그래서 아만두스 뮐르너(Amandus Müllner, 1774-1829)의 비극들에서처럼 '운명'이 인간의 생존에서 실로 중대한 역할을 한다고 말할 수 있겠지." 마르크스에게는 네 번의 발포 치료 과정이 더 필요했고, 이는 5월 9일에서 30일 사이에 이루어졌다.

길을 다시 떠나기 전에 그의 건강이 좋아져야 했기 때문에, 그는 모나코 공국에서 3주의 시간을 보냈다. 그곳 분위기에 대한 마르크스의 묘사에는 빠른 상황 판단과 사회적 비판이 적절히 섞여 있다. 가령, 그는 몬테카를로를 자크 오펜바흐(Jacques Offenbach, 1819-1880)의 오페라 〈제롤스탱 대공비 The Grand Duchess of Gerolstein〉(1867)에 등장하는 가상의 주(州) 제롤스탱과 비교하였다.

마르크스는 다양한 국제신문을 제공하는 유명 카지노의 열람실을 몇 차례 방문했다. 하지만 마르크스는 엥겔스에게 "러시 호텔(Hôtel de Russie)에서 정찬을 즐기는 친구들"은, 더 일반적으로 말해 이 도시 사람들은 "카지노의 도박장에서 일어나는 일들에 더 관심이 많다"고 편지에 썼다. 마르크스가 이 시기에 쓴 편지들에는 그가 우연히 마주친 사람들을 재미있게 논평한 내용—예를 들면, "알비옹의 아들은 제법 많은 금화를 잃고서 골이 나 화를 내고 어리둥절해 하면서도, 똑같은 일을 '당하는' 데에 완전히 열중해 있었다네"—과 신랄하게 비판한 내용—"그는 영국의 오만불손함조차 행운을 '윽박지를' 수 없다는 것을 알지 못하였네"—이 번갈아 나타난다.[39]

이 생경한 세계에 대한 가장 신랄한 묘사는 마르크스가 이 도시를 떠나기 전에 딸 엘리너에게 쓴 짧은 편지에 담겨 있다.

> 여기 사람들은 호텔 식당이나 카페 등지에서 룰렛과 트랑테카랑트(카지노에서 하는 카드게임-역자)에 대해서만 얘기하고 속삭인단다. 돈을 딴 얘기도 간혹 있는데, 예를 들어 한 젊은 러시아 여성(남편이 러시아 외교관이자 중개상인인 부인)은 100프랑을 땄다가… 다시 6,000프랑을 잃었다고 하더라. 어떤 사람은 집으로 돌아갈 돈을 잃었다고 하고, 또 어떤 사람은 도박으로 가족의 막대한 전 재산을 날렸다고 하더라. 매우 극소수만이 약탈한 돈에서 한몫 챙기는데,

> 그런 소수의 도박꾼들, 즉 돈을 따는 사람들은 거의 예외 없이 부자들이란다. 여기서는 지성이나 합리적인 계산이 통하지 않지. 상당히 많은 돈을 걸고 모험하지 않는 한, 누가 '우연히' 횡재할지는 아무도 모른단다.[40]

도박에 빠진 광란의 기운은 도박장이나 저녁시간에만 감도는 것이 아니었다. 이는 도시 전체에 팽배해 있었고, 그곳을 방문하는 사람들의 모든 일정 속에 스며들어 있었다. 가령, 마르크스는 카지노 바로 옆에 있는 가판대와 그 주변 풍경을 다음과 같이 묘사했다.

> 이 가판대에는 인쇄된 것이 아니라 손으로 직접 적은 현수막이 매일 걸렸는데, 거기에는 1,000프랑으로 100만 프랑을 딸 수 있는 과학의 비밀을 600프랑만 내면 알려준다고 적혀 있었고, 이를 쓴 작자의 이니셜도 나와 있었지… 사람들이 이런 사기극에 넘어가는 일은 비일비재하단다. 실제로 성별에 관계없이 대부분의 도박꾼들은 순전히 운에 맡기고 하는 게임에 과학이 있다고 믿고 있어. 숙녀와 신사들은 카지노 앞에 있는 파리 카페(Café de Paris)의 야외석이나 카지노에 딸린 멋진 정원의 벤치에 앉아 (인쇄된) 작은 표에 머리를 박고 숫자를 적고 셈을 하고 있는데, 그들 중 어떤 사람은 진지하게 자신이 '어떤 체계'를 선호하는지, 또 연속해서 게임을 해야 하는지 여부 등을 다른 사람에게 자세히 설명하지. 이는 마치 한 무리의 미치광이들을 보는 것 같단다.[41]

요컨대, 마르크스는 "제롤스탱과 비슷한 모나코의 경제적 기반은 카지노여서, 내일 카지노가 문을 닫으면 여기 전체는 완전히 끝장난다!"는 것을 확실히 알게 되었다. 프랑스의 니스조차도 카지노가 없으면, 즉 "상류인사들과 횡재를 꿈꾸는 이들이 겨울 몇 달 동안 만나 즐길 수 있는 장소가 없으면, 사교의 중심지로 계속 유지될 수 없을 것이다… 게다가 파리의 증권거래소와 비교해보면 카지노는 얼마나 유치하기 짝이 없는지!"

마지막 발포 치료 과정이 끝난 후, 의사 쿠네만은 마르크스를 보내면서 여행을 계속해도 좋다고 말했다. 하지만 그는 마르크스에게 상처가 "완전히 마를 수 있도록" 파리로 가기 전에 "하루나 이틀 정도 깐느"에 머물라고 조언했다. 그는 프랑스의 고급 휴양지인 코트다쥐르(Côte d'Azur, 프랑스 남동부의 해안지역-역자)에서 모로코 공국과 그곳의 모습을 다음과 같이 비교했다.

> 나는 귀족 나부랭이들과 도박꾼들의 소굴에서 하는 일도 없이 한 달의 시간을 보냈네. 여기는 자연경관이 정말 뛰어나지만, 음울한 구멍 같네… '룸펜 프롤레타리아트'에 속한 호텔 종업원과 카페 웨이터, 가정부들을 제외하고는 평범한 '대중'이 없다네.[42*]

날씨는 계속 최악의 상태였고, 이는 마르크스의 심신을 무겁게

---

* 현대 사회학에서는 '룸펜 프롤레타리아'를 단순히 거지나 부랑자, 실업자 등과 같이 생계활동을 하지 않는 최하층 빈민으로 정의하는 경향이 강하다. 하지만 마르크스에게 룸펜 프롤레타리아트는 매우 경멸적인 존재였는데, 그는 비정상적인 일용직 노동에 종사하면서 종국에 금전적 욕구로 부르주아지의 반혁명에 가담하게 되는 최하층 노동자를 이를 때 이 용어를 사용했다. 물론 마르크스는 노동의욕을 잃고 정상적인 경제활동을 하지 못하는 이들을 폭넓게 지칭할 때도 이 용어를 사용하나, 주로 그는 사리사욕을 좇는 구체제의 기생세력이나 프롤레타리아트의 혁명을 저해하는 반동분자들의 위험성을 지적할 때 이 용어를 사용한다. 마르크스의 룸펜 프롤레타리아트 정의와 그들에 대한 입장에 대해서는 『공산당 선언』, 『프랑스에서의 계급투쟁』, 『루이 보나파르트의 브뤼메르 18일』을 참고하라.

짓눌렀다. 칸에서 보낸 3일 동안, 이례적으로 "[따뜻하지만] 강한 바람이 불고 먼지 소용돌이가 일어서" "리비에라*에 있는 모든 지역 신문들"은 이 소식을 전하는 기사들로 가득 찼다. 마르크스는 역으로 엥겔스에게 "자연 역시도 속된 유머감각을 가지고 있군[구약성서가 익살스럽게 예견한 대로 뱀은 땅을 기면서 먼지를 먹는데, 이후 다윈이 연구한 벌레(지렁이-역자) 또한 그렇지 않은가]"라는 자조적인 농담을 건넸다.

같은 편지에서 마르크스는 쿠네만의 마지막 조언을 곱씹었다. "성미에 맞지 않더라도 잘 먹는 것을 '습관화'하고, '질이 좋은' 술을 마시면서 여행을 다니고, 가능한 한 깊은 사유는 하지 말라고 하더군." 그는 "기관지염에서 완전히 벗어날 수 없다는 걸 알면서도, 의사의 이런 '지시 사항들'을 잘 따라서 이제 거의 '천치'가 될 수준"이라고 하면서 "한 가지 위안이 되는 건 나의 기관지염이 늙은 가리발디에게 '영원한 휴식'을 주었다는 걸세"라고 덧붙였다. 그러면서 그는 "사람이 어느 정도 나이가 들면, 더 이상 어떻게 '영원히 잠드는지'에 대해 완전히 관심이 없어진다"고 인정했다.[43]

런던을 떠난 지 대략 4개월이 지난 6월 7일, 마르크스는 마침내 아르장퇴유에 있는 그의 딸네 집으로 돌아가는 기차를 탈 수 있었다. 그는 딸 예니에게 자기가 도착하는 것에 신경을 쓰지 말라고 조언했다. "지금까지도 말이다, 나는 기차역에서 나를 기다리고 있는 사람들을 볼 때가 항상 제일 불편하구나." 그러면서 그는 자기가 온다는 사실을 지인들에게, 심지어 라파르그에게도 말하지 않기를 바란다고 썼다. 그는 여전히 "절대적 안정"이 필요했고,[44] 엥겔스에게

---

* Riviera, 이탈리아와 프랑스에 걸치는 지중해 연안 지역으로 칸, 니스, 몬테카를로, 산레모 등의 휴양 도시가 있다.

도 말한 것처럼, 그는 "지금도… 가능한 한 '사람들과의 교제'를 거의 하지 않는 것이 필요하다"고 생각했다.[45] 거인은 몹시 지쳐서 그가 죽음에 가까워졌다고 생각했다. 마르크스가 딸 예니에게 "나에게 '평온함'은 '가족과 함께하는 생활'이자 '손주들이 시끄럽게 떠드는 소리'이고, '미시적 세계'가 '거시적 세계'보다 더 흥미로운 것이란다"라고 쓴 말은 죽음을 앞둔 사람이 하는 말 같았다.[46]

아르장퇴유로 돌아온 뒤 마르크스는 자신의 존재를 가석방된 죄수에 비유했는데, 왜냐하면 그는 "(그의) 거주지에서 가장 가까운 곳에 있는 의사의 지시를 항상 받아야" 했기 때문이다.[47] 롱게 집안의 주치의인 귀스타브 두올랑은 마르크스를 매우 잘 알고 있었는데, 그는 마르크스에게 "몇 주 동안 앙기엥레뱅(Enghien-les-Bains, 파리 북쪽에 있는 도시-역자)에 가서 유황온천 치료를 받으라"고 권하였다.[48] 거기서는 인근에 있는 의사 퓨겔(Dr. Feugier)에게 진료를 받을 수 있었다.

계속된 불안정한 날씨 때문에 마르크스는 그 치료를 바로 시작할 수 없었고, 골반 부분을 찌르는 매우 고통스러운 류머티즘 통증에도 시달렸다.[49] 7월 초의 며칠 동안만 그는 의사의 조언을 따라 유황온천장으로 떠날 수 있었는데, 그는 이를 통해 건강이 매우 좋아졌다. 그가 엥겔스에게 말한 것처럼, 이 치료는 규칙적으로 반복해야 했다.

> 흡입실 안의 공기는 유황 증기로 뿌옇다네. 여기에 한 30~40분 정도 머무는데, 5분마다 특이하게 생긴 테이블에 앉아 [꼭지가 달린 아연관을 통해] 유황가루를 머금은 증기를 들이마시지. 모든 사람들은 머리부터 발끝까지 고무로 감싼 다음, 테이블 주위를 줄지어 걷는다네. 꼭 단테의 『신곡-지옥편』에 나오는 한 장면 같다니깐.[50]

온천장에서 돌아와 잠시 휴식을 취한 뒤 오후가 되면, 그는 규칙적으로 산책을 나가 손주들과 이리저리 돌아다녔는데, 이는 헤겔이 『정신현상학』을 집필할 때 겪었던 것보다 훨씬 더 보고 듣는 능력에 (사유는 차치하더라도) 해로운 영향을 끼쳤다.

이런 모든 노력에도 불구하고, 마르크스의 기관지염은 "끝까지 죽지 않았고", 그래서 의사들은 8월 중순까지 그가 유황 치료를 계속 받을 것을 조언했다. 그런데 그의 건강 상태가 전반적으로 좋아져서 심지어 8월 초에 파리의 노동운동 지도자들—조제 메사(José Mesa, 1840-1904), 폴 라파르그, 가브리엘 데빌(Gabriel Deville, 1854-1940), 쥘 게드—까지 만났다. 마르크스가 이런 만남에 동의한 것은 수개월 만에 처음 있는 일이었는데, 그가 엥겔스에게 쓴 것처럼 그들과의 만남은 비록 "잘 진행되었지만", 마르크스는 "항상 그들이 이미 벌어진 일들에 관해 말하거나 수다를 떠는 것"을 듣는 입장이었다.[51]

8월 20일, 마르크스는 "마지막 흡입실 돌기(perambulation)"를 무사히 마쳤다. 마지막 상담에서 퓨겔은 "늑막마찰음이 계속 들리는데, 충분히 예상 가능한 상황입니다"라고 말하면서 두올랑과 합의한 결과 마르크스가 스위스의 제네바 호수로 가는 것이 좋을 것 같다고 조언했다. 그들은 "그곳의 날씨가 지금까지 매우 좋았다고 보도되었기" 때문에 "(그의) 기관지염이 그곳에서 저절로 자취를 감출지 모른다"고 기대했다.[52]

"혼자서 이런 위험한 여행을 떠나게" 해서는 안 됐기 때문에, 이번 여행에는 딸 라우라가 동행했다. "노인이 산에 오르려 하면, 그때 동행하는 것이 적어도 (딸의) 의무다"라고 말하는 사람들에게 마르크스는 십자군 전쟁 때 중요한 역할을 한 무슬림의 아사신파

수장 라시드 앗딘 시난(Rashid ad-Din Sinan, 1132/1135-1192)*과 자신이 너무 비교된다는 농담을 던졌다.[53]

마르크스는 스위스로 떠나기 전에, 여러 독일 신문사들과 연계된 파리 출신의 통신원으로부터 편지 한 통을 받았다. 그 통신원은 "독일의 모든 '사회 계층'이 마르크스의 건강 상태에 관한 공식적인 소식을 몹시 듣고 싶어 하기 때문에, (마르크스의) 겸허한 충복인 그가 마르크스와 인터뷰를 진행하고 싶다"는 의사를 밝혔다. 마르크스는 이에 대해 엥겔스에게 "물론, 그렇게 아첨을 떠는 글쟁이에게는 답을 주지 않네"라고 영어로 써서 편지를 보냈다.[54]

여행의 첫 단계는 "병이 재발할 구실을 아예 주지 않기 위해"[55] 낮에만 이동해 로잔으로 가는 것이었다. 마르크스는 감기에 걸려 있어서 『자본』의 프랑스어 번역자인 조제프(Joseph Roy, 1830-1916)와 파리에서 만나면서 계속 기침을 했다. 좋은 날씨 예보에도 불구하고, 로잔은 "비가 오고 상대적으로 추웠다." 그는 엥겔스에게 다음과 같이 편지를 썼다. "도착하자마자 웨이터에게 '여기 비가 얼마나 오랫동안 내렸지요?'라고 물어봤더니, 웨이터가 '이틀밖에 안 됐습니다'라고 하더군[내가 파리를 떠난 그날부터 내렸다는 거지]. 이 얼마나 웃긴 일인가!"[56]

마지막 목적지는 제네바 호수의 북동쪽에 있는 브베(Vevey)라는 도시였다. 마르크스는 엥겔스에게 그가 "여전히 기침을 하는 것" 빼고는 모든 것이 순조롭다고 편지에 썼다. "우리는 〈게으름뱅이의 천국 Land of Cockaigne〉(네델란드 화가 피테르 브뢰헬의 1567년 그림-역자)에서 지내고 있네."[57] 마르크스는 엥겔스와 함께 있던 것이

---

* 라시드 앗딘 시난은 '산의 장로(Wise Old Man of the Mountain)'라고 불리기도 했는데, 그는 자신을 경호할 호위병을 단 한 명도 거느리지 않고 산속 요새를 누비고 다녔다고 전해진다.

몹시 그리워서 그에게 런던에서 빠져나와 자신과 함께 있자고 설득했다. 하지만 엥겔스는 갖가지 현실적 문제들을 처리하느라 바빴는데, 그가 마르크스의 재발된 병을 치료하는 데 드는 비용을 부담하고 있었기 때문이다. "자네를 보러 갈 수 있다면 더없이 기쁠 걸세. 그런데 내가 여기를 잠시라도 비우면, 우리의 재정 상태가 전부 엉망이 돼버릴 거야. 실제로 나 대신 상당히 복잡한 실물 거래를 해줄 수 있거나, 그럴 만한 권한을 위임할 만한 사람이 여기에는 단 한 명도 없네."[58]* 마르크스는 이를 이해했고, 엥겔스에게 다시 한 번 고마움을 표했다. "자네가 나를 위해 주는 마음이 너무 커서 자네를 볼 낯이 없네."[59]

9월 말, 아르장퇴유에 있는 예니의 집으로 돌아온 마르크스는 "해협을 건너도"[60] 될지 물어보기 위해 다시 두올랑을 찾았다. 그는 마르크스가 "엄청나게 좋아졌고, 이 끈질긴 기관지염에서 (스스로) 잘 벗어나고 있다"고 판단했다. 하지만 그는 마르크스에게 런던에서 2주 이상을 보내지 말라고 지시했고, "날씨가 정말 좋으면 3주까지는 있어도 좋다"고 허락했다. 마르크스가 "겨울 작전"이라고 부른 이 여행은 "먼저 와이트 섬에 상륙하는 것부터 시작"해야 했다. 마르크스는 영국에서 그를 기다리고 있는 친구에게 평소처럼 "프랑스 정부가… 내가 여기 있는 것을 알면 말일세… 두올랑의 허락 없이도 난 영국으로 가게 됐을 거야"라고 농담을 건넸다.[61]

---

* '에르멘 앤드 엥겔스사'를 넘기고 런던으로 건너온 엥겔스는 자산(회사를 넘기면서 받은 현금과 주식) 관리를 하며 지냈다. 그는 금리 수령만이 아니라 주식 거래를 통해서도 꽤나 많은 수익을 냈는데, 이런 수익금으로 엥겔스는 마르크스의 가족을 재정 지원했을 뿐만 아니라 당이나 동지들에게 필요한 자금을 대주었다. 보다 자세한 내용에 대해서는 다음을 참고하라. 트리스트럼 헌트, 이광일 역, 『프록코트를 입은 공산주의자-엥겔스 평전』, 글항아리, 2010, pp.434~443.

3. "확실한 것은 내가 마르크스주의자가 아니라는 거요"

런던에서는 하루하루가 빨리 지나갔다. 10월 9일, 마르크스는 라우라에게 기침이 "진저리나게 계속되고" 있고, "(그가) 다시 활동을 시작할 만큼 전반적으로 건강해지려면 이 기침을 완전히 떨쳐버려야 한다"고 편지에 썼다.[62] 가을이 되자, 습하고 흐린 날씨가 찾아왔다. 마르크스를 다시 진료하게 된 닥터 돈킨은 그에게 와이트 섬으로 돌아가라고 조언했다. 런던에서 마르크스는 엥겔스와 하루 종일 함께 있었는데, 엥겔스는 라파르그에게 "어제 마르크스는 나와 식사를 했고, 그 후에는 모두 모여 그의 집에서 저녁만찬을 즐겼네. 그러고 나서 함께 둘러앉아 새벽 1시까지 럼을 마셨지"라고 편지에 썼다.[63] 그 후 10월 30일, 마르크스는 벤트널로 가는 기차에 올라탔다.

하지만 마르크스의 상태는 다시 곧 악화되었는데, 늑막염이 재발할 때 걸린 류머티즘이 예전과 비슷한 자리에 다시 도지면서 통증이 심해졌다.[64] 이 때문에 마르크스는 이 지역에 있는 제임스 윌리엄슨(James Williamson)이라는 의사를 찾아갔는데, 그는 "키니네와 모르핀, 클로로포름"이 든 약을 처방했다.[65] 또 "외출할 때 변덕스러운 바람이나 기온 변화에 지나치게 영향을 받지 않으려면" "유사시 착용할 수 있는 호흡용 마스크를 챙기라는 지시도 다시 받게" 되었다. 그래서 마르크스는 그의 "오랜 지적 침체기"[66]가 끝난 이후에도 자신이 『자본』 독일어 3판 작업에 다시 힘을 쏟을 수 없다는 것을 알았다. 11월 10일, 그는 딸 엘리너에게 "이런 상황에서도 이런 저런 준비 작업들을 해왔었지만, 아직 본격적인 작업은 하나도 시작하질 못했구나"라고 편지에 썼다.[67]

엥겔스는 마르크스에게 런던 이야기를 계속 들려줬다. "런던은 다 좋네만, 맥주는 전부 형편없어. 웨스트엔드에서 파는 독일 맥주만 마실 만하지."[68] 그러나 마르크스는 이에 대해 좋은 소식으로 답할 수 없었다. 기침은 더욱 심해졌고, 귀에 거슬리는 쉰 목소리가 나기 시작했다. 그래서 그는 "염증이 가실 때까지… 꼼짝없이 방에 있어야" 했다.[69]

12월 14일, 마르크스는 라우라에게 그가 "기관지염 때문에 지난 2주 동안 꼼짝없이 방에 틀어박혀" 있었고, "은둔자처럼 지내야 했다"고 편지에 썼다. 그는 의사 윌리엄슨 외에는 아무도 보지 못했는데,[70] 그는 "습하고 비가 오는" 날씨를 감안하여 "날씨가 맑아질 때까지" 마르크스가 밖으로 나가지 못하게 했다.[71]

그럼에도 불구하고 마르크스는 프랑스 노동운동 지도자들의 입장과 당대 사건들에 관해서 할 수 있는 한 최선을 다해 논평을 썼다. 그는 일부 프랑스 노동운동 지도자들의 "혁명 만능적인 표현 방식"에 "골머리를 앓고" 있었는데, 늘 이를 "허풍"으로 간주했다. "실제로 현존 질서를 해체하지 못하고 그를 지탱하는 소위 아나키스트들에게서 우리 인민들이 벗어나기 위해서는 무엇보다 잘 지도되어야 한단다."[72]

마찬가지로 마르크스는 독자적인 계급적 입장을 견지하지 못하는 이들에 대해서도 맹렬히 비판했는데, 그는 노동계급에게는 국가제도와 정부의 미사여구에 반대하는 것이 반드시 필요하다고 경고했다. 영국의 하원의원이자 협동조합협의회(Cooperative Congress)의 회장인 조제프 코웬(Joseph Cowen)이 영국의 이집트 침략을 정당화했을 때 마르크스는 이에 대해 엘리너에게 전적인 반대 의사를 표명했다.[73] 마르크스는 그를 "영국 의원들 중에서 가장 낫다"고 여기고 있었다. 무엇보다도 마르크스는 영국 정부를 맹렬히 비판했다. "참 대단하구나! 영국의 이집트 '정복'보다 기독교의 위선이 얼마나 뻔뻔한지를 더 잘 보여주는 예는 없을 게다. 평화로울 때 정복이라니!" 하지만 코웬은 1883년 1월 8일 뉴캐슬에서 열린 연설에서 "영국의 영웅적인 공적"과 "우리 군의 눈부신 행렬"에 찬사를 표했다. "거의 가망성이 없던 대서양과 인도양 사이에 영국의 요새화된 공격 지점을 구축한 것, 더 나아가 델타에서 케이프에 이르는 '아프리카-영국제국'을 구축한 것에 도취된" 코웬을 보고 마르크스는 "웃지 않을 수" 없었다. 이는 "자국 이익"을 "책임"지는 "영국인의 방식"이었다. 마르크스는 코웬의 대외정책에 대한 입장을 "역사적 사명으로 점점 더 많은 '책임들'을 지는 것을 버거워하면서도 이에 헛되게 저항하는 천박한 영국 부르주아지의 전형"이라고 결론지었다.[74]

마르크스는 영국-이집트 갈등의 경제적 측면에 대해서도 깊은 관심을 보였는데, 그는 런던 『시사평론』지의 10월호에 실린 마이클 조지 멀홀(Michael George Mulhall, 1836-1900)의 논문 「이집트의 경제상태 Egyptian Finance」에서 8페이지 가량을 발췌해 적었다.[75]

그래서 마르크스는 유럽에서 일어나는 반동의 주축, 즉 영국과 러시아에 문제를 제기하며 싸우는 열정을 끝까지 버리지 않았다. 그는 1869년에 러시아어를 읽을 수 있게 되면서 짜르 제국의 정치에 대해 깊은 관심을 가졌는데, 그의 마지막 두 권의 발췌문들이 보여주듯이 그는 1881년 말부터 1882년 가을 사이에 러시아에서 일어난 다양한 변화들에 계속 관심을 두고 있었다.[76] 특히 마르크스는 1861년 이루어진 토지 개혁과 농노제 폐지 이후 등장한 새로운 사회 · 경제적 관계를 다룬 최근의 러시아 서적들을 연구했다. 바실리 세메프스키(Vasilii Semevskii, 1848-1916)의 『캐서린 2세 시대의 소작농들 *The Peasantry in the Age of Empress Catherine II*』(1881), 안드레이 이사에프(Andrei Isaev, 1851-1924)의 『러시아의 협동조합 *The Artels in Russia*』(1881), 제랄드 미네이코(Gerard Mineiko, 1832-

1888)의 『아르한겔스크 주의 농촌 공유지 *Rural Common Land in Arkhangel Province*』(1882), 바실리 보론체프(Vasilii Voronchev, 1847-1918)의 『러시아 자본주의의 운명 *The Fate of Capitalism in Russia*』(1882) 등이 이에 해당하며, 그 밖에 오래된 책들로는 알렉산드르 스크레비츠키(Aleksandr Skrebitzkii, 1827-1915)의 『알렉산드르 2세 시대의 소작농 문제 *The Peasant Question in the Age of Alexander II*』(1862), 스칼딘(Skaldin)이라는 필명을 썼던 표도르 엘레네프(Fyodor Elenev, 1827-1902)의 『변방과 수도 *On the Periphery and in the Capital*』 등이 있었다.[77]

이 기간 동안 상트페테르부르크에서 간행된 몇몇 논문들은 "러시아에서 (마르크스의) 이론이 매우 널리 알려져 있다는 것을 보여주었"다. 그는 라우라에게 "러시아에서 거둔 성공만큼 기쁜 것은 없는데", "(그가) 영국 이외의 한 권력을, 즉 구 사회체제를 감싸고 있는 진정한 방어벽을 (허물고 있다는) 것이 매우 만족스러웠기" 때문이었다.[78]

반면, 어느 누구도 마르크스의 비판을 피해 갈 수 없었다. 1882년 11월 1일 프랑스 노동당(POF)이 창설된 이후, 마르크스는 엥겔스에게 편지를 쓰면서 그의 두 사위들에 대해 다음과 같이 화를 냈다. "롱게는 마지막 프루동주의자고, 라파르그는 마지막 바쿠닌주의자일세! 악마가 그것들을 데려가 버렸으면!"[79] 그리고 비슷한 맥락에서, 마르크스는 그의 사상을 따르고 있다고 주장하는 이들에게 몇 번이고 "확실한 것은 내가 마르크스주의자가 아니라는 거요"[80]라는 재치 있는 말로 그들을 비판했다.

에필로그 : 마지막 몇 주

마르크스는 유럽 노동운동의 발전을 면밀히 살펴볼 수 없었을 뿐만 아니라, 그의 이론 작업 또한 더 이상 진전시킬 수 없었다. 비록 그가 '건강'을 회복하기 위해 모든 노력을 기울이고 있었고, 연말에 그를 방문하는 딸 엘리너에게 책 몇 권을 가져다 달라고 부탁하기도 했지만(연표 작업을 하는 대신에[1]… 요하네스 랑케가 쓴 『생리학』과 에드워드 프리만이 쓴 형편없는 소책자인 『유럽의 역사』를 읽으려고 했다), 그의 불안정한 건강 상태와 막내 손주를 낳고 나서 건강이 악화된 딸 예니에 대한 걱정으로 말미암아 그의 상황은 더 절망적이 되어갔다.

1883년 1월 6일, 마르크스는 의사 윌리엄슨에게 일어나면 "갑자기 발작성 기침이 심해지고, 질식할 것처럼 숨이 턱 막힌다"고 말했다. 그는 이런 갑작스런 변화의 심각성을 분명히 알아차렸다. 그 전날 오후, 마르크스는 첫째 딸에 대한 끔찍한 소식이 담긴 편지를 받았다. "물론 예니의 병이 심각한 건 알고 있었지만, 현재 매우 위중한 상태로 접어들었다는 말을 차마 들을 수가 없었습니다."[2]

마르크스는 또 엥겔스에게 그가 "질식사 할 것" 같다고 생각한 적이 있으며, "요즘 들어 신경이 과민해지기만 하면 즉시 숨통이 조여온다"고 토로했다.[3] 그는 엘리너에게 다음과 같이 편지를 썼다.

> 나는 이런 증상이 우리 예니에 대한 염려에서 오는 신경과민 때문이라고 생각한단다! … 난 아르장퇴유로 당장 발길을 재촉하려 했지만, 그 아이에게 병든 방문객의 병문안이 더 짐이 될 것 같았어! 어떤 이도 내가 운 좋게 벗어난 병을 그 여행 때문에 다시 얻지 않을 거라고 보장할 수 없을 테니깐. 그래도 예니를 보러 갈 수 없다는 것이 참 힘들구나.[4]

그때 마르크스는 또다시 시작된 "집에서의 오랜 감금생활"을 견뎌내고 있었다.[5] "진절머리가 날 정도"의 "반영구적인 기침"이 "매일 일어나는 구토"와 결합하여 그가 도저히 참을 수 없는 상황이 만들어졌다.[6] 하지만 그가 건강을 회복할 가능성이 전혀 없는 것 같지는 않았다. 그는 엘리너에게 "일을 할 수 없을 때가 많다"고 불평하면서도, "의사가 나를 이 고통에서 벗어나게 해줄 수 있다고, 지금도 여전히 그것이 가능하다고 생각한단다!(그가 막 처방한 소소한 치료법으로 말이다.) 산 자들은 이를 보게 되겠지"라고 말하기도 했기 때문이다.

그러나 그의 사랑하는 딸 예니가 1월 11일 방광암으로 사망하면서 이런 희망은 사라졌다. 아내의 죽음에 이은 이런 상실은 이미 심각하게 아프고 고통으로 얼룩져 있는 한 남자에게 돌이킬 수 없는 충격을 주었다. 이후 엘리너가 회상해 적은 다음과 같은 글이 당시 마르크스의 상태를 보여주는 유일한 자료다.

> 우리는 무어인으로부터 한 통의 편지를 받았는데, 거기에는 예니의 건강이 드디어 좋아지고 있어서 우리—헬레네 데무트와 나—가 걱

> 정할 필요가 없다고 적혀 있었다. 그런데 우리는 이 편지를 받은 지 겨우 한 시간 만에 예니의 죽음을 알리는 전보를 받았다. 나는 곧장 벤트널로 떠났다. 무수한 슬픈 시간들을 보냈지만, 이처럼 슬픈 적은 없었다. 나는 아버지에게 사형 선고를 내리러 가는 기분이었다. 이 긴 시간에 걸친 끔찍한 여행 동안, 나는 어떻게 아버지에게 이 비보를 전해야 할지를 두고 계속 고심했다. 하지만 그럴 필요가 없었다. 이미 내 얼굴이 모든 것을 말하고 있었기 때문이다. 무어인은 나를 보자마자 "우리 가여운 예니가 죽었구나!"라고 말했다. 이윽고 아버지는 내가 바로 파리로 건너가서 언니의 아이들을 돌봐주길 바랐다. 나는 아버지와 함께 있고 싶었지만, 아버지는 허락하지 않았다. 나는 단지 벤트널에 30분가량 머무른 뒤, 슬프고 무거운 마음을 안고 다시 런던으로 돌아갔고, 거기서 바로 파리로 향했다. 아이들을 위해서, 나는 무어인이 바라는 일들을 했다.[7]

1월 13일, 마르크스는 매우 급히 런던으로 떠났다. 와이트 섬을 떠나기 전에, 그는 윌리엄슨에게 "(그의) 큰 딸이 죽었다는 소식"을 듣고 급히 떠나게 되었다고 설명하면서 "심한 두통에서 조금 안도감을 찾았습니다. 정신적 고통을 '멎게 하는 건' 오직 육체적 고통뿐이니까요"라는 말을 덧붙였다.[8] 이것이 마르크스가 쓴 마지막 편지였다.

그러나 엥겔스가 쓴 서신들 덕분에 우리는 마르크스가 보낸 마지막 몇 주의 많은 세부사항들을 재구성할 수 있다. 그가 에두아르트 베른슈타인에게 보낸 한 통의 편지를 보면, 마르크스가 벤트널에서 런던으로 돌아온 이후 "기관지염 때문에 집에 갇혀 있었지만, 지금까지는 다행히 가벼운 발작만 있었"다는 것을 알 수 있다.[9] 그리고 2월 8일에 엥겔스는 베른슈타인에게 "지난 3주 동안" 마르크스는 "목이 심하게 쉬어서 말을 거의 할 수 없었"다고 편지에 썼다.[10] 그 당시 독일 사회민주당의 지도자였던 베른슈타인은 엥겔스와 매우 주기적으로 서신을 주고받았는데, 이는 엥겔스가 『사회민주주의자』지를 관리 · 감독하는 역할을 하고 있고, 일전에 빌헬름 리프크네히트(Wilhelm Liebknecht)와 갈등을 빚은 바도 있었기 때문이었다.

2월 16일에 엥겔스는 라우라에게 다음과 같이 편지를 썼다. "근래 들어 마르크스가 밤에 통 잠을 이루지 못하더니 지적 욕구를 완전히 잃어버렸단다. 소설을 읽는 대신에 출판 목록을 훑어보기 시작했거든." 그리고 다음 날, 엥겔스는 마르크스가 출판 목록을 읽는 것을 멈추고, 다시 프레데릭 술리에(Frédéric Soulié)—1848년 이전 시기에 프랑스에서 가장 유명했던 작가—의 책을 읽기 시작한 것은 "어찌됐든 좋은 신호"라고 덧붙였다.[11] 그러면서도 엥겔스는 여전히 불안해했다. "가장 우려스러운 것은 그의 상태가 매우 복합적이라는 건데, 호흡기관이 제일 시급해서 이를 챙겨야 하고, 가끔씩은 수면제도 줘야 한단다. 그런데 그러다 보면 다른 것들이 간과되기 십상인데, 가령 위장 쪽이 그렇지."[12]

그 달 말에 엥겔스는 베른슈타인에게 마르크스의 근황을 다음과 같이 다시 알렸다. "마르크스는 여전히 일을 할 수 없는 상태라서 방에만 머물면서 프랑스 소설을 읽고 있다네. 그의 건강 상태는 매우 복잡한 것 같아."[13] 그리고 그다음 주에 엥겔스는 베벨에게 마르크스의 건강이 "기대만큼 실제 좋아지지 않고 있다"고 알렸다.[14] 3월 10일, 의사 돈킨이 진료를 마친 후 그는 라우라에게 마지막으로 다음과 같이 편지를 썼다. "돈킨이 어제저녁에 무어인을 진료했는데 2주 전보다 그의 건강이 좋아졌다는 소식을 전할 수 있어서 기쁘구나. 그는 무어인이 확실히 더 나빠지지는 않았고, 오히려 그 전보다 좋아졌다고 했단다." 그렇지만 마르크스는 "삼키는 걸 힘들어 해서 여전히 쇠약해지고" 있고, 그래서 "우리가 강제로 먹고 마시게 해야 한단다."[15]

사태는 곧 악화되었다. 마르크스의 몸은 급격히 쇠약해졌고, 폐농양이 더 심해졌다. 엥겔스는 그의 평생의 친구가 죽음에 거의 가까워졌다고 걱정하기 시작했다. "지난 6주 동안, 나는 매일 아침 마르크스의 집으로 가는 모퉁이 길을 돌면서 그의 집 블라인드가 쳐져 있을까 봐 너무나 두려웠다네." 그런데 그가 두려워하던 일이 곧 일어나고 말았다. 1883년 3월 14일 오후 2시 45분, 마르크스의 눈은 반쯤 감겨 있었다. 가장 가슴 뭉클한 말로 당시의 상황을 제대로 적은 것은 엥겔스가 프리드리히 조르게—국제노동자협회가 1872년 미국으로 이전한 이후 사무국장이 된 마르크스와 엥겔스의 동지—에게 보낸 편지였다.

> 어제 마르크스가 방문객을 맞기에 가장 좋은 시간인 오후 2시 반경에 그의 집에 도착하니 집안이 눈물바다였네. 그의 죽음이 가까워지고 있는 것 같았지… 경미한 출혈이 있고 나서 바로 혼수상태에 빠졌어. 자신의 아이를 돌보는 것보다 그를 더 잘 돌봐준 마음씨 착한 우리의 노인 렌헨(Lenchen)*이 위층에 올라갔다 다시 내려와서는 그가 반쯤 잠들어 있다고 했네. 그녀가 나를 따라오라고 해서 가보니 마르크스는 다시는 깨어날 수 없는 잠에 들어 있더군. 그의 맥박과 호흡은 이미 멈춰 있었고 말이야. 그는 2분 만에 고통 없이 평온하게 세상을 떠났네.[16]

* 마르크스의 가족들이 헬레네 데무트에게 붙인 별칭.

가장 소중한 친구를 잃은 고통에도 불구하고, 엥겔스는 마르크스의 죽음이 갖는 의미를 바로 이해했다.

자연적 필연성으로 일어나는 모든 사건들이 끔찍할 수 있지만, 그 자체가 위안을 주기도 한다네. 이번 경우에도 그랬지. 의학 기술이 마르크스를 몇 년 정도 식물인간으로, 무력한 삶을 사는 존재로, 갑자기 죽지 않고 서서히 죽어갈 수 있도록 할 수 있었을지 모르네. 의사의 의술이 뛰어나다는 증표가 되서 말일세. 하지만 그것은 우리의 마르크스가 도저히 참을 수 없는 일이었을 거야. 그의 앞에 놓인 수많은 미완성 글들과 그것들을 완성하려고 들끓는 마음, 그런데 그렇게 할 수 없는 상황, 이런 것들이 그에게 닥친 조용한 죽음보다 마르크스를 천 배는 더 아프게 했을 걸세. 마르크스는 '죽음은 죽은 자가 아닌 살아남은 자의 불행이다'라는 에피쿠로스의 말을 읊조리곤 했지. 이렇게 천재적이고 강한 사람이 의학의 영광을 위해 아무것도 못하고 완전히 망가져버리는 걸 보는 건, 그리고 마르크스의 위력이 최고였을 때 판판이 나가떨어지던 속물들에게 그가 웃음거리가 되는 건 차마 눈뜨고 볼 수 없네! 차라리 지금처럼 된 것이, 그러니까 우리가 내일모레 그의 아내가 잠들어 있는 무덤 옆에 그를 묻어야 한다는 것이 천 배는 나은 일일 걸세.[17] 마르크스는 수많은 치료를 받았고, 그중에는 나만큼이나 의사들에게도 익숙하지 않았던 시술들도 있었네만, 내가 보기에는 하나의 선택만이 남아 있었지.[18] 그렇더라도, 우리 인류는 이런 뛰어난 지성을, 실로 오늘날 내세울 수 있는 가장 중요한 지성을 잃어버림으로써 더 가엽게 된 걸세. 프롤레타리아트의 운동은 계속 진행되겠지만, 그 구심점을 잃어버렸네. 프랑스인, 러시아인, 미국인, 독일인들이 위기의 순간에 자동적으로 돌아서서 천재적이고 능숙한 전문가만이 줄 수 있는 그런 확실한 조언을 어느 때나 분명히 받을 수 있는 그런 구심점 말일세. 각국 운동의 유력자들과 고만고만한 권위자들은 이제 멋대로 굴 수 있게 되겠지. 종국의 승리는 확실하겠지만, 지엽적이고 일시적이고 국지적인 일탈 행동은 전례 없이 증가할 거야. 이는 이미 피할 수 없는 일이 되었지. 음, 우리는 이를 끝까지 지켜봐야 하네.[19] 우리가 또 무엇을 위해 여기 있겠는가? 하지만 그럼에도 불구하고 우리는 절대 낙담하지 않을 걸세. 결코 말이야.[20]

과거에 수많은 사람들이 마르크스의 기치를 들어 올렸던 것처럼, 마르크스가 죽은 이후 다음과 같은 일들이 벌어졌다. 남미에서부터 극동지역에 이르기까지 빈곤한 주변부의 노동조합 사무실이나 유수 대학의 대강당에서 수천만 명의 노동자들과 학생들은 그의 글을 읽고 억압받는 자들의 상태를 이해하게 됐으며, 새로운 투쟁에 참여하고 파업이나 사회운동, 정당을 조직하는 데 필요한 영감을 얻었다. 그들은 빵과 장미를 위해, 불평등에 대항하고 자유를 얻기 위해 싸웠고, 그런 투쟁 속에서 마르크스의 이론을 계속 현존케 했다.

이런 긴 과정—이 과정 동안 마르크스는 심도 있게 연구됐고, 우상으로 변모했으며, 영원한 공적 지침이 되기도 했다. 또 그의 사상이 잘못 이해되기도 했으며, 심한 비난을 받기도 했고, 죽음이 선언되기도 했다. 간혹 그의 이론이 다시 새롭게 재조명되는 일도 있었다—을 거치면서 마르크스가 평생 동안 단호하게 싸워온 교리와 관행에 기대 자신들의 뜻대로 마르크스의 사상을 바꾼 이들이 있었다. 하지만 어떤 이들은 그의 사상을 풍부하게 하고, 최신화했으며, 또 마르크스 자신이 사용하고 매우 높이 평가한 바 있는 비판정신에 따라 마르크스의 이론에 내재된 문제와 모순들을 끄집어내기도 했다.

오늘날 마르크스의 저작을 다시 보는 사람들이나 처음 보는 사람들은 세상을 설명하기 위한 그의 사회경제적 분석 능력에 매료되지 않을 수 없을 것이다. 그의 모든 저작은 다음의 메시지를 끊임없이 전하고 있다. '부르주아 생산양식을 종식시키고 자본의 지배로부터 세계 노동자들을 해방시키기 위해서는 투쟁을 조직해야 한다.'

부록 : 빵과 장미를 위하여

1879년 10월, 여러 갈래로 나뉜 프랑스 사회주의들이 1878년 결합해 만든 프랑스 사회주의노동당연맹은 마르세유에서 전국회의를 열었다. 다수당이 되면서 쥘 게드는 선거용으로도 사용할 수 있는 정당 강령을 만드는 일에 착수했다. 그는 폴 라파르그를 통해 마르크스에게 이 쉽지 않은 과제에 도움을 주길 요청했고, 1880년 5월에 마르크스를 런던에서 세 차례 만났다. 이 강령은 쓰이자마자 곧 수많은 프랑스 신문에 실렸는데, 그중에서 가장 믿을 만한 것은 쥘 게드가 만든 『레갈리테』지에 1880년 6월 30일에 실린 판이다. 이는 당해 11월 열린 르아브르 회의(Le Havre Congress)에서 채택되었다.

이듬해 엥겔스는 에두아르트 베른슈타인에게 편지를 보내면서 이를 작성한 배경에 대해 다음과 같이 밝혔다.

> 이 강령의 '서문'은 여기 내 방에서 라파르그와 내가 동석한 채 마르크스가 게드에게 지시해 적은 것이라네. 노동자는 자신의 노동수단을 소유할 때만이 자유롭다(이는 개인적 혹은 집단적 형태를 취한다), 경제가 발전하면 사적 소유 형태는 나날이 더 많이 대체되어

> 남는 것은 오직 공동 소유 형태뿐이다 등이었지. 타당한 논증이 담긴 이 걸작은 몇 마디 말로 대중에게 잘 설명할 수 있게 계산되었다네. 난 이런 강령을 좀체 본 적이 없는데. 짧지만 정말 놀랍더군.[1]

엥겔스는 "강령의 나머지 내용들"에 대한 토론이 직후에 이어졌고, 게드의 초안에 약간의 수정을 가했다고 상기했다. "우리는 이런 저런 내용을 집어넣고 뺐다네." 마르크스는 경제적 요구에서 세 가지 항목을 삭제하자고 끈질기게 주장했지만 허사가 되었다. 그는 "최저임금에 대한 항목은 허튼소리"라고 주장했다.[2] 1880년 11월, 마르크스의 큰딸 예니 롱게가 그녀의 남편에게 보낸 편지에서 마르크스와 게드 사이에 이루어졌던 논쟁에 관해 다음과 같이 언급했다.

> 최저임금을 명기하는 문제와 관련해서 아버지가 게드에게 이를 강령에서 삭제하도록 설득하기 위해 정말 온갖 힘을 기울였다는 것을 알면 당신은 흥미로울 거예요. 아버지는 게드에게 만약 그런 측정치가 경제법에 도입되면, 이렇게 정해진 최저치가 최대치로 둔갑하는 결과가 초래될 거라고 설명했죠. 하지만 게드는 이와 관련해 아무것도 하지 않으면, 그들이(부르주아들이-역자) 노동계급을 장악할 거라는 구실을 대며 이 항목을 넣길 고수했어요.[3]

결국 마르크스는 조르게에게 보내는 편지에서 이 문제를 직접 언급했다.

> 법률로 정해진 최저임금 등과 같은 몇몇 어리석은 항목들을 제외하면, 이 매우 짧은 경제적 요구는 노동자들의 운동 자체에서 자

> 발적으로 나온 요구들로만 구성되었네(공산주의의 목적을 몇 줄로 정의한 도입부를 제외하면 말일세). 우리는 게드가 프랑스 노동자들에게 지급되면 적당하다고 생각한 최저임금에 반대했지만, 허사가 되었지(난 프랑스 노동자들이 이런 빵쪼가리나 요구할 만큼 어리석다면, 어떤 강령도 입안할 필요가 없다고 말했네). 프랑스 노동자들을 지식인들의 뜬구름 잡는 말로 만든 몽상세계에서 땅으로 내려오게 한 것은 분명 굉장한 발전이라네. 이는 '뜬구름을 만드는 것'으로 살아가던 프랑스의 지식인 협잡꾼들의 엄청난 분개를 불러일으켰지.[4]

이 강령은 700단어가 조금 넘는 분량으로 노동계급의 주요 요구를 피력하고 있다. 노동자들은 임금노동에 기반한 생산체제하에서는 결코 자유롭지 못하고, 그들의 해방은 생산수단을 소유한 후에야 쟁취될 수 있다는 전제에서 출발해 노동계급은 어떤 종류의 차별이든, 특히 성이나 인종과 관련된 차별에 대해 적극적으로 투쟁하고, 여성이 남성보다 낮은 위치를 점하는 것을 종식시키기 위해 힘써야 한다고 선언한다.

노동자들은 분권화된 권력을 갖는 참여형 정부를 지지해야 하고, 공채(公債) 무효화와 종교성 없는 국가를 위해 싸워야 한다. 또 그들은 모두가 무상 · 의무교육을 받을 권리를 주장해야 하고, 공공재산의 민영화를 반대해야 하며, 공동 소유의 원칙을 지켜야 한다. 동시에 노동자들은 작업장의 자주관리권을 얻기 위해 공동으로 행동해야 하고, 어떤 형태의 국가사회주의에도 반대해야 한다.

이런 목표를 추구하기 위해서는 노동자들에게 반드시 다른 민주정당들과 경쟁하고, 부르주아 정당들과 싸워야 할 독립 정당의 건설 등을 아우르는 정치적 조직화가 필요하다.

사회주의 노동자의 선거 강령

쥘 게드, 폴 라파르그, 카를 마르크스

서 문

다음 사항을 고려한다.

생산계급의 해방이란 성이나 인종에 따른 구분 없는 모든 인간의 해방이다.

생산자들은 오직 그들이 생산수단을 소유하고 있을 때에만 자유롭다.

생산수단이 그들의 소유가 될 수 있는 형태는 오직 두 가지뿐이다.

1. 보편적으로 존재한 적은 없고, 산업이 발전하면서 점차 사라진 개인적 형태
2. 자본주의 사회의 발전 자체에서 구성된 물질적 · 지적 요소들의 집산적 형태

다음 사항을 고려한다.

이런 집단적 전유는 오직 하나의 뚜렷한 정당으로 조직된 생산계급—또는 프롤레타리아트—의 혁명적 행동을 통해서만 일어날 수 있다.

그런 조직화는 프롤레타리아트가 동원할 수 있는 모든 수단, 즉 보통 선거권까지 포함한 모든 수단을 통해 추진되어야 하며, 그렇게 됐을 시 지금까지 기만적이었던 기구가 해방의 기구로 바뀔 것이다.

자본가 계급에 대한 정치적 · 경제적 몰수와 모든 생산수단의 공동체로의 반환을 운동 목표로 삼은 프랑스의 사회주의 노동자들은 조직화와 투쟁의 수단으로 다음과 같은 즉각적 요구를 갖고 선거에 참여하기로 결정한다.

1 정치적 요구

언론, 집회, 결사에 관한 모든 법, 무엇보다 국제노동자협회의 결성 및 행동을 반대하는 모든 법을 폐지한다. 노동계급에 대한 관리 통제를 목적으로 한 노동자 기록부(livret)[5]와 고용주와 노동자, 그리고 남성과 여성 사이에 우열 관계를 규정한 법전[6]의 모든 조항을 폐지한다.

1. (1871년 4월 2일 코뮌[7]이 의결한 대로) 종단(宗團)에 지급하는 예산을 폐지하고, '영구 양도로 불린 유 · 부동 재산'을 국고로 환수한다. 여기에는 종단의 모든 산업 · 상업용 부속건물도 포함된다.
2. 공채(公債)를 금지한다.
3. 상비군을 해체하고 인민을 무장한다.*
4. 코뮌이 행정과 치안의 통솔자가 된다.

2 경제적 요구

1. 매주 하루씩 쉬어야 하고, 7일 중 6일 이상 일을 시키는 고용

---

* 봉건제의 해체와 함께 결성된 상비군은 국권을 강화하는 근대 국가의 대표적 제도 장치로서, 사회질서의 유지와 안정이라는 명목하에 계급갈등을 일축하고, 신흥 부르주아 세력의 계급지배를 견고히 하는 기능을 수행했다. 마르크스는 '지배계급의 집행위원회'인 국가를 해체하기 위해서는 이런 상비군의 철폐가 불가피하며, 무계급사회에서는 군대가 아닌 인민의 무장만이 필요하다고 보았다. 한편 블라디미르 레닌은 프롤레타리아의 혁명을 완수하기 위해서는 모든 인민의 무장만이 아니라, 자본주의 세력에 대항할 수 있는 좀 더 응집된 '인민의 군대'가 필요하다는 주장을 펴기도 했다.

주는 법적으로 규제한다. 법적으로 성인의 노동시간을 하루 8시간으로 단축한다. 14세 이하의 어린이가 개인 사업장에서 일하는 것을 금한다. 그리고 14세부터 16세에 해당하는 청소년들의 하루 노동시간은 8시간에서 6시간으로 단축한다.[8]

2. 노동자 단체가 수습공을 보호 관찰한다.
3. 노동자 통계 위원회가 매년 집계한 현지 식량 가격에 따라 최저임금을 결정한다.
4. 프랑스 노동자보다 적은 임금으로 외국인 노동자를 고용하는 고용주를 법적으로 규제한다.
5. 남녀 노동자 모두에게 동일노동 동일임금을 지급한다.
6. 모든 아이들이 사회에 대한 책임감을 유지하고, 국가와 코뮌에 대한 소속감을 가질 수 있도록 과학적이고 전문적인 지도를 한다.
7. 노인과 장애인을 사회적으로 책임진다.
8. 노동자 공제조합이나 복리조직을 운영하는 데 있어 고용주의 개입을 일체 금지한다. 고용주의 개입은 노동자에 대한 독점적 통제로 회귀된다.[9]
9. 산재에 대해 고용주가 책임을 진다. 이는 고용주가 노동자 기금에 낸 경비로 보장되며, 경비는 고용된 노동자 수와 해당 산업의 위험성 정도에 따라 결정된다.
10. 각종 작업장의 특별 세칙을 수립할 때 노동자들이 개입한다. (1871년 4월 27일 코뮌이 의결한 바 있듯이) 고용주들이 벌금이나 월급 삭감의 형태로 노동자들을 처벌하던 권리 침해를 종식한다.
11. 공공 재산(은행, 철도, 광산 등)을 양도하는 일체의 계약은 무효화하고, 모든 국영 사업장의 운영을 그곳에서 일하는 노동자

들에게 위임한다.

12. 모든 간접세를 폐지하고, 직접세 일체를 3,000프랑 이상의 소득에 대한 누진세로 전환한다. 간접 상속[10]과 20,000프랑이 넘는 직접 상속 일체를 금지한다.

미주

서문

1 이에 해당하는 주요한 최근 연구들에 대해서는 다음을 참고하라. Marcello Musto(ed.), Marx's Global Reception Today, *Marx for Today*, London: Routledge, 2012, pp.170-234. 2018년 출간될 Marcello Musto(ed.), *The Marx Revival*, Cambridge: Cambridge University Press.

프롤로그 : "투쟁!"

1. Sender Garlin, John Swinton, Crusading Editor, *Three American Radicals: John Swinton, Charles P. Steinmetz, and William Dean Howells*, Boulder: Westview Press, 1991, pp.1-41.
2. 경찰 보고서 Declaration by Karl Marx on His Naturalisation in England, MECW, vol.24, p.564.
3. 마르크스가 프리드리히 조르게에게 보낸 1877년 9월 27일자 편지, MECW, vol.45, p.278.
4. 마르크스가 페르디난트 니우하우스에게 보낸 1880년 6월 27일자 편지, MECW, vol.46, p.16.
5. 마르크스가 니콜라이 다니엘손에게 보낸 1880년 9월 12일자 편지, MECW, vol.46, p.30.
6. Karl Marx, Account of an Interview with John Swinton, Correspondent of, *The Sun*, 6 September 1880, MECW, vol.24, pp.583-584.
7. Ibid., p.583.
8. Ibid.
9. Ibid., p.585.
10. Ibid.

1장 삶의 고충과 새로운 연구 지평

1 메이틀랜드 파크 로드 1번지에서 이루어진 마르크스의 선행연구에 대해서는 Paul Lafargue, in Institute of Marxism-Leninism(ed.), *Reminiscences of Marx and Engels*. Moscow: Foreign Languages Publishing House, 1957, pp.73-74를 참고하라.

2 Hans-Peter Harstick, Richard Sperl and Hanno Strauß, Einführung, MEGA[2], vol.IV/32; Die Bibliotheken von Karl Marx und Friedrich Engels, p.73을 보라. 730페이지가 넘는 이 책은 75년 동안의 연구 결과물로 마르크스가 주석을 단 모든 책의 페이지 목록뿐만 아니라 1,450책(2,100권)—전체의 2/3(3,200권 중 2,100권)가 마르크스와 엥겔스의 것이다—의 색인을 포함하고 있다. 또한 830개 텍스트 40,000페이지의 여백에 적은 마르크스의 논평에 대한 참고문헌도 포함하고 있다.

3 익명 기사, Account of Karl Marx's Interview with the Chicago Tribune Correspondent, *Chicago Tribune*, 5 January 1879, MECW, vol.24, p.569.

4 Paul Lafargue, op. cit., p.73-74. 문학에 대한 마르크스의 방대한 관심과 지식에 대해서는 Siebert S. Prawer, *Karl Marx and World Literature*. London: Verso, 2011, 특히 pp.384-385를 참고하라.

5 Paul Lafargue, op. cit., p.73-74.

6 마르크스가 폴 라파르그에게 보낸 1868년 4월 11일자 편지, MECW, vol.43, p.10.

7 Karl Marx, *A Contribution to the Critique of Political Economy*, MECW, vol.29, p.264.

8 마르크스가 사망하고 1년 뒤인 1884년 2월 16일에 엥겔스는 라우라 라파르그(Laura Lafargue, 1845-1911)에게 편지를 보냈다. "우리는 드디어 그 낡은 '창고'를 청소해서 보관해야 할 것들을 전부 찾아냈단다. 하지만 거의 반 톤이나 되는 오래된 신문들은 분류할 수가 없구나… 수고들 중에는 『자본』의 처음 버전(1861-1863)이 있는데 거기서 나는 수백 페이지의 『잉여가치학설사』를 찾아냈어." MECW, vol.46, p.104.

9 Paul Lafargue, op. cit. p.74.

10 Henry Hyndman, *Record of an Adventurous Life*. London: Macmillan, 1913, p.250.

11 Paul Lafargue, op. cit. p.74.

12 Asa Briggs and John Callow, *Marx in London: An Illustrated Guide*. London: Lawrence and Wishart, 2008, pp.62-65를 보라.

13 Marian Comyn, My Recollections of Marx, *The Nineteenth Century and After*, vol.91, January 1922, p.165.

14 1870년 7월, 재봉회사 '에르멘 앤드 엥겔스사(Ermen & Engels)'의 공동 상속인이었던 엥겔스는 사업내의 자기 지분을 처분하여 자신과 마르크스 일가의 안정된 삶을 보장하는 데 충분한 재산을 확보했다.

15 마르크스가 니콜라이 다니엘손에게 보낸 1881년 2월 19일자 편지, MECW, vol.46, p.61.

16 Karl Kautsky, Hans Magnus Enzensberger(ed.), *Gespräche mit Marx und Engels*, Frankfurt/Main: Insel Verlag, 1973, p.556.

17 Marian Comyn, op. cit., p.163.

18 마르크스가 예니 롱게에게 보낸 1881년 4월 11일자 편지, MECW, vol.46, p.82.

19 Marian Comyn, op. cit., p.161.

20 마르크스가 예니 롱게에게 보낸 1881년 4월 11일자 편지, MECW, vol.46, p.82.

21 작자 미상, 「카를 마르크스와의 대화에 대한 마운트스튜어트 엘핀스톤 그랜트 더프 경의 설명: 빅토리아 황태자비(빅토리아 여왕의 장녀로 1858년 프로이센의 왕세자비가 되었으며, 남편 프리드리히 황태자가 1888년 독일제국의 황제로 즉위하면서 황후가 되었다—역자)에게 보낸 편지에서」, 1879년 2월 1일, MECW, vol.24, pp.580-583.

22 Edward Bernstein, *My Years of Exile*, London: Leonard Parsons, 1921, p.156.

23 Karl Kautsky, op. cit., p.556.

24 Ibid., p.558.

25 Ibid., p.556.

26 Marian Comyn, op. cit., p.161.

27 마르크스가 니콜라이 다니엘손에게 보낸 1881년 2월 19일자 편지, MECW, vol.46, p.60.

28 Ibid., p.61.

29 이는 마르크스가 그의 세 손자들—장, 앙리, 에드가 롱게—을 부를 때 쓰곤 했던 약칭들이다. 훗날 그중 막내는 그의 조부가 "위신이 떨어질 거라는 걱정은 조금도 하지 않고 마치 자신이 아이인 것처럼 아이들과 놀았다. 길거리에서 그는 '파파 마르크스'라고 불렸다. 그는 아이들에게 줄 과자를 주머니에 넣고 다녔다. 나중에 그는 이 사랑을 자신의 손주들에게 베풀었다"고 회상했다. Edgar Longuet, in Enzensberger(ed.), op. cit., p.579. 아우구스트 베벨(August Bebel, 1840-1913)은 마르크스가 "두 손주들과 노는 법을 알았으며 그가 얼마나 그들을 사랑했는지"에 대해서 회상했다. Ibid., p.528. 리프크네히트는 "마르크스에게 아이들은 필수적이었다. 그들은 신선함이자 원기회복이었다"(Ibid., p.541)고 말하고 있으며, 하이드먼은 "아이들은 그를 좋아했고 그는 그들과 친구처럼 놀았다"(Hyndman, op. cit., p.259)고 말하고 있다.

30 마르크스가 예니 롱게에게 보낸 1881년 4월 11일자 편지, MECW, vol.46, p.81.

31 마르크스가 예니 롱게에게 보낸 1881년 4월 29일자 편지, MECW, vol.46, p.89.

32 Ibid.

33 마르크스가 존 스윈튼에게 보낸 1881년 6월 2일자 편지, MECW, vol.46, p.93.

34 엥겔스가 예니 롱게에게 보낸 1881년 5월 31일자 편지, MECW, vol.46, p.77.

35 마르크스가 예니 롱게에게 보낸 1881년 6월 6일자 편지, MECW, vol.46, p.95.

36 1918년 프란츠 메링은 자신의 저서 『카를 마르크스: 그의 인생 이야

기』에서 마르크스의 마지막 10년이 "서서히 진행된 죽음"이라는 주장은 "지나치게 과장된" 것이라고 말했다. Franz Mehring, *Karl Marx: The Story of His Life*. Ann Arbor: University of Michigan Press, 1962, p.501. 그러나 그는 동시에 "1878년 이래로 그는 그의 주요 저작을 끝내기 위한 작업을 더 이상 진행시키지 않았다"라고 부정확한 주장을 하고 있다. Ibid., p.526. 다비드 랴자노프는 1923년에 "비록 1881년에서 1883년 동안 그가 창조적 작업을 위한 능력 일부를 상실하긴 했지만, 연구를 위한 욕구와 능력을 상실한 것은 결코 아니었"음을 보여주었다. David Ryazanov, Neueste Mitteilungen über den literarischen Nachlaß von Karl Marx und Friedrich Engels, *Archiv für die Geschichte des Sozialismus und der Arbeiterbewegung*, vol.11, 1925, p.386. 1929년 카를 포르랜더는 자신의 저서 『카를 마르크스』에서 "매우 조숙하지만 많은 시련에 고통받았던 사람에게 육체적 노화는 다른 사람들보다 일찍 찾아온다"고 말했다. Karl Vorländer, *Karl Marx*, Leipzig: F. Meiner, 1929, p.248. 아울러 "1878년부터는 좀 더 자주 전례 없는 작업능력의 상실을 느꼈다"고 덧붙였다. Ibid., p.261. 10년 후, 이사야 벌린 역시 "그의 저술은 점점 줄어들었고, 그의 스타일은 점점 난해하고 모호해졌다"고 말한 바 있다. Isaiah Berlin, *Karl Marx: His Life and Environment*, London: Oxford University Press, 1963, p.261. 마르크스의 말기 작업은 확실히 어렵고 복잡하지만, 동시에 이론적으로 매우 중요하다.

37 마르크스가 니콜라이 다니엘손에게 보낸 1881년 2월 19일자 편지, MECW, vol.46, p.61.

38 이 제목은 마르크스 사후에 이 수고를 편집한 로렌스 크레이더(Lawrence Krader)가 붙인 것이다. 그러나 좀 더 정확히 말하면 이 연구의 내용은 인류학(anthropology)과 관련된 것이기 때문에, 본서에서는 그 내용을 민족학(ethnology)이라고 칭하지 않는다.

39 Karl Marx, Lawrence Krader(ed.), *The Ethnological Notebooks of Karl Marx*, Assen: Van Gorcum, 1972. 마르크스는 연구가 이루어진 정확한 날짜를 남겨놓지 않았다. 이 문헌들의 주요 연구자인 크레이더는 마르크스가 우

선 모건의 저작에 익숙해진 후 발췌들을 정리하기 시작했다고 주장했다. 위 책의 87페이지 「부록」을 보라. 또한 1881년 3월부터 6월까지 런던을 여행하고 돌아온 카우츠키의 증언, 즉 "당시에 마르크스가 우선적으로 집중하고 있었던 것은 선사학(prehistory)과 민족학이었다"는 증언 역시 참고하라. Enzensberger(ed.), op. cit., p.522.

40 이와 관련해서는 다음의 논평을 보라. Pierre Dardot and Christian Laval, *Marx, prénom: Karl*, Paris: Gallimard, 2012, p.667.

41 씨족은 공통 가계를 가진 혈연적 관계로 구성된 단위였다. Henry Morgan, *Ancient Society*, New York: Henry Holt, 1877, p.35를 보라.

42 Henry Hyndman, op. cit., pp.253-254.

43 Henry Morgan, op. cit., p.515.

44 Ibid., p.472.

45 Karl Marx, *The Ethnological Notebooks of Karl Marx*, p.115.

46 Ibid., p.292.

47 Ibid., p.309.

48 Ibid., p.324.

49 Ibid., p.281.

50 Henry Morgan, op. cit., p.469.

51 Karl Marx, *The Ethnological Notebooks of Karl Marx*, p.151.

52 Ibid., p.21

53 Karl Marx and Friedrich Engels, *Manifesto of the Communist Party*, MECW, vol.6, p.482. 『공산당 선언』의 1888년 영어판의 한 주석에서 엥겔스는 다음과 같이 쓰고 있다. "씨족과 그것이 부족에 대해 맺고 있는 관계의 참된 본질에 대한 루이스 헨리 모건의 최고의 발견을 통해, 이 원시 공산사회의 내적 조직은 그 전형적인 형태대로 드러났다. 원시 공동체의 사멸과 함께 사회는 독립적이며 최종적으로는 적대적인 계급들로 분화되기 시작했다." Ibid.

54 Engels, *The Origin of the Family, Private Property and the State*, MECW, vol.26, p.131.

55 엥겔스는 『독일 이데올로기』를 언급하고 있다. Karl Marx and Friedrich Engels, *The German Ideology*, MECW, vol.5, p.44. 이른바 「1장. 포이에르바하」라 불리는 부분을 보라.

56 Engels, op. cit., pp.173-174. 엥겔스는 사실상 이 저작에서 모건의 책에 대해 마르크스가 행한 논평의 일부를 공개했다.

57 Karl Marx, op. cit., p.121.

58 Ibid., p.123, p.104. 다음을 참고하라. Maurice Godelier, *Horizon, trajets marxistes en anthropologie*, Paris: Francois Maspero, 1973, pp.178-179.

59 Henry Morgan, op. cit., p.551.

60 Ibid., pp.551-552.

61 괄호 속의 이 말은 마르크스가 추가한 것이다. 『민족학 노트』 139페이지를 보라.

62 Henry Morgan, op. cit., pp.551-552.

63 다음을 보라. Godelier, op. cit., pp.178-179.

64 Marx, op. cit., p.139. 크레이더는 다음과 같이 언급하고 있다. "모건과 달리 마르크스는 이러한 재구성의 과정이 예전의 것과는 또 다른 수준에서 진행될 것이라는 점을 밝혔다. 즉 문명의 적대가 고정적이며 주어진 것이 아니라 그 재구성의 결과물에 찬성 혹은 반대하는 사회적 이익에 의해 구성된 것이라는 말은, 그것이(고차원적 사회 형태-역자) 인간 자신을 위한 스스로의 노력의 결과물이라는 뜻임을, 그리고 이는 능동적이고 역동적인 방식으로 결정될 것이라는 점을 명확하게 했다." Krader, Introduction, Marx, op. cit,. p.14.

65 Ibid., p.19를 보라.

66 마르크스는 이 저작에서 "시민사회"와 "국가" 사이의 "대립"을 분석했다. 국가는 "사회 안에" 있는 것이 아니라 "그것에 대립하여" 존재한다. "민주주의에서 특수한 것으로서의 국가는 '단지' 특수할 뿐이다⋯ 프랑스인들은 최근 이를 민주주의에서 '정치적' 국가는 전멸했다는 의미로 해석해왔다. 이는 정치적 국가가⋯ 더 이상 전체로 통하지 않는 한에서 정확하다." Karl Marx, *A Contribution to the Critique of Hegel's Philosophy of Law*,

MECW, vol.3, p.78; p.30.

67 30년 후, 그 비판은 더욱 날카로워진다. "근대 산업의 발달이 자본과 노동의 적대를 성장, 확장, 심화시키는 것에 발맞추어, 국가권력은 점점 더 노동에 대한 자본의 권력, 사회의 노예화를 위해 조직된 공적 힘, 계급 독재의 엔진이라는 성격을 띠게 되었다." Karl Marx, *The Civil War in France*, MECW, vol.22, p.329.

68 Marx, *The Ethnological Notebooks of Karl Marx*, p.329. 같은 책에 실린 크레이더의 서문 59페이지와 비교해보라.

69 Ibid., p.329.

70 크레이더의 서문 37페이지를 보라. 그리고 다음도 참고하라. Christine Ward Gailey, Community, State, and Questions of Social Evolution in Karl Marx's *Ethnological Notebooks*, Jacqueline Solway(ed.), *The Politics of Egalitarianism*, New York/Oxford: Berghahn Books, 2006, p.36.

71 다음을 보라. Fritjof Tichelman, Marx and Indonesia: Preliminary Notes, *Schriften aus dem Karl-Marx-Haus, xxx, Marx on Indonesia and India*, Trier: Karl-Marx-Haus, 1983, p.18. 그리고 머니에 대한 엥겔스의 관점도 참고하라. "누군가가 자바의 대단히 풍부한 실재 사례에 기대어 국가사회주의의 확산을 조명하기 위한 수고를 무릅쓴다면, 이는 좋은 일일 걸세. 모든 자료들이 『자바, 식민지 경영법』에 있네… 여기서 어떻게 그 네덜란드인이 국가의 이익을 위해 그 공동체의 오래된 공산주의를 기초로 하여 생산을 조직했으며, 그 민족이 자신들이 생각하기에는 매우 편안한 생활을 즐기도록 보장했는지를 보게 될 걸세. 결론은 그 민족을 원시적으로 우둔한 상태에 가두고, 네덜란드 재무부는 한 해에 7,000만 마르크를 긁어모은다는 거지." 엥겔스가 카우츠키에게 보낸 1884년 2월 16일자 편지, MECW, vol.47, pp.102-103.

72 Marcello Musto, The Rediscovery of Karl Marx, *International Review of Social History*, vol.52, no.3, 2007, pp.479-480과 비교해보라.

73 Alessandro Casiccia, La concezione materialista della società antica e della società primitiva, Henry Morgan, *La società antica*, Milano: Feltrinelli, 1970,

p.xvii를 참고하라.

74 Christine Ward Gailey, op. cit., p.35; p.44를 참고하라.

75 마르크스가 엥겔스에게 보낸 1858년 1월 11일자 편지, MECW, vol.40, p.244.

76 마르크스가 엥겔스에게 보낸 1860년 11월 23일자 편지, MECW, vol.41, p.216.

77 마르크스가 엥겔스에게 보낸 1865년 5월 20일자 편지, MECW, vol.42, p.159.

78 훗날 엥겔스는 마르크스의 『자본』 저술이 몇 년간 중단되었던 일에 대해 회고했다. "1870년 이후 또 다른 휴지기가 있었는데, 주로는 마르크스의 건강 때문이었다. 늘 그러했듯이, 마르크스는 이 시간을 연구에 할애했다. 농업경영학, 미국 그리고 특히 러시아의 농촌 관계, 화폐시장과 은행업, 마지막으로 지질학과 생리학 같은 자연과학을 연구했고, 무엇보다도 이 시기의 수많은 발췌노트 대부분을 차지하는 수학 연구를 별도로 진행했다." Friedrich Engels, Preface to the First German Edition, *Capital,* vol.II, MECW, vol.36, p.7.

79 Sofya Yanovskaya, Preface to the 1968 Russian edition, Karl Marx, *Mathematical Manuscripts*, London: New Park Publications, 1983, p.ix를 참고하라.

80 뉴튼과 라이프니츠 사이에 격렬한 논쟁이 오고 갔다. 양자는 상대를 표절 명목으로 비난했으며 "자신이 최초"라고 주장했다. Alfred Rupert Hall, *Philosophers at War*, Cambridge: Cambridge University Press, 1980, p.234를 참고하라.

81 "마르크스는 대수적 미분과 특정 종류의 함수로부터 도함수를 찾아내는 데 적합한 알고리즘에 대해 자신이 이해한 것을 정리했다." Augusto Ponzio, Introduzione. I manoscritti matematici di Marx, Karl Marx, *Manoscritti matematici*, Milano: Spirali, 2005, p.7.

82 Karl Marx, *Mathematical Manuscripts*, pp.35-106.

83 다음을 참고하라. Lucio Lombardo Radice, Dai 'manoscritti matematici' di

K. Marx, *Critica marxista-Quaderni*, 1972, 6, p.273. 마르크스는 자신의 수고에서 '대수적인(algebraic)'이라는 용어를 도함수나 미분 기호가 아니라는 것을 표현하기 위해 사용하였고, '기호적인(symbolic)'이라는 용어를 dx와 dy 같은 미적분 특유의 부호들을 표현하기 위해 사용하였다. Augusto Ponzio, op. cit., p.26.

84 뉴튼과 라이프니츠는 그저 어떤 기하학적 문제를 해결하기 위한 대수적 수단으로 이 계산법을 만들었다는 것 이외에 말한 것이 없다. 그들은 여전히 신비롭고 규명되지 않은 채로 남아 있는 그것의 근거를 설명하고 싶어 하지 않았다.

85 더욱이 기호를 사용하는 수학의 성격은 실재 세계의 현실적 과정들을 충실히 반영해야 한다는 마르크스의 믿음을 오늘날의 입장에서 본다면 그것은 순진한 것이었다.

86 엥겔스가 마르크스에게 보낸 1881년 8월 18일자 편지, MECW, vol.46, pp.131-132.

87 마르크스가 엥겔스에게 보낸 1882년 11월 22일자 편지, MECW, vol.46. p.380.

88 마르크스가 엥겔스에게 보낸 1873년 5월 31일자 편지, MECW, vol.44, p.504.

89 Alain Alcouffe, Introduction, Alain Alcouffe(ed.), *Les manuscrits mathématiques de Marx*, Paris: Economica, 1985, p.20f를 참고하라.

90 그 모임은 원래 취리히에서 열리기로 되어 있었으나, 경찰의 불허로 결국 그해 10월에 좀 더 작은 마을인 쿠어(Chur)에서 개최되었다.

91 마르크스가 페르디난트 니우하우스에게 보낸 1881년 2월 22일자 편지, MECW, vol.46, p.66.

92 Ibid.

93 Ibid.

94 Ibid., pp.66-67.

95 Ibid., p.67.

96 Ibid.

97 Henry George, *Progress and Poverty*, New York: Robert Schalkenbach Foundation, 2006, pp.224-225.

98 마르크스가 프리드리히 조르게에게 보낸 1881년 6월 20일자 편지, MECW, vol.46, pp.99-101.

99 Karl Marx and Friedrich Engels, *Manifesto of the Communist Party*, MECW, vol.6, p.505.

100 마르크스가 존 스윈튼에게 보낸 1881년 6월 2일자 편지, MECW, vol.46, p.93. 엥겔스 역시 "국가=사회주의"라는 방정식을 전적으로 부정했다. 그는 1881년 3월 다음과 같은 내용의 편지를 베른슈타인에게 보냈다. "그것은 자유 경쟁에 대한 국가의 모든 개입을 '사회주의'라고 생각하는 맨체스터 부르주아들이 만들어낸 이기적인 왜곡에 불과하네. 보호관세, 길드들, 담배 전매, 산업 분야들의 국유화, 해외 무역회사[여기서 엥겔스는 관의 법적 허가를 통해 설립된 기업, 즉 특허 기업(chartered company)을 말하고 있는 것 같다. 동인도 회사가 그 대표적인 예일 것인데, 엥겔스가 이 편지를 쓸 당시는 이미 정부에 의한 직접적인 식민지경영이 이루어지고 있었기 때문에, 특허 회사들은 거의 사라져가고 있었다. 그러나 1884년 이후 사하라 이남의 아프리카 지역에 대한 제국주의 열강의 식민화가 진행되면서 그 수는 다시 급증하였다-역자], 왕실 납품 자기(磁器) 공장[유럽 왕가들은 왕실에서 사용하는 물품을 독점적으로 납품할 수 있는 업체를 민간에서 골라 지정하였다. 지정된 업체는 그를 홍보하여 우월한 경쟁적 지위를 획득하게 되었는데, 영국의 경우 빅토리아 시대에 들어 왕실 납품 허가증(Royal Warrant of Appointment)을 발부받은 업체가 급증했으며, 1885년부터는 관보(The London Gazette)에 매년 그 명단을 발표하였다-역자)] 같은 것들 말일세. 그것은 믿어야 할 것이 아니라 비평되어야 할 것이지. 우리가 그를 비평하고 그 위에 이론적 주장을 세우게 되면, 그것은 그 본질을 보여주는 전제들과 함께 무너져버릴 걸세. 즉, 그리 주장된 사회주의는 한편으로 봉건적 반동이고 또 한편으로 착취에 대한 변명일 뿐이지. 프롤레타리아를 가능한 많이 국가에 의지하는 공무원과 연금생활자로 만드는 것, 그리고 훈련받은 공무원 부대와 군대와 함께

그와 비슷한 노동자 군대를 조직하는 것은 부차적인 목적이고. 공장 감독관이 아니고 고위 공무원들이 도입한 의무 투표제(compulsory suffrage)라니, 정말 멋진 사회주의군!" 엥겔스가 베른슈타인에게 보낸 1881년 3월 12일자 편지, MECW, vol.46, p.74.

101 Karl Marx, *The Poverty of Philosophy*, MECW, vol.6, p.203.

102 마르크스가 프리드리히 조르게에게 보낸 1881년 6월 20일자 편지, MECW, vol.46, pp.100-101.

103 Ibid., p.101.

104 Ibid. 하인드먼의 다음 증언도 참고하라. "마르크스는 그를 검토하고 익숙한 경멸조로 '자본가들의 마지막 방어기지'라고 말했다. 이 견해에 나는 거의 동의할 수 없었다. 나는 그 책에서 진정으로 놀라운 차이들과 지독하게 서투른 경제학을 보았던 동시에, 마르크스로서는 인정할 수 없었고 하지도 않았을 힘, 그러니까 어설피 교육받은 군중들을 공감시키는 고급 신문에 나올 법한 그 책의 휘황찬란한 논조가 가진 매력 역시 발견했다… 마르크스는 이를 타당한 주장이라고 생각하지 않았을 것이다. 오류의 유포는 민중에게 어떤 이익도 될 수 없다는 것이 그의 입장이었다. '오류를 논파하지 않은 채 남겨놓으면 지적 부도덕이 창궐하게 되네. 열 사람의 잘못으로 인해, 백 사람은 매우 쉽게 그와 함께할 테고, 그건 너무 위험해서 내버려둘 수 없네.'" Henry Hyndman, *The Record of an Adventurous Life*, New York: Macmillan, 1911, pp.258-259.

105 마르크스가 프리드리히 조르게에게 보낸 1881년 6월 20일자 편지, MECW, vol.46, p.101. 마르크스에 대한 조지의 언급 역시 흥미롭다. 마르크스 사후, 그의 저작을 읽지 않았음에도 불구하고 조지는 "사회 환경의 개선을 위해 노력을 경주했던 한 남자에게 깊은 존경심"을 느꼈다고 말한 바 있다. Philip S. Foner(ed.), *Karl Marx Remembered: Comments at the Time of His Death*, San Francisco: Synthesis Publications, 1983, p.101. 그러나 그다음 해에 하인드먼에게 보낸 편지에서는 마르크스가 "분석력과 논리적 사고 습관을 가지고 있지 않다"고 강조했다. Henry George, Kenneth C. Wenzer(ed.), *An Anthology of Henry George's Thought*, Rochester:

University of Rochester Press, 1997, p.175. 그리고 MIT 총장 프란시스 워커(Francis Walker, 1840-1897)에게 보낸 두 통의 편지에서는 마르크스를 "최고의 바보"이자 "얄팍한 사상가"라고 좀 더 심하게 묘사했다. Ibid,. p.78; p.177. 로이 더글러스는 "1883년 마르크스가 사망했을 때… 심지어 그 프로이센의 사회주의자에 대해서도 들어본 적이 있는 모든 사람들에게 헨리 조지에 대해 논쟁했던 영국인들이 수십 명은 됐을 것임이 틀림없다"고 언급했다. Roy Douglas, *Land, People and Politics: A History of the Land Question in the United Kingdom, 1878-1952*, London: Allison and Busby, 1976, p.48. 몇 년 사이에 이 모든 것이 완전히 변화하게 된다.

106 마르크스가 니콜라이 다니엘손에게 보낸 1881년 2월 19일자 편지, MECW, vol.46, p.62.

107 Ibid., p.63.

108 다음을 보라. Edward J. Renehan, *Dark Genius of Wall Street: The Misunderstood Life of Jay Gould, King of the Robber Barons*, New York: Basic Books, 2006. Maury Klein, *The Life and Legend of Jay Gould*, Baltimore: Johns Hopkins University Press, 1997, p.393.

109 마르크스가 니콜라이 다니엘손에게 보낸 1881년 2월 19일자 편지, MECW, vol.46, p.63.

110 Ibid.

111 Ibid.

112 Ibid., pp.63-64.

113 마르크스가 예니 롱게에게 보낸 1881년 4월 11일자 편지, MECW, vol.46, p.84.

114 이 유명한 문장은 글래스톤의 비서가 알린 것이다. Edgar J. Feuchtwanger, *Gladstone*, London: Allen Road, 1975, p.146을 참고하라.

115 마르크스가 예니 롱게에게 보낸 1881년 4월 11일자 편지, MECW, vol.46, p.84.

116 1879년에 결성된 아일랜드 전국 토지 동맹(Irish National Land League)은 아일랜드 소작농들의 이해를 보호하는 정치조직이었다.

117 마르크스가 예니 롱게에게 보낸 1881년 4월 11일자 편지, MECW, vol.46, p.84. 마르크스의 반응에 대해서는 당시에 그를 만났던 하인드먼의 회상도 참고하라. "자유당의 특히 아일랜드와 관련된 정책에 대해 격렬한 적개심을 가지고 말할 때면, 그 노전사의 작고 움푹 들어간 눈은 반짝였고, 그의 짙은 눈썹이 꼬였으며, 넓고 강인한 코와 얼굴은 격정으로 꿈틀댔다. 그리고 그는 격렬한 비난을 쏟아냈다." Henry Hyndman, op. cit., p.247. 1880년과 1881년에 시행된 글래스톤의 정책에 대해서는 다음을 참고하라. Richard Shannon, *Gladstone*, vol.2: 1865-1898, Chapel Hill: The University of North Carolina Press, 1999, pp.248-278. 아일랜드와 관련된 그의 입장에 대해서는 다음 문헌들을 참고하라. Henry Colin Gray Matthew, *Gladstone: 1875-1898*, London: Clarendon Press, 1995, pp.183-210. James Camlin Beckett, *The Making of Modern Ireland 1603-1923*, London/Boston: Faber and Faber, 1981, pp.389-394.

118 마르크스가 예니 롱게에게 보낸 1881년 4월 29일자 편지, MECW, vol.46, p.90.

119 마르크스가 예니 롱게에게 보낸 1881년 4월 11일자 편지, MECW, vol.46, p.84.

120 Ibid., p.90. 인생의 말년에 마르크스는 영국의 의인화로서 존 불이라는 표현을 종종 사용했다.

121 Ibid.

122 마르크스가 예니 롱게에게 보낸 1881년 6월 6일자 편지, MECW, vol.46, p.95.

123 Paul Lafargue, in Institute of Marxism-Leninism(ed.), op. cit., p.72.

124 마르크스가 예니 롱게에게 보낸 1881년 4월 11일자 편지, MECW, vol.46, pp.81-82. 사실 엥겔스는 카우츠키를 그렇게 좋아하지 않았다. 그는 독일 정당(독일 사회주의 노동자당-역자)의 좀 더 젊은 지식인 에두아르트 베른슈타인을 더 좋아했음이 틀림없다. 아우구스트 베벨(엥겔스와 마르크스 공히 매우 높이 평가했던 독일 사회주의 지도자)에게 말했던 것처럼, 베른슈타인은 "정말 재치 있고 사물에 대한 직관력을 가지고 있습니

다. 정직하지만 규정에 얽매이는 카우츠키와는 정반대지요. 그는 태생적으로 얼버무리는 경향이 있습니다. 복잡한 문제는 단순하게 만들지 못하면서, 단순한 것은 복잡하게 만들지요." 엥겔스에 따르면 "저널에 좀 더 적합한 긴 글에서는 그가 가끔 정말 훌륭한 것들을 만들어내지만, 이 세상 최고의 의지로도 자신의 천성을 극복하지는 못할 것입니다. 그것은 그 자신보다 강력합니다. 신문에서 이런 순수한 이론가는 재앙이죠." 이것이 엥겔스가 베른슈타인이 주간 『사회민주주의자 *Der Sozialdemokrat*』를 계속해서 편집하도록 설득하게 된 이유였다. 엥겔스가 아우구스트 베벨에게 보낸 1881년 8월 25일자 편지, MECW, vol.46, p.137.

125 공화국 대통령이자 기회주의적 공화주의자들의 우두머리였던 쥘 가회비(Jules Grévy, 1807-1891)의 추종자들이다.

126 마르크스가 엥겔스에게 보낸 1881년 8월 9일자 편지, MECW, vol.46, p.117.

127 마르크스가 엥겔스에게 보낸 1881년 8월 18일자 편지, MECW, vol.46, pp.133-134.

128 Paul Lafargue, in Institute of Marxism-Leninism(ed.), op. cit., p.73.

2장 국제 정치와 러시아 자본주의에 관한 논쟁

1 1882년에 마르크스와 엥겔스가 『공산당 선언』의 러시아어 2판 서문에 쓴 것을 보라. "1848-1849 혁명 동안 유럽의 군주들뿐만 아니라 유럽 부르주아들 역시 러시아의 개입 속에서 이제 막 깨어나기 시작한 프롤레타리아로부터 그들의 유일한 구원을 발견했다. 짜르가 유럽 반동의 우두머리임이 폭로되었다. 현재 그는 가치나(Gatchina)—알렉산드르 3세가 아버지의 암살 이후 피신했던—에서 혁명전쟁의 포로가 되었으며, 러시아는 유럽에서 혁명활동의 전위를 형성하고 있다." MECW, vol.24, p.426. 러시아에 대한 마르크스와 엥겔스의 저작 및 서신 전집은 다음을 보라. Maximilien Rubel(ed.), *Karl Marx/Friedrich Engels: Die russische Kommune*, Munich: Hanser, 1972.

2 "러시아에서의 농노 해방 운동은 그것이 그 나라의 전통적 대외 정책

에 반하는 내적 발전의 시작을 의미하는 한에 있어서 매우 중요한 것으로 생각되네." 마르크스가 엥겔스에게 보낸 1858년 4월 29일자 편지, MECW, vol.40, p.310. 당시 농노들은 러시아 인구의 약 38퍼센트를 차지하고 있었다.

3 1877년 스스로의 노선을 회고하면서, 마르크스는 다음과 같이 썼다. "러시아의 경제 발전에 대한 정확한 평가를 위해, 나는 러시아어를 학습했고, 그러고 나서 수년간 그 문제와 관련된 공문서들과 출판물들을 연구했습니다." Karl Marx, A Letter to the Editorial Board of *Otechestvennye Zapiski*, Teodor Shanin(ed.), *Late Marx and the Russian Road*. London: Routledge, 1984, p.135. 철학자이자 혁명가인 니콜라이 체르니셰프스키(Nikolai Chernyshevsky, 1828-1889)의 저작과의 조우는 매우 중요한 것이었다. 마르크스는 그의 저작 몇 권을 가지고 있었다. *Die Bibliotheken von Karl Marx und Friedrich Engels*에 포함된 정보를 보라. MEGA[2], vol. IV/32, pp.184-187. 체르니셰프스키의 유명한 저작 『공동 소유에 대한 철학적 편견 비판 *A Critique of Philosophical Prejudices against Communal Ownership*』의 발췌들은 다음에 영역되어 있다. Teodor Shanin(ed.), op. cit., pp.182-190. 마르크스는 러시아에 대한 연구를 심화시켜갔는데, 그것은 엥겔스와의 농담에서 한 가지 주제가 되었다. 폴 라파르그에 따르면, 엥겔스는 마르크스에게 "『자본』의 완성을 수년간 방해해왔던 러시아에서의 자산 증가에 관한 논문들을 기꺼이 주겠네"라고 말했다. Paul Lafargue, Friedrich Engels, *The Social Democrat,* vol.9, no.8, 1905. 8. 15., p.487.

4 Henry Eaton, Marx and the Russians, *Journal of the History of Ideas*, vol. XLI, no.1. 1980, p.89를 참고하라. 여기에 마르크스가 만났거나 서신을 교환했던 모든 러시아 시민들의 이름이 알파벳 순서대로 수록되어 있다.

5 Vera Zasulich, A Letter to Marx, Shanin(ed.), op. cit., pp.98-99.

6 Ibid.

7 Ibid. 마틴 부버(Martin Buber)는 다음과 같이 언급하고 있다. "그 두 가지 중 어떤 것이 역사적 진실인지에 대한 결정은 마르크스의 손에 달려

있었다." Martin Buber, *Paths in Utopia*. Syracuse: Syracuse University Press, 1996, p.91.

8 Karl Marx and Friedrich Engels, *Manifesto of the Communist Party*, MECW, vol.6, p.514.

9 Ibid., p.488.

10 Ibid., p.490.

11 Ibid., p.496.

12 Karl Marx, Speech at the Anniversary of the *People's Paper*, MECW, vol.14, p.655.

13 Karl Marx, *Outlines of the Critique of Political Economy(Grundrisse)*, MECW, vol.28, p.337. 이 중요하지만 복잡한 저작에 대한 해설은 다음을 참고하라. Marcello Musto(ed.), *Karl Marx's Grundrisse. Foundations of the Critique of Political Economy 150 Years Later*, London: Routledge, 2008.

14 Karl Marx, *Capital*, vol.I, MECW, vol.35, p.749.

15 Ibid., p.750.

16 Ibid.

17 Ibid., p.336.

18 Ibid., p.340.

19 Ibid., p.338.

20 Ibid., p.588. 또한 마르크스가 엥겔스에게 보낸 1867년 12월 7일자 편지를 보라. MECW, vol.42, p.494. 여기서 그는 엥겔스가 보고 싶어 하던 주요 논증들을 종합하고 있는데, 엥겔스는 이를 준비 중이던 『자본』 서평에 사용하였다(엥겔스는 『자본』에 대한 다양한 서평을 써서 여러 언론에 익명으로 기고한 바 있는데, 마르크스가 이 편지에서 3인칭 시점으로 작성한 내용은 「관찰자 Der Beobachter」에 기고한 엥겔스의 서평의 초안이 되었다. 이 서평은 MECW, vol.20, pp.224-226에 실려 있다—역자). 그는 자신의 저작을 "경제적으로 고려할 때 현재 사회는 새롭고 고차적인 사회형태를 잉태하고 있다"는 것을 증명하는 것으로 묘사했다. 이어서 자신의 발견들과 다윈의 진화론을 위태롭게 비교한 후, 그는 자신의 저작이 "현

재의 경제 관계들이 놀랄 정도의 직접적 결과들을 만들어내는 곳에서조차 숨겨진 진보는 존재한다"고, 그리고 "이러한 자신의 비판적 접근에 기대어" 그는 "아마도 자기도 모르게 모든 사회주의, 그러니까 유토피아주의에 대한 영원한 조종을 울렸다"고 말했다. 결과적으로, 엥겔스에게 제공된 문장들 속에서 그는 "라살레 씨는 자본가들에게 욕설을 퍼붓고 벽지의 프로이센 대지주들에게는 아첨한 반면, 마르크스 씨는 자본주의적 생산의 역사적 필연성을 보여준다"는 깊은 확신을 재차 강조했다.

21 Karl Marx, *Outlines of the Critique of Political Economy*, MECW, vol.29, p.94.

22 Ibid., p.87.

23 Ibid., p.94.

24 Karl Marx, *Outlines of the Critique of Political Economy*, MECW, vol.28, p.418.

25 Ibid., p.465.

26 Ibid.

27 Karl Marx, *Capital*, vol.I, MECW, vol.35, p.122.

28 Ibid., p.507.

29 Karl Marx, Instructions for the Delegates of the Provisional General Council. The Different Questions, MECW, vol.20, p.188.

30 Karl Marx, *Capital*, vol.I, MECW, vol.35, p.492.

31 Ibid., p.506.

32 Ibid., pp.504-505.

33 Ibid., p.506.

34 Ibid., pp.90-91.

35 Karl Marx, Notes on Bakunin's Book *Statehood and Anarchy*, MECW, vol.24, p.518.

36 Karl Marx, Critique of the Gotha Programme, MECW, vol.24, p.83.

37 Karl Marx, Preamble to the Programme of the French Workers Party, MECW, vol.24, p.340. MECW에는 실려 있지 않은 이 강령의 전문을 본

서의 부록에 「사회주의 노동자의 선거 강령」이라는 제목으로 수록했다. pp.158-161.

38 Karl Marx, *Capital*, vol.I, MECW, vol.35, p.17.

39 Karl Marx, Marginal Notes on Adolph Wagner's *Lehrbuch der politischen Ökonomie*, MECW, vol.24, p.533.

40 러시아 인민주의자들이 쓴 자료들은 거의 영어로 번역되어 있지 않다. 중요한 2차 자료들로는 다음의 것들이 있다. Billington, J. H., *Mikhailovsky and Russian Populism*, Oxford: Clarendon Press, 1958; Walicki, A., *Controversy Over Capitalism: Studies in the Social Philosophy of the Russian Populists*, Oxford: Clarendon Press, 1969; Venturi, F., *Roots of Revolution: A History of the Populist and Socialist Movements in Nineteenth Century Russia*, New York: Alfred A. Knopf, 1960.

41 Karl Marx, *Nachtrag zu den Noten des ersten Buches*, Karl Marx, *Das Kapital*, MEGA, vol.II/5, Berlin: Dietz, 1983, p.625를 참고하라.

42 Karl Marx, A Letter to the Editorial Board of *Otechestvennye Zapiski*, Teodor Shanin(ed.), op. cit., pp.134-135.

43 Ibid., p.135.

44 Karl Marx, *Capital*, vol.I, MECW, vol.35, pp.704-761.

45 Karl Marx, A Letter to the Editorial Board of *Otechestvennye Zapiski*, Teodor Shanin(ed.), op. cit., p.135. 또한 다음 역시 참고하라. Karl Marx, *Le Capital*. Paris: Flammarion, 1985, p.169. 조제프 로이(Joseph Roy)가 프랑스어로 번역하면서—이는 후에 마르크스의 대표작에 대한 표준 번역본이 되었다—덧붙인 이 중요 사항을 엥겔스는 1890년의 독일어 제4판에 포함시키지 않았다.

46 Karl Marx, A Letter to the Editorial Board of *Otechestvennye Zapiski*, Teodor Shanin(ed.), op. cit., p.135.

47 Ibid., p.136.

48 Ibid.

49 Ibid.

50 Pier Paolo Poggio, *L'Obščina. Comune contadina e rivoluzione in Russia*, Milan: Jaca Book, 1978, p.148를 참고하라.

51 다음을 보라. Martin Buber, op. cit., p.91. "올바른 답변을 하고자 했던 그의 노력은 경탄스러울 정도로 철저하고 주도면밀했다. 이미 그 이전에도 그 복잡한 문제에 매달렸던 적이 있었는데, 당시에는 특기할 만하게 다시 그 문제를 공략하고 있었다. 우리는 그가 오직 좀 더 적합한 정식화를 위해 대단히 섬세하고 정교한 한 가지 정식을 취소하는 것을 거듭해서 볼 수 있다. 일련의 단편적 스케치이긴 하지만, 이 노트들은 러시아의 촌락 공동체라는 주제를 종합적으로 이해하고자 했던 가장 중요한 시도인 것 같다."

52 Karl Marx, Drafts of the Letter to Vera Zasulich: Second Draft, MECW, vol.24, p.360. 이하 세 초안들에 대한 인용 표시는 "Karl Marx, 초안 번호, MECW, 권호, 페이지"로 한다.

53 Ibid.

54 베라 자술리치에게 보낸 편지가 작성된 날짜에 대해서는 다음을 참고하라. Haruki Wada, Marx and Revolutionary Russia, Teodor Shanin(ed.), op. cit., pp.40-76.

55 Karl Marx, First Draft, MECW, vol.24, p.349.

56 Karl Marx, Third Draft, MECW, vol.24, p.365.

57 Karl Marx, Second Draft, MECW, vol.24, p.361.

58 Teodor Shanin, *Late Marx: Gods and Craftsmen*, Teodor Shanin(ed.), op. cit., p.16을 참고하라.

59 Karl Marx, Second Draft, MECW, vol.24, p.361.

60 Karl Marx, The Future Results of British Rule in India, MECW, vol.12, pp.217-218.

61 Ibid., p.221.

62 Ibid., p.222.

63 다음의 일례를 보라. Edward Said, *Orientalism*. London: Routledge, 1995, pp.153-156. 다음도 참고하라. Kevin Anderson, *Marx at the Margins*.

Chicago: University of Chicago Press, 2010, p.238.

64 Karl Marx, Third Draft, MECW, vol.24, p.365.

65 Ibid., p.368.

66 Ibid., p.367.

67 Karl Marx, Second Draft, MECW, vol.24, p.361.

68 Ibid., p.362.

69 Karl Marx, First Draft, MECW, vol.24, p.352.

70 Karl Marx, Second Draft, MECW, vol.24, p.362.

71 Karl Marx, Third Draft, MECW, vol.24, p.368.

72 Karl Marx, First Draft, MECW, vol.24, p.349.

73 Ibid., p.357.

74 Ibid., p.351.

75 Karl Marx, Second Draft, MECW, vol.24, p.362.

76 Karl Marx, Third Draft, MECW, vol.24, p.366.

77 Karl Marx, First Draft, MECW, vol.24, p.353.

78 다음 연구에는 그 초안이 1867년 『자본』 이래의 "중요한 변화"를 보여준다는 주장이 등장한다. Teodor Shanin(ed.), op. cit., p.60. 다음의 연구 역시 유사하게 하나의 "단절"에 대해 말하고 있다. Enrique Dussel, *El último Marx (1863-1882) y la liberación latinoamericana*, México D.F.: Siglo XXI, 1990, p.260; pp.268-269. 다른 연구자들은 후기 마르크스를 독해하면서 혁명의 주체는 이제 공장 노동자가 아니라 농촌과 주변부의 대중이라는 "제3세계주의"를 제창했었다.

79 메리언 소어의 탁월한 저작 『마르크스와 아시아적 생산양식 문제』를 보라. "특히 1870년대에 발생했던 것은 그가 농촌 공동체들의 '성격'에 대한 자신의 생각을 바꿨다거나, 그것들이 그 성격에 따라 사회주의의 기초가 될 수 있다고 결정했다는 것이 아니라, 그가 그 공동체들이 자본주의가 아니라 사회주의에 의해 변혁될 수 있다는 가능성을 고려하게 되었다는 것이다… 그는 사회적 의사소통의 강화와 생산수단의 현대화로 인해 농촌 체제가 사회주의 사회로 통합될 수 있다는 희망을 진지하게 받아

들였던 것 같다. 1882년에도 이는 자본주의의 영향 하에 옵시나를 완전히 해체하는 것에 대한 진정한 대안으로 마르크스에게 나타났다." Marian Sawer, *Marx and Question of the Asiatic Mode of Production*, The Hague: Martinus Nijhoff, 1977, p.67.

80 1861년의 해방 이후, 농민들은 공물 형태로 보상금을 지불해야만 토지를 획득할 수 있었다.

81 Karl Marx, Third Draft, MECW, vol.24, p.367.

82 Ibid.

83 Karl Marx, First Draft, MECW, vol.24, p.355.

84 Ibid., p.354.

85 Ibid.

86 Karl Marx, Third Draft, MECW, vol.24, p.368.

87 Ibid.

88 Karl Marx, First Draft, MECW, vol.24, p.358.

89 Ibid., p.356.

90 Ibid.

91 짜르 체제에 고유한 협동조합의 아르뗄적 형태는 혈연에 기반했으며 국가와 제삼자들에 대한 구성원들의 공동 책임을 처리했다. Pierpaolo Poggio, *L'Obščina. Comune contadina e rivoluzione in Russia*, Milano: Jaca Book, 1978, p.119를 참고하라.

92 Karl Marx, First Draft, MECW, vol.24, p.356.

93 Ibid., p.353.

94 러시아와 동유럽 일부의 전통적 행정 구역.

95 Karl Marx, First Draft, MECW, vol.24, p.353.

96 Ibid., pp.359-360.

97 Karl Marx and Friedrich Engels, Preface to the Second Russian Edition of the Manifesto of the Communist Party, MECW, vol.24, p.426.

98 Karl Marx, Letter to Vera Zasulich, MECW, vol.24, p.370. 편지의 예비 초안들을 최초 발견하고 발표한 다비드 랴자노프는 마르크스가 일과 관

련한 능력이 줄어든 것으로 인해 자술리치에게 답변하지 않으려고 했으며 결국 그렇게 했다고 주장했다. David Ryazanov, David Ryazanov: The Discovery of the Drafts, Shanin(ed.), op. cit., p.129. 막시밀리안 루벨도 이 입장을 공유하고 있다. Maximilien Rubel, *Marx critique du marxisme*, Paris: Payot, 2000, p.104. 포치오는 마르크스가 "정치적 · 이론적 의미가 매우 폭발적인 문제에 대한 강력한 입장 표명을" 주저했다고 좀 더 확신에 찬 주장을 한다. Pier Paolo Poggio, op. cit., p157.

99 마르크스는 '토지와 자유'로부터 떨어져 나와 "테러주의적" 투쟁을 선택한 비밀 조직['자유냐 죽음이냐(Свобода или смерть)'를 말하는 것 같다–역자]에 대해서 언급하고 있다.

100 Karl Marx, Letter to Vera Zasulich, MECW, vol.24, p.370.

101 Ibid.

102 Ibid., pp.370-371.

103 Ibid., p.371.

104 엥겔스 역시 역사 과정을 수동적인 것으로 승인하는 잘못을 저질렀다. 그는 1893년 2월 24일에 니콜라이 다니엘손에게 보낸 편지에서 표현한 것과 유사한 입장을 다수의 저작, 연설, 서한에서 채택한다. "약 오십만의 파미쉬크(Помещик, 지주)와 약 팔백만의 농민을 토지 소유주로서의 부르주아라는 새로운 계급으로 대체하는 과정은 두려운 고통과 격동하에서 이루어질 수밖에 없다. 그러나 역사는 아마도 모든 여신들 중에서 가장 잔혹한 여신이며, 전쟁에서뿐만 아니라 '평화로운' 경제 발전 속에서도 시체 더미 위로 자신의 개선 전차를 몰고 간다. 그리고 우리 남성과 여성은 불행히도 너무도 어리석어 어마어마해 보이는 고통이 몰아대지 않으면 진정한 진보에 대한 용기를 내지 못한다." MECW, vol.50, p.112.

105 마르크스가 프리드리히 조르게에게 보낸 1880년 11월 5일자 편지, MECW, vol.46, p.45.

106 Ibid., pp.45-46.

107 마르크스가 예니 롱게에게 보낸 1881년 4월 11일자 편지, MECW, vol.46, p.83.

108 러시아 인민주의에 대한 마르크스의 동조에 대해서는 니콜라이 모로조프(Nikolai Morozov, 1854-1946)의 증언을 참고하라. 그는 마르크스가 '인민의 의지'에 매우 관심이 있으며 그 "전제정에 대한 투쟁은 판타지 소설에 등장하는 동화 같다"고 말한 1880년 12월의 대화를 회상했다. Institute of Marxism-Leninism(ed.), op. cit., p.302.

109 마르크스가 예니 롱게에게 보낸 1881년 4월 11일자 편지, MECW, vol.46, p.83.

110 부르노 본지오반니는 다음과 같이 주장한다. "우리는 러시아와 관련한… 마르크스의 지적 궤적에서 국제 정치의 지평을 과소평가해서는 안 된다." "마르크스의 전체 저작"을 통해 그가 다음과 같은 사건들이 순서대로 일어날 거라고 예상했을 거라는 추론이 가능하다. "대(對) 러시아 전쟁, 러시아의 군사적 패배, 러시아 혁명(사회주의가 아니라 자코뱅적), 유럽의 반동적 헌병의 (일시적 혹은 항구적?) 부재, 러시아 혁명의 재발, 그런 뒤—오직 그리고 나서만—사회주의로의 이행에 있어 옵시나가 활용될 가능성." Bruno Bongiovanni, *Le repliche della storia. Karl Marx tra la Rivoluzione francese e la critica della politica*, Torino: Bollati Boringhieri, 1989, pp.201-202. 그러나 본지오반니가 "혁명 진행의 메카니즘"으로 규정한 것은 후기 마르크스의 사유 속에서 약화된다. 그 혁명은 유럽에서 시작되어 오직 러시아에서는 "2라운드(second round)"로만 시작된다는 그런 강압적 조건에 얽매이지 않는다. Ibid., p.212.

111 본지오반니가 비록 "불가역적으로"라는 용어를 지나치게 강조했음에도 불구하고, 그는 매우 올바르게 "그 최종 분석에 있어서 공동체(Gemeinschaft)는 불가역적으로 해방된 사회(Gesellschaft)의 현존 없이 기적적으로 사회주의로 변화될 수는 없다"고 말한다. Ibid., p.189.

112 전 생애에 걸쳐 마르크스는 자신이 가장 좋아했던 좌우명에 충실했다. "모든 것을 의심하라(de omnibus dubitandum)." Karl Marx, Confession, 1865. 4. 1, MECW, vol.42, p.567을 참고하라.

3장 올드 닉의 고난

1 이 표현은 마르크스와 독일 공산주의자 빌헬름 바이틀링(Wilhelm Weitling, 1808–1871) 사이의 분열과 관련하여 1846년에 처음 사용되었다. 그리고 공산주의자들을 탄압하기 위한 1852년의 쾰른 재판에서도 사용되었다. Maximilien Rubel, *Marx Critique du Marxisme*, Payot, Paris 1974, p.26, 각주 2를 참고하라.

2 이 용어는 1854년에 처음 등장했다. Georges Haupt, *Aspects of International Socialism, 1871–1914*, Cambridge: Cambridge University Press, 1986, p.2를 보라.

3 헨리 하인드먼은 이후에 다음과 같이 말했다. "1880년에는 마르크스가 위험하고 극단적인 혁명옹호자라는 것 외에는 영국 대중에게 거의 알려진 것이 없다고 해도 과언이 아니다. 마르크스가 이끈 국제노동자조직은 모든 품위 있고 점잖은 사람들이 몸서리치고 무섭게 생각하는 공포스러운 파리코뮌이 생겨나게 한 원인들 중의 하나로 여겨졌다." Henry Hyndman, *The Record of an Adventurous Life*. New York: Macmillan, 1911, pp.249-250.

4 Karl Kautsky, in Benedict Kautsky(ed.), *Friedrich Engels' Briefwechsel mit Karl Kautsky*, Wien: DanubiaVerlag, 1955, p.32.

5 엥겔스가 베른슈타인에게 보낸 1881년 10월 25일자 편지, MECW, vol.46, p.146.

6 Ibid.

7 Ibid., p.149.

8 Ibid., pp.149-150.

9 마르크스가 샤를르 롱게에게 보낸 1881년 1월 4일자 편지, MECW, vol.46, p.55.

10 Ibid.

11 Ferdinand Nieuwenhuis, *Kapitaal en Arbeid*. Den Haag: 출판사 불명, 1881.

12 Johann Most(ed.), *Kapital und Arbeit. Ein populärer Auszug aus "Das Kapital" von Karl Marx*, $MEGA^2$, vol.II/8, pp.735-800.

13 Carlo Cafiero, *Il Capitale di Carlo Marx brevemente compendiato da Carlo Cafiero. Libro Primo: Sviluppo della Produzione Capitalistica*. Milano: E. Bignami e C. Editori, 1879.

14 Ferdinand Nieuwenhuis, op, cit, p.3.

15 마르크스가 페르디난트 니우하우스에게 보낸 1881년 2월 22일자 편지, MECW, vol.46, p.65.

16 Ibid., p.66.

17 익명 기사, Account of Karl Marx's Interview with the Chicago Tribune Correspondent, 5 January 1879, MECW, vol.24, p.577.

18 엥겔스가 카우츠키에게 보낸 1881년 2월 1일자 편지, MECW, vol.46, p.56.

19 Ibid., p.57.

20 Ibid.

21 마르크스가 니콜라이 다니엘손에게 보낸 1881년 2월 19일자 편지, MECW, vol.46, p.61.

22 마르크스가 프리드리히 조르게에게 보낸 1881년 12월 15일자 편지, MECW, vol.46, p.161.

23 마르크스가 예니 롱게에게 보낸 1881년 12월 7일자 편지, MECW, vol.46, p.158.

24 마르크스가 니콜라이 다니엘손에게 보낸 1881년 12월 13일자 편지, MECW, vol.46, p.161.

25 마르크스의 편지에는 마르크스가 하이드먼과 관계를 맺기 전과 그 이후에 한 두어 개의 언급이 담겨 있는데, 이 언급들은 마르크스가 항상 그에 대해 비판적인 견해를 가졌다는 것을 보여준다. 마르크스는 예니 롱게에게 다음과 같이 썼다. "그저께… 대단한 지구력을 가진 하인드먼과 그의 아내가 우리 집에 쳐들어왔단다. 나는 무뚝뚝하고 비관습적이고 단호한 사고방식과 말투 때문에 하인드먼의 아내를 상당히 좋아하지만, 그녀가 자기만족에 빠진 수다쟁이 남편의 입술을 존경 어리게 쳐다보던 모습이 어찌나 재미있던지!" 마르크스가 예니 롱게에게 보낸 1881년 4월 11일자

편지, MECW, vol.46, p.82. 마르크스와 하이드먼 사이에 언쟁이 있은 지 몇 달 뒤에, 마르크스는 하인드먼을 다음과 같이 평가했다. "이 친구는 나를 끌어내 가장 쉬운 방법으로 배우려고 수많은 나의 저녁시간을 앗아갔다네." 마르크스가 프리드리히 조르게에게 보낸 1881년 12월 15일 편지, MECW, vol.46, p.163.

26 Henry Hyndman, *England for All,* New York: Barnes & Noble, 1974, p.xxxviii.

27 마르크스가 헨리 하인드먼에게 보낸 1881년 7월 2일자 편지, MECW, vol.46, p.103. 이 구절은 마르크스가 자신의 문서철에 보관하고 있던 편지의 초안에서 인용한 것이다. 하인드먼은 그의 범용하고 유치한 성격을 드러내며 다음과 같이 말했다. "불행하게도 그 당시 마르크스가 나에게 쓴 우리의 차이에 관한 편지들은 파기되었다." Henry Hyndman, Record of an Adventurous Life, p.283. 예니 폰 베스트팔렌은 1881년 7월 2일 이스트본에서 딸 라우라 라파르그에게 편지를 쓸 때 이 모든 것을 예견했다. "토요일에, 눈이 흐리멍덩한 하인드먼 씨가 머리를 얻어맞았단다. 편지가 재치 있는 말로 되어 있어서 분노를 거의 느낄 수는 없었겠지만, 비판이 워낙 신랄해서 하인드먼 씨가 그 편지를 그냥 놔뒀을 것 같지 않구나. 내가 보기에 무어인이 그 편지에 매우 만족하는 것 같아." Yvonne Kapp, *Eleanor Marx: Family Life* 1855-1883, vol.1, London: Virago, 1979, p.211.

28 마르크스가 헨리 하인드먼에게 보낸 1881년 7월 2일자 편지, MECW, vol.46, p.102.

29 마르크스가 프리드리히 조르게에게 보낸 1881년 12월 15일자 편지, MECW, vol.46, p.163.

30 Ibid. 그 후 하인드먼은 엥겔스에게도 편지를 보냈는데, 엥겔스는 다음과 같이 답장을 했다. "당신이 나의 친구 마르크스의 책을 지금은 제대로 인용할 형편이 되어서 그와 관계를 바로잡는다면, 나는 당신과 개인적인 친분을 쌓을 수 있게 되어 정말 좋을 것 같습니다." 엥겔스가 헨리 하인드먼에게 보낸 1882년 3월 31일경의 편지, MECW, vol.46, p.228. 마르크스는 이에 대해 다음과 같이 말했다. "자네가 그렇게 편지를 보낸 건 마땅한 앙

갚음을 한 걸세. 그는 단지 내가 '『자본』을 선전하기 위해' 그와 공개적으로 타협할 수밖에 없을 거라고 기대해 나의 글에 마음대로 손을 댔거든." 마르크스가 엥겔스에게 보낸 1882년 4월 8일자 편지, MECW, vol.46, p.234.

31 마르크스가 헨리 하인드먼에게 보낸 1881년 7월 2일자 편지, MECW, vol.46, p.103.

32 Emile Bottigelli, La rupture Marx-Hyndman, *Annali dell'Istituto Giangiacomo Fentrinelli*, vol.III, Milano: Feltrinelli, 1961을 참고하라. "『자본』을 그와 상충하는 정치적 목표를 위해 이용한 것은 단지 개인적인 이유에서만이 아니라 좌절한 한 연구자의 야심과도 관련되어 있었다… 민주연맹 회원들은 마르크스가 민주연맹과 그 주요 창립자 중 한 사람에게 수용할 수 없다고 통보한 바로 그 이론적 입장에 서 있었다." p.625.

33 헨리 하인드먼이 마르크스에게 보낸 1880년 2월 25일자 편지, The International Institute of Social History(IISH), Marx-Engels Papers, C 261, C 262. 하인드먼이 보낸 대부분의 편지는 출간된 적이 없다. 일부만이 Chushichi Tsuzuki, *H. M. Hyndman and British Socialism*. London: Oxford University Press, 1961에서 인용되었다. 위에서 인용한 하인드먼의 편지는 이 책 34페이지에서 재인용하였다.

34 마르크스가 헨리 하인드먼에게 보낸 1880년 12월 8일자 편지, MECW, vol.46, p.49.

35 Ibid.

36 1879년 초 이루어진 마운트스튜어트 엘핀스톤 그란트 더프와 마르크스의 대담 기록을 참고하라. 영국 귀족은 마르크스에게 다음과 같은 도발적인 물음을 던졌다. "그럼, 당신의 나라 독일에서 혁명이 일어나서 공화정이 들어섰다고 해봅시다. 그래도 여전히 당신과 우리 친구들의 특별한 사상을 실현하려면 갈 길이 아주 아주 먼 것 아니겠습니까." 마르크스는 의심의 여지 없이 모든 거대한 운동은 더디다고 답하였다. "당신 나라에서 일어난 1688년 혁명(영국 명예혁명-역자)이 큰 변화의 한 단계였던 것처럼, 모든 운동은 더 나은 것을 위해 나아가는 한 발걸음일 뿐입니다."

작자 미상, Sir Mountstuart Elphinstone Grant Duff's Account of a Talk with Karl Marx: From a Letter to Crown Princess Victoria, MECW, vol.24, p.580.

37 John Rae, The Socialism of Karl Marx and the Young Hegelians, *The Contemporary Review*, vol.40, 1881, pp.585–607.

38 마르크스가 프리드리히 조르게에게 보낸 1881년 12월 15일자 편지, MECW, vol.46, p.162.

39 E. Belfort Bax, Leaders of Modern Thought: xxiii. Karl Marx, *Modern Thought*, vol.3, December 1881, no.2, p.349; p.354.

40 마르크스가 프리드리히 조르게에게 보낸 1881년 12월 15일자 편지, MECW, vol.46, p.163.

41 Friedrich Engels, Preface to the English Edition, *Capital*, vol.I, MECW, vol.35, p.35.

42 마르크스는 가족과 가까운 지인들 사이에서 '무어인'이라고 불렸다. "우리들 각자가 자신의 별명을 가지고 있듯이, 그도 우리들 사이에서 마르크스나 카를로 불린 적이 없고 무어인이라 불렸습니다. 별명으로 부르지 않으면 그만큼 친밀감도 줄어드니까요. 그는 무어인이라는 별명을 대학 때 얻었고, 『신라인신문』을 발행하던 시기에도 항상 그렇게 불렸습니다. 만약 내가 그를 다르게 불렀다면, 그는 뭔가 이상해서 바로잡으려 했을 겁니다." 엥겔스가 테오도르 쿠노에게 보낸 1883년 3월 29일자 편지, MECW, vol.46, p.466. 아우구스트 베벨도 이와 유사하게 다음과 같이 썼다. "마르크스의 아내와 딸들은 마르크스에게 다른 이름은 없는 것처럼 그를 늘 '무어인'이라고 불렀다. 그 별명은 콧수염과는 달리 지금은 하얗게 변해버린 그의 칠흑 같았던 머리와 턱수염 때문에 붙여졌다." Hans Magnus Enzensberger(ed.), *Gespräche mit Marx und Engels*, vol.2. Frankfurt/Main: Insel Verlag, 1973, p.528. 또 베벨은 다음과 같은 일을 떠올렸다. "나는 작별인사를 하려 했으나, 엥겔스는 '아니, 아닐세. 나와 함께 무어인에게 가세'라고 단호히 말했다. 나는 '무어인에게요? 근데 그 사람이 누굽니까?'라고 물었다. 엥겔스는 당연히 누군지 알아야 한다는 어조로 '마

르크스지, 누구겠나?' 하고 답했다." Edward Bernstein, *My Years of Exile*. London: Leonard Parsons, 1921, p.154. 마르크스 가족 내에서 사용된 수많은 약칭에 대해서는 Olga Meier(ed.), *The Daughters of Karl Marx: Family Correspondence 1866-1898*. New York: Harcourt Brace Jovanovich, 1982, p.xiii를 참고하라.

43 엥겔스가 예니 롱게에게 보낸 1881년 6월 17일자 편지, MECW, vol.46, p.97.

44 마르크스가 프리드리히 조르게에게 보낸 1881년 6월 20일자 편지, MECW, vol.46, p.98.

45 엥겔스가 마르크스에게 보낸 1881년 7월 7일자 편지, MECW, vol.46, p.104.

46 마르크스가 라우라 라파르그에게 보낸 1882년 4월 13일자 편지, MECW, vol.46, p.238. 이 편지에서 마르크스는 딸에게 "네가 까다로운 올드 닉의 힘을 북돋아주려고 매일매일 충실히 방문한 날들"을 얼마나 소중하게 생각하는지에 대해 썼다. Yvonne Kapp, op. cit., p.218을 참고하라.

47 ibid., 재인용.

48 마르크스가 예니 롱게에게 보낸 1881년 7월 22일자 편지, MECW, vol.46, p.106.

49 마르크스가 엥겔스에게 보낸 1881년 7월 27일자 편지, MECW, vol.46, p.107.

50 마르크스가 처음으로 '올드 닉'이라고 서명한 편지는 『자본』이 출간된 해에 딸 라우라에게 보낸 편지이다. 마르크스가 라우라 마르크스에게 보낸 1867년 5월 13일자 편지, MECW, vol.42, p.376. 마르크스에 대한 저급한 평가들 중에서 일부는 반유대주의나 인종주의 색깔을 띠고 있다. 가장 터무니없는 평가 가운데 하나는 "마르크스가 세상에 대한 악마적 시선과 악의를 가지고 있었다"는 주장으로, 그들은 "마르크스가 종종 사악한 일을 해내고 있다는 것을 안 것 같다"고 평가한다. Robert Payne, *Marx: A Biography*. New York: Simon & Schuster, 1968, p.317. 미국인(이전에는 루마니아인) 목사 리차드 웜브랜드가 1979년에 주장한 것도 이런 우

스꽝스러운 전통에 속한다. Richard Wurmbrand, *Was Marx a Satanist?*, Glendale: Diane Books, 1979. 마르크스는 '올드 닉'이라는 별칭을 부드럽고 익살스럽게 사용했다. 예를 들어, 그가 딸 라우라 라파르그에게 보낸 편지를 보면 "나의 소중한 맑은 새의 눈(딸 라우라-역자)의 생일을 집에서 함께 축하해주지 못해 아쉽지만, 올드 닉의 마음은 너와 함께란다. 내 마음이 널 감싸고 있어"라고 썼다. 마르크스가 라우라 라파르그에게 보낸 1869년 9월 25일자 편지, MECW, vol.43, p.355. 또 그는 라우라가 아들을 낳은 직후에 사위 폴 라파르그에게 편지를 보내면서 "작은 슈나피(Schnappy)를 품에 안는다면, 올드 닉이 자신의 두 후손들 모습에 마냥 우쭐해한다고 말해주겠네"라고 썼다. 마르크스가 폴 라파르그에게 보낸 1871년 2월 4일자 편지, MECW, vol.44, p.112.

51 마르크스가 엥겔스에게 보낸 1881년 7월 27일자 편지, MECW, vol.46, p.109.

52 엥겔스가 마르크스에게 보낸 1881년 6월 29일자 편지, MECW, vol.46, p.109.

53 마르크스가 엥겔스에게 보낸 1881년 8월 3일자 편지, MECW, vol.46, p.110. 엥겔스는 언제나처럼 관대하게 다음과 같이 바로 답장을 보냈다. "그런 시시한 30파운드 때문에 자네 머리가 하얗게 세어서는 안 되지… 하지만 돈이 더 필요하면 내게 알려주게. 그럼 내가 수표에 액수를 더 써서 보내겠네." 엥겔스가 마르크스에게 보낸 1881년 8월 5일자 편지, MECW, vol.46, p.113.

54 마르크스가 엥겔스에게 보낸 1881년 8월 3일자 편지, MECW, vol.46, p.110.

55 Ibid. 마르크스는 며칠 뒤 그들에게 자신이 파리에서 지내고 있다는 소식을 전했다. "나는 여기에 거의 2주 동안 있었습니다만, 파리에 가거나 지인을 방문하질 못했습니다. 아내 예니의 건강 상태가 둘 다 허락하지 않았기 때문입니다." 마르크스가 카를 히르쉬에게 보낸 1881년 8월 6일자 편지, MECW, vol.46, p.115.

56 마르크스가 엥겔스에게 보낸 1881년 8월 9일자 편지, MECW, vol.46,

p.116.

57 마르크스는 런던에 있는 라우라에게도 이와 같은 편지를 썼다. "엄마가 점점 쇠약해져서 심각한 상태에 있단다. 그래서 이번 주말에 무슨 수를 써서라도 런던으로 출발하자는 것이 내 생각이어서 이를 엄마에게 알렸지. 그런데 글쎄 어제 너희 엄마가 우리 빨래를 세탁소에 맡겨서 내 계획을 망쳐버렸지 뭐냐." 마르크스가 라우라 라파르그에게 보낸 1881년 8월 9일자 편지, MECW, vol.46, p.118.

58 마르크스가 엥겔스에게 보낸 1881년 8월 9일자 편지, MECW, vol.46, p.116.

59 이본 카프는 엘리너의 "문제가 이중적이고 심각했다"고 추측한다. 엘리너는 가족들이 절대 받아들이지 않는 리사가레(Lissagaray)와의 비밀 약혼을 깨려고 하고 있었고, 동시에 "무대에 서서 연기하는 것을 갈망하고 있었다." Yvonne Kapp, op. cit., p.227.

60 마르크스가 예니 롱게에게 보낸 1881년 8월 18일자 편지, MECW, vol.46, p.135. 마르크스는 엥겔스에게 보낸 편지에서 의사 돈킨이 "이런 식의 쇠약 증세가 전에는 나타나지 않았다는 게 기적"이라고 했다고 전했다. 마르크스가 엥겔스에게 보낸 1881년 8월 18일자 편지, MECW, vol.46, p.133.

61 마르크스가 예니 롱게에 보낸 1881년 8월 18일자 편지, MECW, vol.46, p.135.

62 마르크스가 엥겔스에게 보낸 1881년 8월 19일자 편지, MECW, vol.46, p.136.

63 마르크스가 카우츠키에게 보낸 1881년 10월 1일자 편지, MECW, vol.46, p.143.

64 마르크스가 미나 카우츠키에게 보낸 1881년 10월 1일자 편지, MECW, vol.46, pp.143-144.

65 마르크스가 카우츠키에게 보낸 1881년 10월 1일자 편지, MECW, vol.46, p.143.

66 Paul Lafargue, in Institute of Marxism-Leninism(ed.), *Reminiscences of*

Marx and Engels. Moscow: Foreign Languages Publishing House, 1957, p.75.

67 "언니가 아이들 곁을 떠나서는 안 돼. 우리 모두 언니가 여기 있었으면 좋겠다고 바라는 만큼 언니가 여기 있으면 아빠가 기뻐하시거나 좋아하실 순 있지만, 그건 미친 짓일 뿐이고 아빠를 오히려 더 걱정시킬 거야." Yvonne Kapp, op. cit., p.219에서 재인용.

68 엥겔스가 베른슈타인에게 보낸 1881년 10월 25일자 편지, MECW, vol.46, p.150. 마르크스도 12월에 베커에게 다음과 같이 편지를 썼다. "한동안, 그러니까 며칠 동안 기관지염을 동반한 늑막염이 워낙 심각해서 의사는 내가 회복될 수 있을지 의심스러워했습니다." 마르크스가 요한 필립 베커에게 보낸 1881년 12월 10일자 편지, MECW, vol.46, p.127.

69 엥겔스가 요한 필립 베커에게 보낸 1881년 11월 4일자 편지, MECW, vol.46, p.151.

70 엥겔스가 베른슈타인에게 보낸 1881년 11월 30일자 편지, MECW, vol.46, p.155.

71 엥겔스는 다음과 같이 기뻐했다. "프롤레타리아트가 이렇게 훌륭히 해낸 적은 없었네. 1848년 대패배 이후, 영국에서는 노동조합이 임금 인상을 위해 각개 전투를 벌이고 있었지만 결국 무관심으로의 회귀와 부르주아 착취에 대한 맹종이 나타났었지." 엥겔스가 베른슈타인에게 보낸 1881년 11월 30일자 편지, MECW, vol.46, pp.152-153.

72 Yvonne Kapp, op. cit., p.219에서 인용.

73 Ibid., pp.219-220. 마르크스는 다니엘손에게 그와 아내가 "서로 인접한 방"에 머물고 있었음에도 불구하고, "그녀 삶의 마지막 6주 중에서 3주" 동안을 서로 보지 못한 것은 너무 슬픈 일이라고 썼다. 마르크스가 니콜라이 다니엘손에게 보낸 1881년 12월 13일 편지, MECW, vol.46, p.160.

74 마르크스가 예니 마르크스에게 보낸 1863년 12월 15일자 편지, MECW, vol.41, p.499. 예니 폰 베스트팔렌의 삶과 마르크스와의 관계에 대해서는 Mary Gabriel, *Love and Capital*. New York: Little, Brown and Company, 2011; Luise Dornemann, *Jenny Marx: Der Lebensweg einer Sozialistin*. Berlin: Dietz, 1971; Heinz Frederick Peters, *Red Jenny: A Life with Karl Marx*. New

York: St. Martin's, 1986을 참고하라.

75 마르크스가 예니 마르크스에게 보낸 1856년 6월 21일자 편지, MECW, vol.40, p.56.

76 마르크스가 예니 롱게에게 보낸 1881년 12월 7일자 편지, MECW, vol.46, p.156.

77 Yvonne Kapp, op. cit., p.219.

78 Ibid., p.221.

79 마르크스가 예니 롱게에게 보낸 1881년 12월 7일자 편지, MECW, vol.46, p.156.

80 마르크스가 니콜라이 다니엘손에게 보낸 1881년 12월 13일자 편지, MECW, vol.46, p.160.

81 마르크스가 프리드리히 조르게에게 보낸 1881년 12월 15일자 편지, MECW, vol.46, p.162.

82 이 원고들의 가장 최근 판본은 Karl Marx, *Notes on Indian History*. Honolulu: University Press of the Pacific, 2001이다.

83 다음을 참고하라. Michael Krätke, Marx und die Weltgeschichte, *Beiträge zur Marx-Engels-Forschung. Neue Folge,* 2014/15. 여기서 크래트케는 마르크스가 이 과정을 "무역, 농업, 광업, 조세제도, 사회기반시설 전반에 걸친 발전"으로 이해했다고 주장했다. p.176. 그에 따르면, 마르크스는 이 주석들을 그의 오랜 신념, 즉 "자신이 정치철학을 만들고 있다기보다는 사회주의 운동에 확고한 사회과학적 기초를 제공하고 있다"는 믿음을 갖고 작성했다. p.143.

84 마르크스의 서신에는 이 연구에 대한 언급이 없기 때문에 노트가 쓰인 정확한 날짜를 알기는 어렵다. 마르크스 엥겔스 전집(Marx Engels Werke)의 편집자들은 그 발췌본을 잠정적으로 "1881년 말부터 1882년 말 사이"(vol. 19, pp.621-622)에 배치하는 반면, 막시밀리언 루벨은 그 노트들이 "의심할 나위 없이" 1881년 말부터 쓰였다고 주장한다. Maximilien Rubel, Marx: *Life and Works*. London: Macmillan, 1980, p.121. 첫 번째 가설은 너무 개략적이고, 두 번째 가설은 완전히 부정확한 것으로 보이는데, 왜냐

하면 마르크스가 1881년에 대부분의 작업을 수행했기 때문에 (그해 말에 작업을 시작했다면-역자) 분명 그 프로젝트를 1882년의 어느 시점까지 계속 추진했을 것이기 때문이다. 우리는 이 노트가 쓰인 시기를 원고에 쳐진 다양한 스타일의 밑줄과 1882년 12월 23일에 마르크스가 딸 엘리너에게 쓴 편지를 통해 추측해볼 수 있다(본 책 '에필로그'의 미주 1 참고). 따라서 이 네 권의 노트들(IISH Marx-Engels Papers B 157, B 158, B 159, B 160)이 마르크스가 런던과 와이트 섬 사이를 오가면서 지냈던 그의 마지막 18개월에 걸쳐 있는 두 번의 지적활동 시기—1881년 가을부터 1882년 2월 9일까지, 그리고 1882년 10월 초부터 1883년 1월 12일까지—에 쓰였다는 것은 논쟁거리이다. 분명한 것은 그가 프랑스와 알제리, 스위스에서 보낸 1882년의 8개월 동안에는 이 역사에 관한 연표작업을 하지 않았다는 것이다.

85 마르크스의 이 네 권의 노트를 훌륭하게 복원해낸 크래트케는 마르크스가 "근대 자본주의의 맹아를… 13세기 말 이탈리아 도시국가의 경제적 발전에서" 찾고 있다고 주장한다. Michael Krätke, op. cit., p.163.

86 이 네 권의 노트 표지에는 엥겔스가 마르크스의 유산을 정리할 때 붙인 제목—연대순 발췌(Chronological extracts). 1권: 기원전 96년에서 1320년까지, 2권: 1300년부터 1470년까지, 3권: 1470년부터 1580년까지, 4권: 1580년부터 1648년까지—이 달려 있다. 각 노트의 내용은 엥겔스가 적은 년도와 조금씩 다르다. 이 노트들 중에서 유일하게 출간된 것은 네 번째 노트의 긴 한 절인데, Karl Marx and Friedrich Engels, *Über Deutschland und die deutsche Arbeiterbewegung*. Berlin: Dietz, 1953, pp.285-516을 참고하라.

87 엥겔스가 마르크스에게 보낸 1882년 1월 8일자 편지, MECW, vol.46, p.174.

88 엥겔스가 페르디난트 니우하우스에게 보낸 1881년 12월 29일자 편지, MECW, vol.46, p.167.

89 마르크스가 예니 롱게에게 보낸 1881년 12월 17일자 편지, MECW, vol.46, p.131.

90 마르크스가 엥겔스에게 보낸 1882년 1월 5일자 편지, MECW, vol.46, p.171.

91 마르크스가 라우라 라파르그에게 보낸 1882년 1월 4일자 편지, MECW, vol.46, p.170.

92 엘리너 마르크스가 예니 롱게에게 보낸 1882년 1월 8일자 편지, Meier, Olga(ed.), *The Daughters of Karl Marx: Family Correspondence 1866-1898.* New York: Harcourt Brace Jovanovich, 1982, p.145-146. 전체 일화에 대해서는 Yvonne Kapp, op. cit., pp.225-228을 참고하라. 1882년 1월 4일에 마르크스는 라우라에게 다음과 같이 편지를 썼다. "엘리너가 신경성 경련 때문에 몹시 고통스러워하면서 아무것도 먹질 않고 하루 종일 읽고 쓰기만 한단다… 마치 자신을 희생하는 순교자처럼, 단순히 의무감에서 나와 함께 있는 것을 겨우 참아내는 것 같구나." 마르크스가 라우라 라파르그에게 쓴 1882년 1월 4일자 편지, MECW, vol.46, p.169.

93 독일 의회의 토론 속기 보고서인 Stenographische Berichte über die Verhandlungen des Reichstags, I, Berlin 1882, p.486을 참고하라. 비스마르크의 이 연설은 독일의 거대 산업 중심지에서 있었던 선거 패배 이후에 이루어졌다.

94 마르크스가 엥겔스에게 보낸 1882년 1월 15일자 편지, MECW, vol.46, p.109.

95 엥겔스가 베른슈타인에게 보낸 1882년 1월 25일자 편지, MECW, vol.46, pp.186-187. 엥겔스는 "이탈리아는 비스마르크의 독일제국보다는 안전하지만, 이를 제외한 다른 어떤 지역들에 비해 보증할 (만한) 것이 없다"고 보았다. 또 마르크스가 표트르 라브로프에게 보낸 1882년 1월 25일자 편지, MECW, vol.46, p.184도 참고하라.

96 Gilbert Badia, Marx en Algérie, Karl Marx, *Lettres d'Alger et de la Côte d'Azur*. Paris: Le Temps des Cerises, 1997, p.17을 참고하라.

97 Eleanor Marx, in Enzensberger(ed.), *Gespräche mit Marx und Engels*, vol.2, pp.577-578.

98 마르크스가 엥겔스에게 보낸 1882년 1월 12일자 편지, MECW, vol.46,

p.176. 엘리너 마르크스와 마르크스의 특별한 관계에 대해서는 다음을 참고하라. Yvonne Kapp, *Eleanor Marx: Family Life* 1855-1883, op. cit; Chushichi Tsuzuki, *The Life of Eleanor Marx, 1855-1898: A Socialist Tragedy*. Oxford: Clarendon Press, 1967; Eva Weissweiler, *Tussy Marx: Das Drama der Vatertochter*. Köln: Kiepenheuer & Witsch, 2000; Rachel Holmes, *Eleanor Marx: A Life*. London: Bloomsbury, 2014.

99 마르크스는 엥겔스에게 "여권 같은 것은 필요 없더군. 표에는 기독교인 여부와 성(姓)을 제외하고는 아무것도 들어가지 않아"라고 편지를 썼다. 마르크스가 엥겔스에게 보낸 1882년 2월 17일자 편지, MECW, vol.46, p.200.

100 마르크스의 알제리 수도(알제-역자)로의 여행은 마르크스 전기 작가들로부터 그리 많은 관심을 받지 못했다. 알제에서 태어난 자크 아탈리조차 그의 책에서 이에 대해 단 반페이지만 할애하였다. Jacques Attali, *Karl Marx, ou l'Esprit du monde*, Paris: Librairie Arthème-Fayard, 2005, p.410. 마르크스의 체류에 대한 몇몇 부정확한 설명에도 불구하고, 그는 마르크스가 1881년 여름부터 1883년 봄 사이에 알제리의 오란(Oran)에서 일어난 봉기에 대해 모르고 있었다고 강조했다. 마를레네 베스페르는 그의 책에서 마르크스가 알제를 방문한 동안 직접 목격한 모든 사건들을 매우 치밀하게 추적하였다. Marlene Vesper, *Marx in Algier*, Bonn: Pahl-Rugenstein Nachfolger, 1995. 그 밖에도 René Gallissot(ed.), *Marxisme et Algérie*. Paris: Union générale d'éditions, 1976, 최근 출간된 Hans Jürgen Krysmanski, *Die letzte Reise des Karl Marx*, Frankfurt am Main: Westend, 2014를 참고하라. 크뤼스만스키의 책은 원래 마르크스의 알제 체류를 그린 영화의 시나리오로 쓰인 것이지만, 결국 자금 부족으로 영화로 제작되지 못했다.

4장 무어인의 마지막 여정

1 마르크스가 엥겔스에게 보낸 1882년 3월 1일자 편지, MECW, vol.46, pp.213-214.

2 마르크스가 예니 롱게에게 보낸 1882년 3월 16일자 편지, MECW, vol.46,

pp.219.

3 마르크스가 엥겔스에게 보낸 1882년 3월 1일자 편지, MECW, vol.46, pp.215.

4 마르크스가 폴 라파르그에게 보낸 1882년 3월 20일자 편지, MECW, vol.46, p.221. 그는 편지에 "내가 여기 온 건 내가 원해서가 아니라 아프리카의 태양과 좋은 바깥 공기에 대한 고정관념 때문일세"라고 덧붙였다.

5 마르크스가 예니 롱게에게 보낸 1882년 3월 16일자 편지, MECW, vol.46, p.218.

6 마르크스가 예니 롱게에게 보낸 1882년 3월 27일자 편지, MECW, vol.46, p.224. 그는 편지에 다음과 같이 덧붙였다. "우리끼리 얘기지만, 와이트섬의 날씨가 좋지 않았어도, 거기서는 아빠의 건강 상태가 사람들이 놀랄 정도로 많이 좋아졌었지… 반대로 런던에서는 엥겔스의 극성이… 나를 실로 힘들게 했단다. 아빠는 더 이상 참을 수가 없을 것 같았어. 그래서 무슨 수를 써서라도 런던을 벗어나야 한다는 조급함이 앞섰지! 사람은 진정한 사랑으로 누군가를 죽일 수 있단다. 회복기 환자에게는 무엇보다 그런 상황이 가장 위험해!"

7 마르크스가 폴 라파르그에게 보낸 1882년 3월 20일자 편지, MECW, vol.46, pp.221-222.

8 마르크스가 엥겔스에게 보낸 1882년 3월 1일자 편지, MECW, vol.46, p.215.

9 마르크스가 엥겔스에게 보낸 1882년 3월 28-31일자 편지, MECW, vol.46, p.226.

10 마르크스가 예니 롱게에게 보낸 1882년 3월 16일자 편지, MECW, vol.46, p.219.

11 마르크스가 예니 롱게에게 보낸 1882년 3월 27일자 편지, MECW, vol.46, p.225.

12 마르크스가 엥겔스에게 보낸 1882년 3월 1일자 편지, MECW, vol.46, p.213; p.215.

13 마르크스가 엥겔스에게 보낸 1882년 4월 4일자 편지, MECW, vol.46,

p.229.

14 마르크스가 표트르 라브로프에게 보낸 1882년 1월 25일자 편지, MECW, vol.46, p.184.

15 마르크스가 예니 롱게에게 보낸 1882년 3월 27일자 편지, MECW, vol.46, p.225. 1881년 10월, 『자본』 출판자인 오토 마이스너는 마르크스에게 새로운 판을 준비하면서 기출간된 『자본』 1권의 몇 가지 내용을 수정하거나 보완해줄 것을 요청했다.

16 마르크스가 폴 라파르그에게 보낸 1882년 3월 20일자 편지, MECW, vol.46, p.221.

17 마르크스가 예니 롱게에게 보낸 1882년 4월 6일자 편지, MECW, vol.46, p.230.

18 마르크스가 엥겔스에게 보낸 1882년 5월 20일자 편지, MECW, vol.46, p.210.

19 폴 라파르그가 엥겔스에게 보낸 1882년 6월 19일자 편지를 참고하라. Friedrich Engels, Paul and Laura Lafargue, *Correspondence*, vol.1(1868-1886), Moscow: Foreign Languages Publishing House, 1959, p.87.

20 엥겔스가 베른슈타인에게 보낸 1882년 2월 22일자 편지, MECW, vol.46, pp.210-211 참고. 라파르그가 이후에 "마르크스는 아프리카와 아랍에 대한 풍부한 지식을 갖고 돌아왔다. 그는 알제에 머문 시간을 이용하여 거기 도서관에 있는 책들을 모조리 읽었다. 내가 봤을 때 그는 아랍 상황을 다룬 수많은 글들을 읽은 것 같다"고 말한 것은 분명 과장된 것이다. 폴 라파르그가 엥겔스에게 보낸 1882년 6월 16일자 편지, Friedrich Engels, Paul and Laura Lafargue, op. cit., p.83. 바디아가 지적한 바 있듯이, "마르크스가 알제에서 쓴 편지들이 다방면에 걸친 그의 호기심을 증명해줌"에도 불구하고, 확실히 그는 "프랑스 식민지의 사회적 · 정치적 상황에 대해 많이 공부"할 수 없었던 것 같다. Gilbert Badia, Marx en Algérie, Karl Marx, *Lettres d'Alger et de la Côte d'Azur*. Paris: Le Temps des Cerises, 1997, p.13.

21 Karl Marx, *Excerpts from M. M. Kovalevskij(Kovalevsky)*, *Obschinnoe*

Zemlevladenie. Prichiny, hod i posledstviya ego razlozheniya(Communal landownership. Causes, course and consequences), in Lawrence Krader, *The Asiatic Mode of Production. Sources, Development and Critique in the Writings of Karl Marx*. Assen: Van Gorcum, 1975, p.405. 괄호 안의 말은 마르크스가 추가하였고, 큰따옴표로 표시한 Debates of the National Assembly에서 인용한 부분은 코발레프스키 책에 원래 포함되어 있다. 원출처는 다음과 같다. *Annales de l'assemblée nationale du 1873*, vol.XVII, Paris, 1873. 이 발췌문은 1879년 9월에 작성되었다. 이에 대해서는 Kevin Anderson, *Marx at the Margins*. Chicago: The University of Chicago Press, 2010, pp.219-220을 참고하라.

22 Karl Marx, *Excerpts from M. M. Kovalevskij*, p.411; p.408; p.412.

23 Ibid., p.412.

24 Marlene Vesper, *Marx in Algier*, Bonn: Pahl-Rugenstein, 1995, pp.33-34를 참고하라. 이 책에는 『라흐바르』지에 실린 "양도(Les Concessions)"라는 기사 글이 그대로 복사되어 있다.

25 마르크스가 폴 라파르그에게 보낸 1882년 3월 20일자 편지, MECW, vol.46, p.220. 마르크스는 편지에 "남미 곳곳에서도 이런 관행을 볼 수 있다네"라고 덧붙였다.

26 여기서 말한 16통의 편지는 남아 있는 편지만을 센 것이다. 실제로는 마르크스가 딸 엘리너에게 보낸 편지들을 비롯해 더 많은 편지들이 작성되었으나, 그 편지들은 시간이 지나면서 유실되었다. "아버지는 알제에서 장문의 편지들을 보내주셨다. 그런데 그 가운데에 상당수를 지금 소지하고 있지 않은데, 그 까닭은 언니 예니에게 그것들을 보낸 이후 거의 돌려받지 못했기 때문이다." Eleanor Marx, in Hans Magnus Enzensberger(ed.), *Gespräche mit Marx und Engels*, vol.2. Frankfurt am Main: Insel, 1973, p.578.

27 마르크스가 예니 롱게에게 보낸 1882년 4월 6일자 편지, MECW, vol.46, pp.231-232.

28 마르크스가 라우라 라파르그에게 보낸 1882년 4월 13-14일자 편지,

MECW, vol.46, p.242.

29 Ibid., p.238.

30 마르크스가 엥겔스에게 보낸 1882년 4월 8일자 편지, MECW, vol.46, p.234.

31 마르크스가 엥겔스에게 보낸 1882년 4월 18일자 편지, MECW, vol.46, pp.246-247.

32 마르크스가 라우라 라파르그에게 보낸 1882년 4월 13-14일자 편지, MECW, vol.46, p.243.

33 마르크스가 엥겔스에게 보낸 1882년 4월 28일자 편지, MECW, vol.46, p.249.

34 마르크스 스스로도 비록 그가 사진을 찍기 8주 전부터 "제대로 쉰 날이 단 하루"도 없었지만, "카메라 앞에서는 환한 얼굴을 지었다"고 말했다. Ibid. 엥겔스는 마르크스의 말을 듣고 매우 즐거워했다. 그는 베벨에게 편지를 쓰면서 "마르크스가 알제에서 사진을 찍었는데, 완전히 예전의 모습으로 다시 돌아간 것처럼 보인다네"라고 적었다. 엥겔스가 아우구스트 베벨에게 보낸 1882년 5월 16일자 편지, MECW, vol.46, p.259. Marlene Vesper, op. cit., pp.130-135와 비교해보라.

35 마르크스가 엥겔스에게 보낸 1882년 5월 8일자 편지, MECW, vol.46, p.253.

36 마르크스가 엘리너 마르크스에게 보낸 1882년 5월 28일자 편지, MECW, vol.46, p.267.

37 마르크스가 엥겔스에게 보낸 1882년 6월 5일자 편지, MECW, vol.46, p.272 참고.

38 마르크스가 엥겔스에게 보낸 1882년 5월 20일자 편지, MECW, vol.46, p.262. 마르크스는 딸들에게 그의 병이 악화되었다는 소식을 알리지 않았는데, "이는 불필요하게 딸들을 놀라게 할 것"이기 때문이었다. Ibid., p.264.

39 마르크스가 엥겔스에게 보낸 1882년 5월 8일자 편지, MECW, vol.46, p.254.

40 마르크스가 엘리너 마르크스에게 보낸 1882년 5월 28일자 편지, MECW, vol.46, p.268.

41 Ibid., p.269. 영국의 기술공인 조세프 재거스가 판돈을 쓸어 가는 방법을 발견했는데, 이는 어떤 과학적 체계에 의해서가 아니라 단순히 기계의 기능 장애를 살펴보다가 이루어진 것이었다. 1873년에 그는 한 룰렛 휠이 다른 휠들보다 훨씬 불균형해서 다른 것들에 비해 9개의 숫자가 더 자주 나온다는 사실을 알게 됐다. 재거스는 카지노가 이런 결점을 알아차려서 간단히 고치기 전에 황급히 150만 프랑을 땄다.

42 마르크스가 엥겔스에게 보낸 1882년 6월 5일자 편지, MECW, vol.46, p.272.

43 Ibid., p.274.

44 마르크스가 예니 롱게에게 보낸 1882년 6월 4일자 편지, MECW, vol.46, p.271.

45 마르크스가 엥겔스에게 보낸 1882년 6월 5일자 편지, MECW, vol.46, p.274. 마르크스가 여기서 쓴 "사람들과의 교제"라는 표현은 아돌프 폰 크니게(Adolph von Knigge, 1752-1796)가 쓴 『사람들과의 교제에 관하여 *On Intercourse with People*』(1788)의 제목을 그대로 인용한 것이다.

46 마르크스가 예니 롱게에게 보낸 1882년 6월 4일자 편지, MECW, vol.46, p.272.

47 마르크스가 엥겔스에게 보낸 1882년 6월 9일자 편지, MECW, vol.46, p.275.

48 Ibid. 엥겔스가 조르게에게 알려준 것처럼 "마르크스가 더 멀리 이동할지 여부는… 전적으로 두올랑의 소견에 달려 있었다." 엥겔스가 프리드리히 조르게에게 보낸 1882년 6월 20일자 편지, MECW, vol.46, p.278.

49 마르크스가 엥겔스에게 보낸 1882년 6월 24일자 편지, MECW, vol.46, p.284. 아르장퇴유에 있는 딸의 집으로 돌아온 뒤에도 날씨는 마르크스를 괴롭혔는데, 이에 대해서는 라파르그의 다음과 같은 언급을 참고하라. "파리 사람들은 절망에 빠져 있습니다. 그들은 이런 6월을 겪어본 적이 없거든요. 어떤 이들은 영국에 있는 것처럼 날씨가 지독하다고 여기지

요. 마르크스는 이런 나쁜 날씨를 참아내고 있습니다. 그는 어디를 가든, 테이블에 앉자마자, 어제는 날씨가 좋았는데 오늘은 끔찍하다는 등의 날씨에 관한 불평을 듣곤 한다고 말했습니다. 이에 대해 마르크스는 '제 잘못입니다. 제가 나쁜 날씨를 몰고 다니거든요'라고 답했다고 합니다. 마르크스가 중세시대에 살았다면, 마법사로 몰려 화형에 처해졌겠지요." 폴 라파르그가 엥겔스에게 보낸 1882년 6월 16일자 편지, Friedrich Engels, Paul and Laura Lafargue, op. cit., p.85.

50 마르크스가 엥겔스에게 보낸 1882년 7월 4일자 편지, MECW, vol.46, pp.290-291.

51 마르크스가 엥겔스에게 보낸 1882년 8월 3일자 편지, MECW, vol.46, pp.296-298.

52 마르크스가 엥겔스에게 보낸 1882년 8월 21일자 편지, MECW, vol.46, p.308. 얼마 지나지 않아서 엥겔스는 예니에게 다음과 같이 편지를 썼다. "마르크스를 그렇게 끈질기게 괴롭힌 나쁜 날씨에서도 그의 건강 상태가 호전되었다는 것에 우리는 충분히 만족해야 한단다. 세 번의 늑막염을 겪었고, 그중 두 번은 매우 심각했잖니… 아직 남아 있는 그의 기관지염을 위해 앙기엥이나 꼬트레(Cauterets, 피레네에 있는 온천마을—역자)에 조금 더 머물고 나면, 알프스나 피레네 고지역의 좋은 기후가 그를 치유해서 그가 다시 일을 시작할 수 있게 해줄 거야." 엥겔스가 예니 롱게에게 보낸 1882년 8월 27일자 편지, MECW, vol.46, pp.315-316.

53 마르크스가 라우라 라파르그에게 보낸 1882년 6월 17일자 편지, MECW, vol.46, p.277.

54 마르크스가 엥겔스에게 보낸 1882년 8월 24일자 편지, MECW, vol.46, p.310.

55 마르크스가 엥겔스에게 보낸 1882년 8월 21일자 편지, MECW, vol.46, p.308.

56 마르크스가 엥겔스에게 보낸 1882년 8월 24일자 편지, MECW, vol.46, p.310.

57 마르크스가 엥겔스에게 보낸 1882년 9월 4일자 편지, MECW, vol.46,

p.317.

58 엥겔스가 마르크스에게 보낸 1882년 9월 12일자 편지, MECW, vol.46, p.319.

59 마르크스가 엥겔스에게 보낸 1882년 9월 16일자 편지, MECW, vol.46, p.326.

60 마르크스가 엥겔스에게 보낸 1882년 9월 28일자 편지, MECW, vol.46, p.337.

61 마르크스가 엥겔스에게 보낸 1882년 9월 30일자 편지, MECW, vol.46, pp.338-339.

62 마르크스가 라우라 라파르그에게 보낸 1882년 10월 9일자 편지, MECW, vol.46, p.340.

63 엥겔스가 폴 라파르그에게 보낸 1882년 10월 30일자 편지, MECW, vol.46, p.352. 이틀 전에, 엥겔스는 독일에 있는 베벨에게 다음과 같이 편지를 썼다. "마르크스는… 내일 모레 와이트 섬으로 떠나네… (그는) 좋은 상태로 회복되고 있어서, 늑막염이 재발하지만 않는다면, 다음 가을에는 우리가 수년간 봐왔던 모습보다 훨씬 튼튼해져 있을 걸세." 엥겔스가 아우구스트 베벨에게 보낸 1882년 10월 28일자 편지, MECW, vol.46, p.349; p.351. 하지만 이후에 엥겔스는 이보다 더 부정적이고 좀 더 정확한 회복상태를 알려주었다. "(마르크스는) 이리저리 떠돌고 아무것도 하지 않는 생활에 진저리를 쳐서, 남유럽으로 떠나면 그의 몸 상태는 좋아지겠지만, 그만큼 그의 사기는 떨어질 걸세. 런던에 안개가 끼는 계절이 시작되면서 그는 와이트 섬으로 이동했는데, 그곳에 계속 비가 내려서 다시 감기에 걸리고 말았지 뭔가." 엥겔스가 프리드리히 조르게에게 보낸 1883년 3월 15일자 편지, MECW, vol.46, p.461.

64 마르크스가 엘리너 마르크스에게 보낸 1882년 11월 10일자 편지, MECW, vol.46, p.371.

65 마르크스가 엥겔스에게 보낸 1882년 11월 11일자 편지, MECW, vol.46, p.375.

66 마르크스가 엥겔스에게 보낸 1882년 11월 8일자 편지, MECW, vol.46,

p.366; p.365.

67 마르크스가 엘리너 마르크스에게 보낸 1882년 11월 10일자 편지, MECW, vol.46, p.371.

68 엥겔스가 마르크스에게 보낸 1882년 11월 23일자 편지, MECW, vol.46, p.385.

69 마르크스가 엥겔스에게 보낸 1882년 12월 4일자 편지, MECW, vol.46, p.392.

70 마르크스가 라우라 라파르그에게 보낸 1882년 12월 14일자 편지, MECW, vol.46, pp.398-399.

71 마르크스가 엥겔스에게 보낸 1882년 12월 18일자 편지, MECW, vol.46, p.409.

72 마르크스가 라우라 라파르그에게 보낸 1882년 12월 14일자 편지, MECW, vol.46, p.398.

73 마르크스는 아흐마드 우라비(Ahmad Urabi, 1841-1911)의 군대와 영국군이 적대한 1882년 전쟁에 대해 언급하였다. 이 텔 엘-케비르 전투(battle of Tell al-Kebir, 1882년 9월 13일)는 1879년 시작된 이른바 우라비 혁명의 종식과 이집트의 영국 보호령으로의 편입으로 끝이 났다.

74 마르크스가 엘리너 마르크스에게 보낸 1883년 1월 9일자 편지, MECW, vol.46, pp.332-333.

75 IISH, Marx-Engels Papers, B 98, pp.11-18을 참고하라.

76 IISH, Marx-Engels Papers, A 113, B 167을 참고하라. 후자(B 167)에는 "내 책꽂이에 있는 러시아 책들"이라는 목록이 들어 있는데, 이는 그가 개인 서가에 가지고 있던 러시아어로 쓰인 간행물들을 적은 것이다. 이는 마르크스에게 충분한 시간과 체력이 있었다면, 그가 이런 문제들로 다시 돌아가려고 했을 거라는 주장을 가능케 한다.

77 마르크스가 이 책들을 사용한 것에 대해 더 알고 싶으면 *Die Bibliotheken von Karl Marx und Friedrich Engels*, MEGA², vol.IV/32, p.597; p.343; p.463; p.667; pp.603-604; pp.245-246을 참고하라.

78 마르크스가 라우라 라파르그에게 보낸 1882년 12월 14일자 편지,

MECW, vol.46, p.311.

79 마르크스가 엥겔스에게 보낸 1882년 11월 11일자 편지, MECW, vol.46, p.375.

80 마르크스가 라파르그에게 쓴 이 문장—Ce qu'il y a de certain c'est que moi, je ne suis pas Marxiste—은 엥겔스가 베른슈타인에게 보낸 1882년 11월 2-3일자 편지에 나와 있다. MECW, vol.46, p.356. 엥겔스는 "지금 프랑스에서 '마르크스주의'라고 알려진 것은… 완전히 기이한 산물이라네"라고 한탄했다. 실제로 그는 7년 뒤인 1890년 9월 7일에 『사회민주주의자』의 편집장과 나눈 대화에서도 이 같은 생각을 반복해서 전했다. 이에 대해서는 Frederich Engels, Draft of a Reply to the Editors of the Sachsischen Arbeit-Zeitung, MECW, vol.27, pp.67-68과 엥겔스가 콘라드 슈미트에게 보낸 1890년 8월 5일자 편지, 폴 라파르그에게 보낸 1890년 8월 27일자 편지를 참고하라. MECW, vol.49, p.7; p.22. 카우츠키는 이 어구를 부정확하게 언급하면서 마르크스가 자신과 대화할 때 이런 표현을 사용했다고 주장했다. 이에 대해서는 Benedikt Kautsky(ed.), *Friedrich Engels' Briefwechsel mit Karl Kautsky*. Wien: Danubia, 1955, p.90을 참고하라. 또 『자본』의 러시아어 번역자인 게르만 로파틴(German Lopatin)이 마리야 오샤니나(Mariya Oshanina)에게 보낸 1883년 9월 20일자 편지에서 "제가 마르크스 자신이 마르크스주의자가 아니라고 얘기했던 것을 기억합니까?"라고 언급한 것과 비교해보라. 엥겔스는 브루스와 말롱, 그리고 그들의 동료들이 다른 사회주의자들과 싸우는 동안 마르크스가 웃으면서 "내가 할 수 있는 말이라고는 내가 마르크스주의자가 아니라는 것뿐이라네!"라고 말한 것을 전하기도 했다. Enzensberger(ed.), op. cit., p.583. 그리고 Maximilien Rubel, *Marx critique du marxisme*. Paris: Payot, 1974, pp.20-22도 참고하라.

에필로그 : 마지막 몇 주

1 마르크스가 엘리너 마르크스에게 보낸 1882년 12월 23일자 편지, MECW, vol.46, pp.417-418. 마르크스는 이 편지에서 그가 1881년 가을

부터 준비하기 시작한 세계사 연표작업에 대해 언급하였다.

2 마르크스가 제임스 윌리엄슨에게 보낸 1883년 1월 6일자 편지, MECW, vol.46, p.419.

3 마르크스가 엥겔스에게 보낸 1883년 1월 10일자 편지, MECW, vol.46, p.425.

4 마르크스가 엘리너 마르크스에게 보낸 1883년 1월 8일자 편지, MECW, vol.46, pp.420-421.

5 마르크스가 엥겔스에게 보낸 1883년 1월 10일자 편지, MECW, vol.46, p.425.

6 마르크스가 엘리너 마르크스에게 보낸 1883년 1월 9일자 편지, MECW, vol.46, p.423.

7 Eleanor Marx, Reminiscences of Marx, *Reminiscences of Marx and Engels*, Moscw: Progress Publishing House, n.d., p.128.

8 마르크스가 제임스 윌리엄슨에게 보낸 1883년 1월 13일자 편지, MECW, vol.46, p.429.

9 엥겔스가 베른슈타인에게 보낸 1883년 1월 18일자 편지, MECW, vol.46, p.430.

10 엥겔스가 베른슈타인에게 보낸 1883년 2월 8일자 편지, MECW, vol.46, p.434.

11 엥겔스가 라우라 라파르그에게 보낸 1883년 2월 16-17일자 편지, MECW, vol.46, pp.440-441.

12 Ibid., p.441.

13 엥겔스가 베른슈타인에게 보낸 1883년 2월 27일-3월 1일자 편지, MECW, vol.46, p.351.

14 엥겔스가 아우구스트 베벨에게 보낸 1883년 3월 7일자 편지, MECW, vol.46, p.455.

15 엥겔스가 라우라 라파르그에게 보낸 1883년 3월 10일자 편지, MECW, vol.46, p.456.

16 엥겔스가 프리드리히 조르게에게 보낸 1883년 3월 15일자 편지, MECW,

vol.46, pp.461-462.

17 인용된 에피쿠로스의 말은 에피쿠로스가 메노이케우스에게 보낸 〈행복에 관한 편지〉에 담겨 있다.

18 엥겔스가 리프크네히트에게 보낸 1883년 3월 14일자 편지에 적힌 다음과 같은 구절과 비교해보라. "내 생각에는 일전의 아내의 죽음과 중대한 시기에 일어난 딸 예니의 죽음이 마르크스에게 마지막 위기를 초래한 것 같네." MECW, vol.46, p.458.

19 엥겔스는 이와 비슷한 내용의 편지를 베른슈타인에게도 보냈다. "프롤레타리아트의 운동은 계속되겠지만, 지금까지 여러 차례 있었던 지겨운 일탈에서 노동운동을 구했던 차분하고 시기적절하고 신중한 중재는 앞으로 이루어질 수 없을 걸세." 엥겔스가 베른슈타인에게 보낸 1883년 3월 14일자 편지, MECW, vol.46, p.459.

20 엥겔스가 프리드리히 조르게에게 보낸 1883년 3월 15일자 편지, MECW, vol.46, pp.462-463.

부록 : 빵과 장미를 위하여

1 엥겔스가 베른슈타인에게 보낸 1881년 10월 25일자 편지, MECW, vol.46, p.148.

2 Ibid., pp.148-149.

3 예니 롱게가 샤를르 롱게에게 보낸 1880년 11월 23일자 편지, MECW, vol.46, p.474.

4 마르크스가 프리드리히 조르게에게 보낸 1880년 11월 5일자 편지, MECW, vol.46, pp.43-44. "어리석은 항목들" 가운데에서 마르크스는 상속권 폐지(경제적 요구의 12항목을 보라)에 대해 회의적이었다. 이는 앙리 드 생시몽(Henri de Saint-Simon, 1760-1825)이 이전에 주장한 것으로, 마르크스는 제1인터내셔널 시기에 미하일 바쿠닌과 이에 대해 격한 논쟁을 벌였다. "만약 노동계급이 상속권을 폐지할 정도의 힘을 가진다면, 이는 (재산-역자) 몰수로 나아갈 만큼 그들이 강하다는 것입니다. 그렇다면 상속권의 폐지보다 몰수가 더 단순하고 효율적인 절차일 것입

니다." Karl Marx, On Inheritance, Marcello Musto(ed.), *Workers Unite! The International 150 Years Later*, London: Bloomsbury, 2014, p.159.

5 노동자 기록부는 어떤 한 노동자가 더 이상 이전 고용주에 대한 빚이나 의무가 없다는 것을 보여주는 증서였다. 이 증서를 제출하지 않은 노동자는 고용될 수 없었다. 이런 관행은 1890년에야 폐지되었다.

6 이는 1804년 제정된 나폴레옹 법전을 말한다.

7 파리코뮌을 말한다.

8 이러한 요구들은 19세기의 맥락에서 제시된 것임을 상기할 필요가 있다.

9 이러한 요구 또한 19세기 말의 맥락에서 제기된 것임을 이해할 필요가 있다.

10 직계 자손이 아닌 타인에게 상속하는 것을 말한다.

참고문헌

1. 마르크스의 저작

1.1 *Marx Engels Collected Works*(MECW) : 선집 출판순

Marx, Karl(1975), A Contribution to the Critique of Hegel's Philosophy of Law, MECW, vol.3, pp.3-129.

Marx, Karl and Friedrich Engels(1976), *The German Ideology*, MECW, vol.5, pp.19-581.

Marx, Karl(1976), *The Poverty of Philosophy*, MECW, vol.6, pp.105-212.

Marx, Karl and Friedrich Engels(1976), *The Manifesto of the Communist Party*, MECW, vol.6, pp.477-519.

Marx, Karl(1979), The Future Results of British Rule in India, MECW, vol.12, pp.217-223.

Marx, Karl(1985), Instructions for the Delegates of the Provisional General Council. The Different Questions, MECW, vol.20, pp.188-190.

Marx, Karl(1986), *The Civil War in France*, MECW, vol.22, pp.307-359.

Marx, Karl(1989), Critique of Gotha Program, MECW, vol.24, pp.75-99.

Marx, Karl(1989), K. Marx: Drafts of the Letter to Vera Zasulich: First Draft, MECW, vol.24, pp.346-360.

Marx, Karl(1989), K. Marx: Drafts of the Letter to Vera Zasulich: Second Draft, MECW, vol.24, pp.360-364.

Marx, Karl(1989), K. Marx: Drafts of the Letter to Vera Zasulich: Third Draft, MECW, vol.24, pp.364-369.

Marx, Karl(1989), K. Marx. Letter to Vera Zasulich, MECW, vol.24, pp.370-371.

Marx, Karl and Friedrich Engels(1989), Preface to the Second Russian Edition of *the Manifesto of the Communist Party*, MECW, vol.24, pp.425-426.

Marx, Karl(1989), Notes on Bakunin's Book *Statehood and Anarchy*, MECW, vol.24, pp.485-526

Marx, Karl(1989), Marginal Notes on Adolph Wagner's *Lehrbuch der politischen Ökonomie*, MECW, vol.24, pp.531-559.

Marx, Karl(1989), Account of Karl Marx's Interview with the *Chicago Tribune* Correspondent, MECW, vol.24, pp.568-579.

Marx, Karl(1989), Account of an Interview with John Swinton, Correspondent of *The Sun*, MECW, vol.24, pp.583-585.

Marx, Karl(1987), Outlines of the Critique of Political Economy(Rough Draft of 1857-58)[First Instalment], MECW, vol.28, pp.49-537.

Marx, Karl(1987), Outlines of the Critique of Political Economy(Rough Draft of 1857-58)[Second Instalment], MECW vol.29, pp.5-253.

Marx, Karl(1987), *A Contribution to the Critique of Political Economy*, MECW, vol.29, pp.257-417.

Marx, Karl(1996), *Capital*, vol. I, MECW, vol.35.

Marx, Karl and Friedrich Engels(1983), MECW, vol.40.

Marx, Karl and Friedrich Engels(1985), MECW, vol.41.

Marx, Karl and Friedrich Engels(1987), MECW, vol.42.

Marx, Karl and Friedrich Engels(1988), MECW, vol.43.

Marx, Karl and Friedrich Engels(1989), MECW, vol.44.

Marx, Karl and Friedrich Engels(1992), MECW, vol.46.

Marx, Karl and Friedrich Engels(1995), MECW, vol.47.

Marx, Karl and Friedrich Engels(2001), MECW, vol.48.

Marx, Karl and Friedrich Engels(2001), MECW, vol.49.

Marx, Karl and Friedrich Engels(2004), MECW, vol.50.

1.2 *Marx-Engels Gesamtausgabe*(MEGA²)

Marx, Karl(1983), MEGA², vol.II/5: Das Kapital.

Marx, Karl(1989), MEGA², vol.II/7: Le Capital, Paris 1872-1875.

Marx, Karl and Friedrich Engels(1999), MEGA², vol.IV/32: Die Bibliotheken von Karl Marx und Friedrich Engels.

1.3 단행본 및 미발표 수고

Marx, Karl, and Friedrich Engels(1953), *Über Deutschland und die deutsche Arbeiterbewegung*, Berlin: Dietz.

Marx, Karl(1972), *The Ethnological Notebooks of Karl Marx*, Lawrence Krader(ed.), Assen: Van Gorcum.

Marx, Karl(1975), Excerpts from M. M. Kovalevskij(Kovalevsky), *Obschinnoe Zemlevladenie. Prichiny, hod i posledstviya ego razlozheniya*[Communal landownership. Causes, course and consequences], Lawrence Krader(ed.), *The Asiatic Mode of Production. Sources, Development and Critiquein the Writings of Karl Marx*, Van Gorcum: Assen, pp.343-412.

Marx, Karl(1983). A Letter to the Editorial Board of *Otechestvennye Zapiski*', Teodor Shanin(ed.)(1984), *Late Marx and the Russian Road*, London: Routledge, p.135.

Marx, Karl(1987), *Marx Engels Werke*, vol.19, Berlin: Dietz.

Marx, Karl(2001), *Notes on Indian History*, Honolulu: University Press of the Pacific.

Marx, Karl, International Institute for Social History(IISH), Marx-Engels Papers, A113/B157/B158/B159/B160/B167.

Marx, Karl, International Institute for Social History(IISH), Marx-Engels Papers, B98, pp.11-18.

2. 그 밖의 문헌

Alcouffe, Alain(1985), Introduction, Alain Alcouffe(ed.), *Les manuscrits mathématiques de Marx*, Paris: Economica.

Anderson, Kevin(2010), *Marx at the Margins*, Chicago: The University of Chicago Press.

Attali, Jacques(2005), *Karl Marx, ou l'Esprit du monde*, Paris: Librairie Arthème-Fayard.

Badia, Gilbert(1997), Marx en Algérie, Karl Marx, *Lettres d'Alger et de la Côte d'Azur*, Paris: Le Temps des Cerises, pp.7-39.

Bax, E. Belfort(1881), Leaders of Modern Thought: xxiii. Karl Marx, *Modern Thought*, vol.3, no.2, pp.349-354.

Beckett, James Camlin(1981), *The Making of Modern Ireland 1603-1923*, London/Boston: Faber and Faber.

Berlin, Isaiah(1963), *Karl Marx: His Life and Environment*, London: Oxford University Press.

Bernstein, Edward(1921), *My Years of Exile*, London: Leonard Parsons.

Billington, James H.(1958), *Mikhailovsky and Russian Populism*, Oxford: Clarendon Press.

Bongiovanni, Bruno(1989), *Le repliche della storia*, Torino: Bollati Boringhieri.

Bottigelli, Emile(1961), La rupture Marx-Hyndman, *Annali dell'Istituto Giangiacomo Feltrinelli*, Milano: Feltrinelli, pp.621-629.

Briggs, Asa and John Callow(2008), *Marx in London: An Illustrated Guide*, London: Lawrence and Wishart.

Buber, Martin(1996), *Paths in Utopia*, Syracuse: Syracuse University Press.

Casiccia, Alessandro(1970), La concezione materialista della società antica e della società primitiva, Henry Morgan(ed.), *La società antica*, Milano: Feltrinelli, pp.xvii-xxvii.

Cafiero, Carl(1879), *Il Capitale di Carlo Marx brevemente compendiato da*

Carlo Cafiero. Libro Primo: Sviluppo della Produzione Capitalistica, Milano: E.Bignami e C. Editori.

Colin, Matthew(1995), *Gladstone: 1875-1898*, London: Clarendon Press.

Comyn, Marian(1922) My Recollections of Marx, *The Nineteenth Century and After*, vol.91, pp.161-169.

Dardot, Pierre and Christian Laval(2012), *Marx, prénom Karl*, Paris: Gallimard.

Dornemann, Luise(1971), *Jenny Marx: Der Lebensweg einer Sozialistin*, Berlin: Dietz.

Douglas, Roy(1976), *Land, People and Politics: A History of the Land Question in the United Kingdom, 1878-1952*, London: Allison and Busby.

Dussel, Enrique(1990), *El último Marx (1863-1882) y la liberación latinoamericana*, México D.F.: Siglo XXI.

Eaton, Henry(1980), Marx and the Russians, *Journal of the History of Ideas*, vol.41, no.1, pp.89-112.

Engels, Friedrich(1990), *The Origin of the Family, Private Property and the State*, MECW, vol.26, pp.129-276.

Engels, Friedrich(1990) Draft of a Reply to the Editors of the Sachsischen Arbeit-Zeitung, MECW, vol.27, pp.67-68.

Engels, Friedrich(1996), Preface to the English Edition, *Capital*, vol. I, MECW, vol.35, pp.30-36.

Engels, Friedrich(1996), Preface to the First German Edition, *Capital*, vol. II, MECW, vol. 36, pp. 5-23.

Enzensberger, Hans Magnus(ed.)(1973), *Gespräche mit Marx und Engels*, Frankfurt/Main: Insel Verlag.

Feuchtwanger, Edgar J.(1975), *Gladstone*, London: Allen Road.

Foner, Philip S.(ed.)(1983), *Karl Marx Remembered: Comments at the Time of His Death*, San Francisco: Synthesis Publications.

Gabriel, Mary(2011), *Love and Capital: Karl and Jenny Marx and the Birth of a Revolution*, New York/Boston/London: Little, Brown and Company.

Gailey, Christine Ward(2006), Community, State, and Questions of Social Evolution in Karl Marx's Ethnological Notebooks, Jacqueline Solway(ed.), *The Politics of Egalitarianism*, New York/Oxford: Berghahn Books, pp.31-52.

Gallissot, René(ed.)(1976), *Marxisme et Algérie*, Paris: Union générale d'éditions.

Garin, Sender(1991), *Three American Radicals: John Swinton, Charles P. Steinmetz, and William Dean Howells*, Boulder: Westview Press.

George, Henry(1997), *An Anthology of Henry George's Thought*, Kenneth C. Wenzer(ed.), Rochester: University of Rochester Press.

George, Henry(2006), *Progress and Poverty*, New York: Robert Schalkenbach Foundation.

Gibbons, James Sloan(1859), *The Banks of New-York, Their Dealers, Their Clearing-House, and the Panic of 1857*, New York: Appleton & Co..

Godelier, Maurice(1973), *Horizon, trajets marxistes en anthropologie*, Paris: Francois Maspero.

Hall, Alfred Rupert(1980), *Philosophers at War*, Cambridge: Cambridge University Press.

Harstick, Hans Peter, Richard Sperl and Hanno Strauß(1999), Einführung, MEGA², volIV/32: Die Bibliotheken von Karl Marx und Friedrich Engels, pp.7-102.

Holmes, Rachel(2014), *Eleanor Marx: A Life*, London: Bloomsbury.

Hyndman, Henry(1911), *The Record of an Adventurous Life*, New York: Macmillan.

Hyndman, Henry(1974), *England for All*, New York: Barnes & Noble.

Hyndman, Henry, International Institute of Social History(IISH), Marx-Engels Papers, C261/C262.

Institute of Marxism-Leninism(ed.)(1957), *Reminiscences of Marx and Engels*, Moscow: Foreign Languages Publishing House.

Kapp, Yvonne(1979), *Eleanor Marx: Family Life 1855-1883*, vol.1, London: Virago.

Kautsky, Benedikt(ed.)(1955), *Friedrich Engels' Briefwechsel mit Karl Kautsky*, Wien: Danubia.

Klein, Maury(1997), *The Life and Legend of Jay Gould*, Baltimore: Johns Hopkins University Press.

Krader, Lawrence(ed.)(1972), *The Ethnological Notebooks of Karl Marx*, Assen: Van Gorcum.

Krätke, Michael R.(2014), Marx und die Weltgeschichte, *Beiträge zur Marx-Engels-Forschung. Neue Folge*, 2014/15, pp.133-177.

Krysmanski, Hans Jürgen(2014), *Die letzte Reise des Karl Marx*. Frankfurt/Main: Westend.

Lafargue, Paul(1905), Friedrich Engels, *The Social Democrat*, vol.9, no.8, pp.483-488.

Lombardo Radice, Lucio(1972), Dai 'manoscritti matematici' di K. Marx, *Critica marxista-Quaderni*, no.6, pp.273-286.

Mehring, Franz(1962), *Karl Marx: The Story of His Life*, Ann Arbor: University of Michigan Press.

Meier, Olga(ed.)(1982), *The Daughters of Karl Marx: Family Correspondence 1866-1898*, New York: Harcoxurt Brace Jovanovich.

Morgan, Henry(1877), *Ancient Society*, New York: Henry Holt.

Mulhall, Michael George(1882), Egyptian Finance, *Contemporary Review*, vol. XLII, pp.525-535.

Musto, Marcello(2007), The Rediscovery of Karl Marx, *International Review of Social History*, vol.52, no.3, pp.477-498.

Musto, Marcello(ed.)(2008), *Karl Marx's Grundrisse: Foundations of the Critique of Political Economy 150 Years Later*, London/New York.

Musto, Marcello(ed.)(2012), *Marx for Today*, London: Routledge.

Musto, Marcello(ed.)(2014), *Workers Unite! The International 150 Years Later*, London: Bloomsbury.

Musto, Marcello(ed.)(2018출간예정), *The Marx Revival*, Cambridge: Cambridge

University Press.

Most, Johann(ed.)(1873), *Kapital und Arbeit. Ein populärer Auszug aus "Das Kapital" von Karl Marx*, MEGA², vol.II/8, pp.735-800.

Nieuwenhuis, Ferdinand Domela(1881), *Kapitaal en Arbeid*, Hague: s.e.

Payne, Robert(1969), *Marx: A Biography*, New York: Simon & Schuster.

Peters, Heinz Frederick(1986), *Red Jenny: A Life with Karl Marx*, New York: St. Martin's.

Poggio, Pierpaolo(1978), *L'Obščina. Comune contadina e rivoluzione in Russia*, Milan: Jaca Book.

Ponzio, Augusto(2005), 'Introduzione. I manoscritti matematici di Marx', in *Karl Marx, Manoscritti matematici*, Milano: Spirali, pp.7-44.

Prawer, Siebert S.(2011) *Karl Marx and World Literature*, London: Verso.

Rae, John(1881), The Socialism of Karl Marx and the Young Hegelians, *The Contemporary Review*, vol.40, pp.585-607.

Renehan, Edward J.(2006), *Dark Genius of Wall Street: The Misunderstood Life of Jay Gould, King of the Robber Barons*, New York: Basic Books.

Rubel, Maximilien(ed.)(1972), *Karl Marx/Friedrich Engels: Die russische Kommune*, Munich: Hanser.

Rubel, Maximilien(1974), *Marx critique du marxisme*, Paris: Payot.

Rubel, Maximilien(1980), *Marx: Life and Works*, London: Macmillan.

Ryazanov, David(1925), Neueste Mitteilungen über den literarischen Nachlaß von Karl Marx und Friedrich Engels, *Archiv für die Geschichte des Sozialismus und der Arbeiterbewegung*, vol.11, pp.385-400.

s.n.(1882) Stenographische Berichte über die Verhandlungen des Reichstags, I, Berlin.

s.n.(1989), Sir Mountstuart Elphinstone Grant Duff's Account of a Talk with Karl Marx: From a Letter to Crown Princess Victoria, 1 February 1879, MECW, vol.24, p.580-583.

Said, Edward(1995), *Orientalism*, London: Routledge.

Sawer, Marian(1977), *Marxism and the Question of the Asiatic Mode of Production*, The Hague: Martinus Nijhoff.

Shannon, Richard(1999), *Gladstone*, vol.2: 1865-1898, Chapel Hill: The University of North Carolina Press.

Shanin, Teodor(1984), Late Marx: Gods and Craftsmen, Teodor Shanin(ed.), *Late Marx and the Russian Road*, London: Routledge, pp. 3-39.

Shanin, Teodor(ed.)(1984), *Late Marx and the Russian Road*, London: Routledge.

Tichelman, Fritjof(1983), *Schriften aus dem Karl-Marx-Haus, xxx, Marx on Indonesia and India*, Trier: Karl-Marx-Haus.

Tsuzuki, Chushichi(1961), *H.M. Hyndman and British Socialism*, London: Oxford University Press.

Tsuzuki, Chushichi(1967), *The Life of Eleanor Marx, 1855-1898: A Socialist TragEdy*, Oxford: Clarendon Press.

Vesper, Marlene(1995), *Marx in Algier*, Bonn: Pahl-Rugenstein Nachfolger.

Vorländer, Karl(1929), *Karl Marx*, Leipzig: F. Meiner.

Wada, Haruki(1984), Marx and Revolutionary Russia, Teodor Shanin(ed.), *Late Marx and the Russian Road*, London: Routledge, pp.40-76.

Walicki, Andrzej(1969), *Controversy Over Capitalism: Studies in the Social Philosophy of the Russian Populists*, Oxford: Clarendon Press.

Weissweiler, Eva(2002), *Tussy Marx: Das Drama der Vatertochter*, Köln: Kiepenheuer & Witsch.

Wurmbrand, Richard(1979), *Was Marx a Satanist?*, Glendale: Diane Books.

Venturi, Franco(1960), *Roots of Revolution: A History of the Populist and Socialist Movements in Nineteenth Century Russia*, New York: Alfred A. Knopf.

Yanovskaya, Sofya(1983), Preface to the 1968 Russian Edition, Karl Marx, *Mathematical Manuscripts*, London: New Park Publications, pp.vii-xxvi.

Zasulich, Vera(1984), A Letter to Marx, Teodor Shanin(ed.), *Late Marx and the Russian Road*, London: Routledge, pp.98-99.

마르크스 연보: 1881-1883년

1881년	
1월 말 ~ 6월	영국 런던에서 지내면서 1880년 말에 시작한 모건과 머니, 피어, 메인의 인류학 연구들에 관한 요약을 끝마친다. 이런 내용을 담고 있는 『민족학 노트』는 약 200페이지에 달한다. 이와 동시에 『수학 수고』에 실을 미분학 관련 집필에도 전념한다. 2월 후반부터 3월 8일까지는 베라 자술리치에게 보낼 러시아 농촌 공동체에 관한 초안과 서신을 작성한다.
6월 마지막 주 ~ 7월 19일쯤	아내 예니 폰 베스트팔렌과 함께 영국 이스트본에 머문다.
7월 20일 ~ 25일쯤	런던으로 돌아와 프랑스로 떠날 준비를 한다.
7월 26일 ~ 8월 16일	아내 예니와 가정부인 헬레네 데무트와 함께 파리 근교인 아르장퇴유를 찾아 장녀 예니 롱게의 집을 방문한다.
8월 17일 ~ 12월 28일	런던으로 다시 돌아온다. 심도 있는 역사 연구들과, 슐로서, 보타의 책 발췌에 전념한다. 그 결과는 『연대기적 발췌』로 결실을 맺는데, 이 연구노트는 BC 91년부터 1648년 베스트팔렌 조약이 체결된 때까지 일어난 주요한 정치적 사건들과 그에 대한 마르크스의 주석을 담은 550페이지가 넘는 대작이다. 아픈 아내를 꾸준히 돌보면서도 여가시간을 이용해 러시아에 관한 최근 연구서적들을 읽었으며, 수학 연구도 다시 시작한다. 하지만 10월 중순 이후부터 늑막염과 기관지염에 시달렸고, 그 때문에 거의 두 달 동안 제대로 거동을 하지 못한다.

12월 2일	아내 예니가 세상을 떠난다.
12월 29일 ~ 31일	온화한 기후에서 지내기 위해 막내딸 엘리너와 함께 영국 와이트 섬의 벤트널로 여행을 간다.
1882년	
1월 1일 ~ 15일	영국 벤트널에 계속 머문다.
1월 16일 ~ 2월 8일	의사에게 자신의 건강 상태를 호전시킬 수 있는 가장 효과적인 치료법이 무엇인지 상담하기 위해 런던으로 돌아온다. 1월 21일에 엥겔스와 함께 러시아판 『공산당 선언』의 서문을 완성한다.
2월 9일 ~ 16일	알제리로 출발한다. 막내딸 엘리너와 계속 동행하였으며, 알제리로 가는 도중 장녀가 사는 프랑스 아르장퇴유에 잠시 들린다.
2월 17일	혼자서 여행을 계속한다. 프랑스로 건너가 마르세유에서 하룻밤을 보낸다.
2월 ㅋㅋㅋㅋ ~ 19일	알제리의 수도 알제에 가기 위해 증기선 사이드호를 타고 아프리카로 건너간다.
2월 20일 ~ 5월 2일	알제리 수도에 머무르면서 오래된 기관지염과 늑막염이 재발하여 두 달이 넘는 긴 시간 동안 고통스러운 치료를 받는다.
5월 3일 ~ 4일	건강 상태가 나아지자 다시 프랑스로 건너간다.
5월 5일	64번째 생일에 프랑스 마르세유에 도착하고, 잠깐 니스를 방문한다.
5월 6일 ~ 6월 3일	건강이 악화되어 추가 치료를 받아야 했기 때문에 몬테카를로에 머문다.

6월 4일 ~ 7일	의사의 조언에 따라 마르세유에서 파리로 여행을 떠나기 전에 칸을 잠시 방문한다.
6월 8일 ~ 8월 22일	아르장퇴유에 있는 장녀 예니 집을 방문한다. 7월초부터 8월 20일까지 프랑스 앙기앙레뱅에서 온천 치료를 받는다.
8월 23일 ~ 9월 27일	둘째 딸 라우라와 함께 스위스로 여행을 간다. 로잔에 잠시 머무른 뒤 제네바의 호반도시 브베에서 4주를 보낸다. 여행에서 돌아오는 길에 잠시 제네바에 들린다.
9월 28일 ~ 10월 6일	프랑스로 돌아온다. 딸 라우라와 함께 파리에 여장을 푼 뒤 아르장퇴유에 있는 딸 예니의 집을 잠시 방문한다.
10월 7일	영국으로 다시 돌아간다.
10월 8일 ~ 29일	3주 동안 런던에 머물면서 경제학, 인류학, 러시아에 관한 문헌들을 읽고 그 내용을 발췌해 엮는다.
10월 30일 ~ 12월 31일	영국 벤트널에서 건강 회복과 작업 재개에 어려움을 겪는다.
1883년	
1월 1일 ~ 12일	벤트널에 머무르고 있던 1월 12일에 장녀 예니의 사망 소식을 듣는다.
1월 13일 ~ 3월 13일	딸의 죽음으로 비탄에 빠져 곧바로 런던으로 돌아온다. 건강 상태는 폐농양으로 인해 급격히 악화된다. 얼마 남아 있지 않은 힘으로 도서 출판 목록을 찾아보고 프랑스 소설책을 읽는다.
3월 14일	영국 런던 메이트랜드 파크 로드 41번지 자택에서 심장마비로 숨을 거둔다.

마르크스 가계도

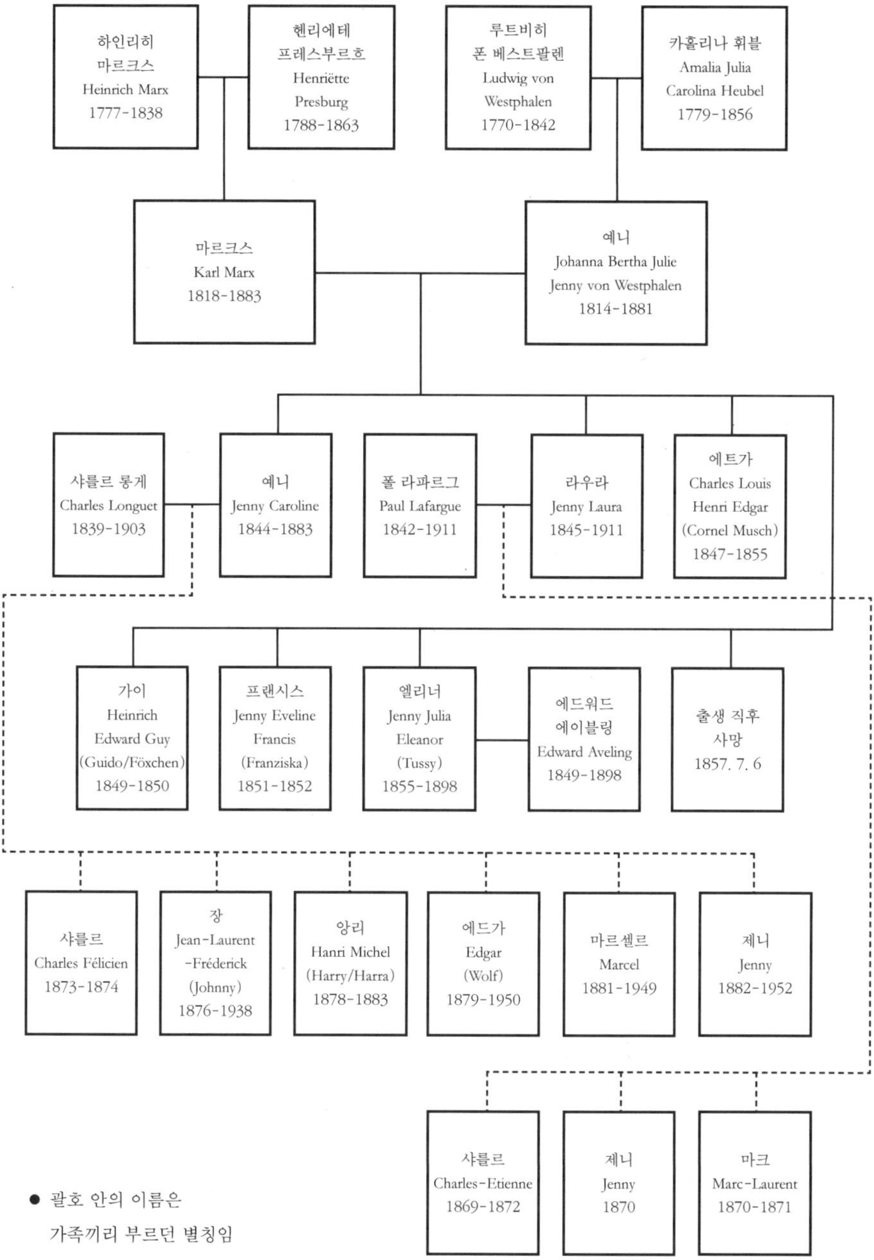

● 괄호 안의 이름은 가족끼리 부르던 별칭임

찾아보기

인명

ㄱ

가리발디(Garibaldi, Giuseppe) 138
가회비, 쥘(Grévy, Jules) 177
갈리소, 르네(Gallissot, René) 199
갈린, 센더(Garlin, Sender) 163
강베타, 레옹(Gambetta, Léon) 62
개일리, 크리스틴 워드(Gailey, Christine Ward) 170-171, 218
게드, 쥘(Guesde, Jules) 97, 140, 155-158
게이브릴, 메리(Gabriel, Mary) 195, 217
고골리(Gogol, Nikolai Vasilievich) 24
고들리에, 모리스(Godelier, Maurice) 169, 218
괴테(Goethe, Johann Wolfgang von) 23, 33
굴드, 제이(Gould, Jay) 56-57
그린, 존(Green, John) 118
글래스톤, 윌리엄(Gladstone, William Ewart) 58-60, 175-176
깨저트(Cazot, Jules-Théodore-Joseph) 62
꼴랑 남작(baron de Colins; Jean Guillaume César Alexandre Hippolyte) 54
꽁스탕(Constans, Jean Antoine Ernest) 62

ㄴ

뉴튼(Newton, Isaac) 46, 171-172
니부어, 바르톨트(Niebuhr, Barthold Georg) 36
니우하우스, 페르디난트(Nieuwenhuis, Ferdinand Domela) 49-51, 100-101, 172, 188, 197

ㄷ

다니엘손, 니콜라이(Danielson, Nikolai Frantsevich) 31-32, 34, 55, 102-103, 117, 163, 165-167, 175, 185, 188, 195-196
다르도, 피에르(Dardot, Pierre) 168, 217
다윈(Darwin, Charles Robert) 138, 179
닥터 스테판(Stéphann, Charles Eugène) 124
닥터 윌리엄슨(Dr. Williamson) 143-144, 146, 149, 208-209
닥터 쿠네만(Dr. Kunemann) 134, 137-138
닥터 퓨겔(Dr. Feugier) 139-140
단테(Alighieri, Dante) 23, 139
달랑베르, 장(d'Alembert, Jean-Baptiste Le Rond) 46
더글러스, 로이(Douglas, Roy) 175
더프, 마운트스튜어트 엘핀스톤 그랜트 (Duff, Mountstuart Elphinstone Grant)

165, 190
데무트, 헬레네(Demuth, Helene) 27, 110, 112, 148, 151, 222
데빌, 가브리엘(Deville, Gabriel) 140
도르네만, 루이저(Dornemann, Luise) 195, 217
돈킨, 브라이언(Donkin, Bryan) 32, 108, 115, 120, 124-125, 143, 150, 194
두셀, 엔리께(Dussel, Enrique D.) 183, 217
두올랑, 귀스타브(Dourlen, Gustave) 110-111, 139-140, 142, 204
뒤마, 알렉상드르(Dumas, Alexandre) 23
드 파에페(De Paepe, César) 97
디스레일리, 벤저민(Disraeli, Benjamin) 60
디킨즈(Dickens, Charles John Huffam) 23

ㄹ

라그랑쥬, 조제프-루이(Lagrange, Joseph-Louis) 46
라발, 크리스티앙(Laval, Christian) 168, 217
라브로프, 표트르(Lavrov, Pyotr Lavrovich) 198, 200
라살레, 페르디난트(Lassalle, Ferdinand) 96-97, 180
라스빠이유(Raspail, François-Vincent) 69
라시드 앗딘 시난(Rashid ad-Din Sinan) 141
라씬(Racine, Jean) 23
라이프니츠(Leibniz, Gottfried Wilhelm von) 27, 46, 171-172
라파르그, 라우라/마르크스, 라우라(Lafargue, Laura/Marx, Laura) 109, 130, 132-133, 140, 143-144, 146, 150, 164, 189, 192-194, 198, 202-203, 206-207, 209, 224-225
라파르그, 샤를르 에티엔느/슈나피(Lafargue, Charles Étienne/Schnappy) 193
라파르그, 폴(lafargue, Paul) 18, 23-24, 26, 97, 99, 110, 120, 125, 127, 138, 140, 146, 155, 158, 164, 178, 193, 200-202, 204-206, 208
랑케, 요하네스(Ranke, Johannes) 147
랴자노프, 다비드 보리소비치(Riazanov, David Borisovich) 167, 184
레니헌, 에드워드 J.(Renehan, Edward J.) 175, 220
레버, 찰스(Lever, Charles James) 23
레이, 존(Rae, John) 107
렌헨(Lenchen; Demuth Helene) 151
로이, 조제프(Roy, Joseph) 181
로트베르투스, 요한(Rodbertus, Johann Karl) 54
로파틴, 게르만(Lopatin, German Alexandrovich) 208
롬바르도 라디체, 루치오(Lombardo Radice, Lucio) 171, 219
롱게, 샤를르(Longuet, Charles) 18, 32, 59, 99, 187, 210
롱게, 앙리/해리;하라(Longuet, Henri/Harry;Harra) 32, 166
롱게, 에드가(Longuet, Edgar) 166
롱게, 예니/마르크스, 예니(Longuet, Jenny/Marx, Jenny) 58, 109-110, 156, 165-166, 175-176, 185-186,

188, 192, 194, 196-202, 204-205, 210, 222
롱게, 장/조니(Longuet, Jean-Laurent-Frederick/Johnny) 28, 32-33, 126, 166
루벨, 막시밀리안(Rubel, Maximilen) 185, 196
루터(Luther, Martin) 118
리싸가헤이, 포스뻬흐-올리비에(Lissagaray, Hippolyte-Prosper-Olivier) 63
리카도(Ricardo, David) 53
리프크네히트, 빌헬름(Liebknecht, Wilhelm) 150, 166, 210

ㅁ

마르크스, 엘리너/투시(Marx, Eleanor/Tussy) 27, 29, 109-110, 112-116, 119-121, 134-135, 143-144, 147-148, 194, 197-198, 202-203, 206-209, 223
마이스너, 오토(Meissner, Otto) 102, 201
마이어, 올가(Meier, Olga) 192, 198, 219
마호메트(Mahomet) 130
말롱, 베노아(Malon, Benoît) 97, 208
매튜, 헨리(Matthew, Henry Colin Gray) 176, 217
머니, 제임스(Money, James) 35, 43, 170, 222
멀홀, 마이클 조지(Mulhall, Michael George) 145
메링, 프란츠(Mehring, Franz) 166
메사, 호세(Mesa, José) 140
메인, 헨리(Maine, Henry Sumner) 35, 37, 42-43, 82, 222
모건, 루이스(Morgan, Lewis Henry) 34, 36-37, 39-42, 84, 168-169, 222
모로조프, 니콜라이(Morozov, Nikolai Alexandrovich) 186
모스트, 요한(Most, Johann) 100
몰리에르(Molière, Jean Baptiste Poquelin) 23
몽테뉴(Montaigne, Michel Eyquem de) 23
무스토, 마르셀로(Musto, Marcello) 5, 6, 10
무어, 사무엘(Moore, Samuel) 48
뮐르너, 아만두스(Müllner, Amandus Gottfried Adolf) 134
미네이코, 제랄드(Mineiko, Gerard) 145
미하일로프스키, 니콜라이(Mikhailovsky, Nikolay Konstantinovich) 75-79

ㅂ

바그너, 아돌프(Wagner, Adolph Heinrich Gotthilf) 75
바디아, 질베르(Badia, Gilbert) 201
바르브, 아르망(Barbès, Armand) 69
바이스바일러, 이파(Weissweiler, Eva) 199, 221
바이어슈트라스, 카를(Weierstraß, Karl Theodor Wilhelm) 47
바쿠닌, 미하일(Bakunin, Mikhail Alexandrovich) 74, 88, 96, 210
발리츠키, 안드레야(Walicki, Andrzej) 181, 221
발셈, 니콜라스(Balsem, Nicolaas) 100
발자크(Balzac, Honoréde) 24
백스, 어니스트 벨포트(Bax, Ernest Belfort) 107-108

번즈, 로버트(Burns, Robert) 23
벌린, 이사야(Berlin, Isaiah) 167
베른슈타인, 에두아르트(Bernstein, Eduard) 30, 97, 114-115, 149-150, 173-174, 176-177, 187, 195, 198, 201, 208-210
베벨, 아우구스트(Bebel, Bugust Friedrich) 150, 166, 176-177, 191, 203, 206, 209
베스트팔렌, 예니 폰/마르크스, 예니(Westphalen, Jenny von/Marx, Jenny) 16, 108-110, 112-113, 115-116, 119, 189, 195, 222
베스페르, 마를레네(Vesper, Marlene) 199
베이컨, 프란시스(Bacon, Francis) 23
베커, 요한 필립(Becker, Johann Philipp) 114, 195
베케트, J. C.(Beckett, J. C.) 176, 216
벤투리, 프랑코(Venturi, Franco) 181, 221
보나파르트, 나폴레옹(Bonaparte, Napoléon) 25, 100, 117, 137
보론체프, 바실리(Voronchev, Vasilii Pavlovich) 146
보타, 카를로(Botta, Carlo Giuseppe Guglielmo) 117-118, 222
보티첼리, 에밀(Bottigelli, Émile) 190, 216
본지오반니, 브루노(Bongiovanni, Bruno) 186
볼테르(Voltaire) 23
볼프, 빌헬름(Wolff, Wilhelm Friedrich) 27
부버, 마틴(Bubber, Martin) 178
브라운, 윌라드(Brown, Willard) 53
브루스, 폴(Brousse, Paul) 97, 99, 208
브릭스, 아사(Briggs, Asa) 165, 216
블랑키, 오귀스트(Blanqui, Louis-Auguste) 69, 96
비스마르크(Bismarck-Schönhausen, Otto von) 97, 120, 198
빌헬름 1세(Wilhelm I) 131

ㅅ

사보나롤라, 지롤라모(Savonarola, Girolamo) 118
사이드, 에드워드(Said, Edward W.) 182, 220
새커리(Thackeray, William Makepeace) 23
샘터, 아돌프(Samter, Adolph) 54
생-시몽(Saint-Simon, Claude-Henri de Rouvroy, comte de) 210
샤논, 리처드(Shannon, Richard) 176, 221
샤닌, 티어도르(Shanin, Teodor) 178, 181-183, 185, 215, 221
샤를마뉴 대제(Charlemagne) 118
세르반테스(Cherbuliez, Antoin-Élysée) 24
세웰, 로버트(Sewel, Robert) 117
셰메프스키, 바실리(Semevskii, Vasilii Ivanovich) 145
셰익스피어(Shakespeare, William) 23, 29
셰플레, 알베르트(Schäffle, albert Eberhard Friedrich) 97, 101
소어스, 메리언(Sawer, Marian) 184, 221
소크라테스(Socrates) 16
솔웨이, 재클린(Solway, Jacqueline) 170,

218
쇼펜하우어(Schopenhauer, Arthur) 107
술리에, 프레데릭(Soulié, Frédéric) 150
슈미트, 콘라드(Schmidt, Conrad) 208
슈트라우스, 한노(Strauß, Hanno) 164
슈페를, 리하드(Sperl, Richard) 164, 218
슐로서, 프리드리히(Schlosser, Friedrich) 117-118, 222
스윈튼, 존(Swinton, John) 15-19, 21, 33, 53, 166, 173
스칼딘/표도르 엘레네프(Skaldin/Elenev, Fyodor) 146
스콧, 월터(Scott, Sir Walter) 24
스크레비츠키, 알렉산드르(Skrebitzkii, Aleksandr) 146
시드린, 니콜라이(Shchedrin, Nikolai/Mikhail Yevgrafovich Saltykov-Shchedrin) 24

ㅇ

아이스킬로스(Aescylos) 23
아탈리, 자크(Attali, Jacques) 199
알렉산드르 2세, 짜르(Aleksandr II) 85, 146
알렉산드르 3세, 짜르(Aleksandr III) 177
알쿠프, 알랭(Alcouffe, Alain) 172
앤더슨, 케빈 B.(Anderson, Kevin B.) 192, 202, 216
야노프스카야, 소피아(Yanovskaya, Sofya) 171, 221
에피쿠로스(Epikuros) 152, 209
엔첸스베르거, 한스 마그누스 (Enzensberger, Hans Magnus) 165-166, 168, 191, 198, 202, 208, 217
엥겔스, 프리드리히(Engels, Friedrich) 26-31, 38, 45-48, 53, 62, 68, 88, 97-99, 101-102, 108-116, 120-121, 123-127, 131, 133-135, 138-143, 146-147, 149-152, 155-156, 164-166, 168-174, 176-179, 181, 185, 187-201, 203-210
오샤니나, 마리야(Oshanina, Mariya Nikolaevna) 208
오펜바흐, 자크(Offenbach, Jacques) 135
와다, 하루키(Wada, Haruki/和田春樹) 182, 221
와르니에, 오귀스트(Warnier, Auguste) 128
우라비, 아흐마드(Urabi, Ahmad) 207, 230
워커, 프란시스(Walker, Francis Amasa) 175
웬저, 케니스(Wenzer, Kenneth) 174, 218
위고(Hugo, Victor-Marie) 16
웜브랜드, 리처드(Wurmbrand, Richard) 192
이사에프, 안드레이(Isaev, Andrei) 145
이튼, 헨리(Eaton, Henry) 178, 217

ㅈ

자술리치(Zasulich, Vera Ivanovna) 66-68, 76, 79-80, 85, 89-90, 182, 185, 222
재거스, 조제프(Jaggers, Joseph) 204
조르게, 프리드리히(Sorge, Friedrich Adolph) 53-54, 90, 102, 104, 106, 109, 117, 151, 156, 163, 173-174, 185, 188-189, 191-192, 196, 204, 206, 209-210
조지, 헨리(George, Henry) 52-55, 174-

175
지베르, 니콜라이(Ziber, Nikolai Ivanovich) 29
쯔즈키, 츄시치(Tsuzuki, Chushichi/都築忠七) 190, 199, 221

ㅊ

체르니셰프스키, 니콜라이(Chernyshevsky, Nikolay) 178

ㅋ

카블루코프, 니콜라이(Kablukov, Nikolai Alexéievitch) 29
카스텔아즈, 모리스(Casthelaz, Maurice) 125
카시차, 알레산드로(Casiccia, Alessandro) 170, 216
카우츠키, 미나(Kautsky, Minna) 113, 194
카우츠키, 베네딕트(Kautsky, Benedikt) 208, 219
카우츠키, 카를(Kautsky, Karl) 30-31, 61, 96, 101, 113, 168, 170, 176-177, 188, 208
카포니, 지노(Capponi, Gino) 118
카프, 이본(Kapp, Yvonne)194
카피에로, 카를로(Cafiero, Carlo) 100
캘로우, 존(Callow, John) 165, 216
커민, 매리언(Comyn, Marian) 28, 31
케르니즈크, 아르놀도(Kerdijk, Arnoldus) 100
코발레프스키, 막심(Kovalevsky, Maksim Maksimovich) 34-35, 127-128, 202
코시, 오귀스탱(Cauchy, Augustin-Louis) 47
코웬, 조제프(Cowen, Joseph) 144-145
콕, 폴 드(Kock, Charles-Paul de) 23
쿠겔만, 루트비히(Kugelmann, Ludwig) 27
쿠노, 테오도르 프리드리히(Cuno, Theodor Friedrich) 191
크니게, 아돌프 폰(Knigge, Adolph Franz Friedrich Von) 204
크래트케, 미하일(Krätke, Michael R.) 196-197
크레이더, 로렌스(Krader, Lawrence) 167, 169-170
크뤼스만스키, 한스 위르겐(Krysmanski, Hans Jürgen) 199
클라인, 머리(Klein, Maury) 175, 219
클레망소, 조르쥬(Clemenceau, Georges) 32, 110

ㅌ

티헬만, 프리토프(Tichelman, Fritjof) 170, 221

ㅍ

파너, 찰스(Parnell, Charles Stewart) 60-61
파하, 장-조세프(Farre, Jean-Joseph) 62
페르메, 알베르트(Fermé, Albert) 123, 131
페인, 토마스(Paine, Thomas) 23
페페, 세자르 드(Paepe, César de)
포너, 필립 S.(Foner, Philip S.) 174, 217
포르랜더, 카를(Vorländer, Karl) 167
포르탱, 에두아르(Fortin, Édouard) 99-100
포이트방거, 에트가 J.(Feuchtwanger,

Edgar J.) 175, 217
포지오, 피에르 바올로(Poggio, Pier Paolo) 182, 184-185, 220
폰치오, 아우구스토(Ponzio, Augusto) 171-172, 220
푸르동(Proudhon, Pierre-Joseph) 96
푸리에, 샤를르(Fourier, François-Marie-Charles) 123
푸시킨(Pushkin, Alexander Sergeyevich) 24
프라워, 지크베르트 살로몬(Prawer, Siegbert Salomon) 164, 220
프리쭈쉐, 프리드리히(Fritzsche, Friedrich Wilhelm) 30
플레하노프(Plekhanov, Georgi Valentinovich) 90-91
피어, 존(Phear, Sir John budd) 35, 37, 43, 222
피어에크, 루이(Viereck, Louis) 30
피터스, 하인츠 프레더릭(Peters, Heinz Frederick) 195, 220
필딩, 헨리(Fielding, Henry) 23

ㅎ

하르슈티크, 한스-피터(Harstick, Hans-Peter) 164, 218
하르트만, 레오(Hartmann, Leo) 30
하이네, 하인리히(Heine, Heinrich) 23
하인드먼, 헨리(Hyndman, Henry Mayers) 30, 103-105, 174, 176, 187-190
헤겔(Hegel, Georg Wilhelm Friedrich) 42, 107, 140
헤르쩬, 알렉산드르(Herzen, Aleksandr Ivanovich) 76-77
홀, 앨프레드 루퍼트(Hall, Alfred Rupert) 171, 218
홈즈, 레이첼(Holmes, Rachel) 199, 218
히르쉬, 카를(Hirsch, Carl) 30, 110, 193
힐디치, 리처드(Hilditch, Richard) 54

문헌 및 기관지

『고대사회』 34, 36, 40
『공산당 선언』 25, 38, 53, 68, 88, 108, 137, 168, 177
『뉴욕 타임스』 16,
『뉴욕 트리뷴』 45, 65, 81
『더 선』 15, 17
『독일 이데올로기』 9, 25, 35, 169
『레갈리테』 127, 155
『루이 보나파르트의 브뤼메르 18일』 25, 100
『마르크스-엥겔스 전집』(MEGA²) 5, 164, 178, 187, 207, 215, 218, 220,
『만인을 위한 영국』 103-104
『민족학 노트』 6, 35-36, 38, 42-43, 81, 169
『수학 수고』 6, 46-48
『시카고 트리뷴』 101
『요강』 35, 45, 69, 71-72, 92
『자본』 5-6, 10, 14, 16, 21, 25-28, 35-36, 45-46, 48, 66, 70-71, 73-77, 79, 89, 92, 95-96, 99-101, 103-108, 120, 127, 141, 143, 164, 171, 178-179, 183, 190, 192, 201, 208
『조국의 기록』 77, 79, 89
『진보와 빈곤』 52
『철학의 빈곤』 25, 53
『프랑스 내전』 16, 42

『헤겔 법철학 비판』 42

사항

공산주의 6, 13, 15, 25, 36-37, 41, 49, 57, 61, 68, 70-71, 74, 80, 82, 84, 88, 90, 92, 128, 142, 157, 170, 187
국제노동자협회(인터내셔널) 16, 25, 31, 51, 73, 95, 99, 108, 151, 159,
기관지염 114, 120, 124, 134, 138, 140, 142, 144, 149, 195, 205
노동계급 22, 28, 41, 49-50, 53-54, 61, 65, 68, 70, 92, 96, 105-106, 144, 156-157, 159, 210
농촌 공동체 6, 13, 65-68, 75-76, 80, 82-86, 88-89, 183
늑막염 114, 124, 134, 143, 195, 205-206
단선적 역사주의 6, 44
다선적 이해 6, 92
독일 사회민주당 30, 115, 150
램즈게이트 15-16, 31
러시아 인민주의자 30, 86, 92, 181
류머티즘 33, 109, 139, 143
마르크스주의자 6, 10, 12, 14, 67, 76, 81, 90, 95, 143, 146, 208
메이틀랜드 파크 로드 13, 21, 27, 30, 164
모나코 7, 14, 134-136
무어인 14, 109-110, 115, 126, 130-131, 148-150, 189, 191, 199
미분 46-48, 171-172
민주연맹 30, 49, 103-104, 190
발포 치료 124-125, 134, 137
벤트널 119, 143, 149선거 강령 7, 75, 97, 158, 181
식민지 7, 11, 35, 43, 63, 65, 128-129, 131, 170, 173, 201
아르장퇴유 110-114, 121, 138-139, 142, 148, 204
아일랜드 11, 58-61, 175-176
알제 7, 11, 14, 117, 120-121, 123-131, 133, 197, 199, 201-203
앙기엥레뱅 139
연표 작업 147
올드 닉 14, 110, 187, 192-193
옵시나 6, 75-76, 80, 82-88, 90, 184, 186
이스트본 108-109, 111, 189
이집트 11, 144-145, 207
인도 11, 35, 43, 57-58, 63, 81, 117, 130-131, 145, 173
인류학 6, 11, 13, 34, 36, 39, 41, 43-45, 66, 84, 167
일부일처제 36, 38
자본주의적 생산양식 21, 68, 71, 76, 90
제네바 호수 140-141
집산적 67, 75, 78, 82, 87, 158
짜르 22, 65-66, 84-85, 145, 177, 184
최저임금 156-157, 160
카지노 135-137, 204
토지 소유(권) 52, 58, 82, 85-88, 127-128
투쟁 5-6, 8, 11-13, 18-19, 24, 28, 33, 38, 41, 51, 74, 88, 93, 137, 153-154, 157-158, 163, 185-186
파리코뮌 16, 50, 62, 92, 95, 97, 187, 211
프랑스 노동당 7, 75, 97, 146

프랑스 사회주의노동당연맹 97, 155
프롤레타리아(트) 44, 49-50, 61, 68-69, 74, 78, 88, 105, 137, 152, 158, 173, 195
혁명 5, 7, 15, 17-18, 25, 29, 32-33, 49-51, 53, 62, 65-67, 69, 74, 82, 88, 90, 92, 95, 105-107, 130, 137, 144, 158-159, 177-178, 183, 186-187, 190, 207